教育部人文社会科学重点研究基地项目

当代德育新理论丛书

顾　　问：鲁　洁　班　华

主　　编：朱小蔓

丛书责编：郭　戈　刘立德

本卷责编：刘建霞　韩华球

当代德育新理论丛书

朱小蔓 主编

农村德育论

指向留守儿童心灵关怀的学校德育

NONGCUN DEYU LUN

马多秀 著

人民教育出版社
·北京·

本书为教育部人文社会科学研究项目"社会转型时期农村德育模式研究"
（项目编号：12XJC880001）研究成果

宝鸡文理学院教育学重点学科建设经费资助

图书在版编目（CIP）数据

农村德育论：指向留守儿童心灵关怀的学校德育/马多秀
著.—北京：人民教育出版社，2015.12
（当代德育新理论丛书）
ISBN 978-7-107-30953-3

Ⅰ.①农… Ⅱ.①马… Ⅲ.①农村—少年儿童—学校教育—德育—研究—中国 Ⅳ.①G611

中国版本图书馆 CIP 数据核字（2015）第 316539 号

人民教育出版社出版发行
网址：http://www.pep.com.cn
人民教育出版社印刷厂印装　全国新华书店经销
2015 年 12 月第 1 版　2015 年 12 月第 1 次印刷
开本：787 毫米×1 092 毫米　1/16　印张：18.5
字数：250 千字　印数：0 001～2 000 册
定价：37.20 元

著作权所有·请勿擅用本书制作各类出版物·违者必究
如发现印、装质量问题，影响阅读，请与本社出版科联系调换。
（联系地址：北京市海淀区中关村南大街 17 号院 1 号楼　邮编：100081）

《当代德育新理论丛书》

总　序

◎ 朱小蔓

　　凝结着我们这个学术群体集体智慧和生命感动的《当代德育新理论丛书》，终于面世了。我为之感到由衷的欣慰。这是我们多年来重视道德教育理论建设、钟情于道德教育研究的情结使然。

　　这是一套关于道德教育基本理论的丛书，是"社会转型时期中国道德教育基本理论研究"的重要成果。本丛书主要以建构和阐发新的道德教育理念为基本内容。那么，什么是道德教育基本理论呢？我以为，基本理论研究主要是对一个学科或者一个学术领域中那些根基性的、具有永恒价值的基础问题的研究。虽然它的一些主题相对稳定，但却可以常思常新，具有恒久的讨论价值。道德教育作为教育基本理论研究的一个专门领域，它也有一些基本理论问题，但道德教育基本理论问题的研究难度更大，因为它要透析人性本身，又与时代的变化息息相关。人性研究本身既是一个永恒的，又是一个与时俱进的话题，是一种动态的复杂性存在。道德教育的核心主题就是讨论人性向善，是引导社会向善，引导个体人凝聚成一个有秩序、有效率、有整体精神风貌的社会集群。人类为了实现这一目标，就需要引导个体人提升其精神境界，体认向善的方向和方式，展现人性的美好品质。而个体的人性、生命性，与社会的整体风貌之间存在着一种人文关系。对这种人文关系的研究，既是人类文化的基础性、深层次问题，也是教育特别是道德教育所要研究的基本命题。可以说，道德教育研究的人文主题，恰恰是人作为宇宙生灵所面临的基本问题。

　　在人类社会生活发展进程中，每一个时代和每一个民族的人都会有不同的道德理念和思想观念。理念是一系列思想的集合，但它并不就是基本理论；理念、观念中的核心概念、命题，只有以人们丰富的生活经验为基础，经过缜密的逻辑推论而建构的严谨的、系统的思想，才构成基本理论。每个时代都需要不断产生新理念、新观念，以满足该时代的需要。但是，理念和观念还必须经过认真而严肃的研究，通过思维的加工而清晰、完整起来，且反复经受逻辑和实践的双重检验，才可能成为指导人们生活的内在的、深层的文化积淀，从根基上去影响人们的思想观念和意识。

从生存实践的视界审视，思想是人们生活的航标、生命线、营养剂。每个时代，人们都期待和呼唤这个时代新思想的出现。就像大自然中的动植物需要阳光雨露一样，思想是人之为人的灵魂性的东西，是人的生命成长的方向和动力。道德就是人类思想和生存智慧的结晶。没有道德，不仅个体人的生命存在和精神成长会发生困难，而且人类社会的发展也会出现危机。人是必须过社会生活的。人有一种真诚地追求美好，渴望团结互助，期盼比原有自然、自在状态更理想一些的环境的冲动，这是人的超越性本性。人活着太需要支撑我们生命的东西，太需要为我们每一天的生活得到鼓励和依据的东西，所以我们需要寻找自己为人做事的原则、信念乃至方式。而道德作为一种社会准则，正是帮助人们融入社会、确立信念、把握前进方向、鼓舞人性向善的标杆，是使人获得生命支撑的重要力量。因此，无论是人的个体生命还是社会生活本身，都离不开道德和道德教育。处在社会转型时期和多元文化背景下，人们更需要反思和更新那些不适应的道德和道德教育观念，阐发并形成新的、有解释力和影响力的理论。

多卷本的《当代德育新理论丛书》就是系统反思的产物，是我们这个学术群体中的学者们辛勤工作的结晶。从我研究写作《情感教育论纲》(1989—1992)到我们学科的博士生及同事们的研究，都是以反思和探索为己任的。我认为，由于时代不断地发生着新的重要的变化，所以理论工作者要敏于和善于进行反思。在我看来，真正的学者，他的本性就是反思，敢于和善于进行独立的思考和判断，对生活的变化怀抱热情，对时代的问题提出自己独立的、拓展性的见解。学者作为知识分子，其精神气质在于对知识、对学习保有兴趣，具有问题探究的意识和审视的眼光；作为一个从事道德教育研究的学者，还要有影响人的魅力，这是一种特别的吸引力、感染力和影响力。

当然，对道德和道德教育之理论定位的合理性进行反思，也是不可回避的基础问题，因为这会直接或间接地影响道德和道德教育在人们心目中的地位。追根溯源，道德和道德教育既是人类最古老的一个话题，也是现代人类最为关切的一个全球性问题。在人类交往方式和契约关系发展史上，在西方，从古希腊、古罗马时代的思想活跃时期到西欧中世纪；在中国，从诸子百家的思想争鸣时期到封建时代以后，在人类相当长的历史时期，道德和道德教育存在着被意识形态化的现象，往往变成了束缚人的桎梏，有时甚至变成了阶级斗争的工具。但是值得注意的是，从亚里士多德、康德到杜威都曾把道德归于实践理性，以孔子为代表的中国传统文化也主要强调道德是一种生存智慧。

由于种种原因，我国曾一度受到"左"的思想干扰，出现了将道德教育教条化、工具化的倾向，道德教育变得不那么可爱，也往往没有起到应有的作用。实践中存在的问题可能是由多种复杂因素造成的，但理论工作者的学术使命则是不能放弃的。这些年来，我们这个学术群体在解放思想、拨乱反正的新的时代条件下，一直在重新思考、发掘和诠释道德和道德教育新的、丰富的意涵。我们认为，道德和道德教育是人的一种独特的极其复杂的文化活动，是人的精神实践方式，是人经历道德学习、引发精神发育和成长的生命过程。

目前，我国正处在一个由计划经济向中国特色社会主义市场经济转型的重要时期，价值虚无主义、享乐主义思潮和去道德化现象等严重地冲击着时代的精神文明建设，也向我们道德教育研究者提出了严峻而亟须解决的诸多重大课题。新的历史时期需要造就具有新的道德理念的一代新人。道德教育作为完成这一历史使命的重要社会载体，从一个新的战略高度开掘其新的功能和意义，同样也面临着时代对它所提出的各种挑战。为回应挑战，道德教育必须要寻找实现其全面转变的精神内核——道德教育基本理论。因此，道德教育基本理论的研究不仅关系到学科的建设和发展，更为重要的是在道德教育实践方面所进行的各项变革，以及国家和政府在精神文明建设、公民道德建设方面所做的各种决策，也都要参照、吸收其成果，以确定引导的方向、原则和策略。

我们这个学术群体试图在道德和道德教育的理论反思与建构方面做

一些有益的探索。我们的基本思路是，以人类现代化历史发展进程为时空，以西方发达国家在现代化进程中道德教育的经验和教训为借鉴，以实践唯物主义为指导，从我国当前道德教育所面临的基本问题入手，全面反思传统道德教育的理论与实践，围绕道德教育"为什么"、"是什么"、"怎么做"的问题，对当代中国道德教育的目标、功能、内容、过程与方法、课程资源和师资等重大问题，从不同的视域、角度，用不同的提问和言说方式做出体现时代特征的系统回答，试图建构中国特色道德教育的基本理论体系。

　　围绕道德教育的目的问题，我们重点探讨了社会取向和个体取向的关系，认为两者可以有机地整合起来，使个体生命的舒展与社会生活的和谐有序之间达成动态的平衡。在生活中，每个人都应该自己把握幸福和希望之路，但一个人怎么把握自己的幸福和希望之路呢？道德教育就是要把人引向幸福，引向希望。一个人最终是否能够把握幸福和希望之路，要靠自己的德性。一个有德性的人，别人和社会总会需要他，也只有当别人和社会需要他时，他的身上才会放射出吸引人的力量和人生价值的光芒。关于道德教育的价值问题，我们认为，在人类生活方式和生存方式发生巨大变化的当代，相对主义、多元文化和科学技术的迅猛发展，以及经济全球化所带来的价值冲突与文化交融，无不对原有的道德价值体系和道德教育的方法、机制提出新的挑战。在这样的背景下，思考人之为人的深意，就是要进一步理解个体人相互协作构成一个互惠共生的社会的道理。因此，无论哪个时代和民族，其核心价值观都是不能丢弃的。世界一些发达国家经过对其发展历程的回顾与反省，已经认识到需要重新重视美德和品格教育。有理由认为，我们更要坚持核心价值观的引导和基础性的品格教育，并使实施的过程日趋科学化、艺术化，而不能将其简单化。至于道德教育的功能，我们的理解是要培养身体健康的、有审美情趣的、智能发展的、有德性的等诸方面健全的人。道德教育不仅可以促进政治经济文化的发展，而且可以引导人们享受生活，特别是具有教化、滋养人性、促进人实现自我生命价值的功能。

　　说到道德教育的内容，显然不能回避教什么、传递什么信息的问题，但是以什么为依据来确定所要传递的核心内容呢？我们认为主要有三个方面：一是时代的变化；二是本民族的文化；三是一定时代和民族文化

中特定人群的需要。要照顾不同人群、不同个体生命的不同的身心发展特点，身心发展特点和水平不同，道德教育的内容侧重点和方式也不同。需要回到生命之中，关爱生命，使生命有爱。生命叙事是道德教育的主要存在方式之一，它诱发生命感动的生命故事，激活、生成或满足说者与听者的道德需要，并改变着他们的生命感觉，使得一个被动的、自发的生命成为一个主动的、自觉的生命，并逐渐成为优质自我。在道德教育的实施过程与机制、方法问题上，一度有一种观点主张道德教育主要就是传授道德知识，发展道德认知。我们认为，情感、体验和践履在道德教育中显得尤为重要。其中，道德情感不仅仅是道德认知的产物，其生成发展的一个不可忽略的机制，在于人的那些与社会性发展，特别是德性形成有关的情感的形成。情感教育强调以感受体验为基础，以情感态度的养成为表征，以情感与认知相互影响、彼此促进为发展过程，以情感性道德人格为目标。站在生存实践的视界，对我国学校道德教育的基础理论与实践问题做全景式考察，我们发现，体验是人类生存的基本方式，具有道德教育的价值，甚至可以提出体验是道德教育的本体这样一个道德教育哲学命题。现在在强调重视情感体验的理念下，道德教育的方法已由单一的传递转向互动、对话，由过多的诉诸规范约束转向了更多地关注人的德性，包括道德习惯、情感、行为、精神面貌、道德特征、道德品质等方面的发展。

关于道德教育的课程资源与教师问题，我们认识到，道德教育从本质上讲是人格、生命、完整生活质量的教育，它是整个教育的灵魂，统摄并渗透在全部教育过程之中。不能把道德教育从活生生的完整生活中抽离出来，也不能把道德教育从其他诸育中抽离出来，否则就容易陷入形而上学。我们既要依托各门学科来建立道德认知的基础，也要依靠校园文化以至社会生活，来建构开放性的道德教育实践体系。道德教育不能光依靠一门课程来实施，各门课程都是道德教育的平台。那么，如何依靠各门学科和各门课程来进行道德教育，使道德教育真正变成教育的灵魂呢？新一轮基础教育课程改革在各学科的课程标准中，都强调了实现道德、价值观教育的目标，要求尽可能全面、深入地挖掘、展示出不同学科在实现道德教育上的不同价值，并且都明确地陈述了通过体验探究培养学生积极情感、态度和价值观的目标。正是源于此，如果教师是一个能够创造生命的教师，那么每门课的教师就是道德教育的教师。教师的创造就是去发现学生生命内在的德性潜质，探索这种德性潜质的丰富性与独特性，为之创生各种有利的教育情境，促进其成长。至于什么样的教师才是有道德影响力的教师，国内外的研究成果一致认为，必须是既有人文情怀，又能践行人文关怀的教师。

以上思想观念的变化，反映出我国道德教育已显示出回归生活世界，有希望逐渐成为温馨的、有魅力的教育之大趋势。道德教育开始从游离生活的作为学习者的研究对象的知性范式转向以有意义的生活为基础学习道德的生活范式。日常生活形成人的教养和德性的根基，生活中的特殊经历，包括意外和变故可以激发"非常态意识体验"。这些体验不仅是检验在日常生活中所形成的教养的试金石，还具有触动心灵、提升精神境界的作用。我相信，当道德教育不再远离人的生活的时候，它便不再枯燥，而出现"学习道德是快乐的，做道德的人是幸福的"景象。如果它变得枯燥了、惹人讨厌了，就需要反思我们的理念和做法的合理性。

这些年来，从我自己做道德教育基本理论研究，到我指导博士生进行道德教育基本理论研究，以及我与道德教育研究基地的同事合作进行道德教育基本理论研究，我们每一个学者都期望道德教育的理论有大的发展，向往着一个更加道德、更加美好的社会。我深深感受到，我们追求学术的过程，既是我们的道德教育研究基地成长壮大的过程，又是我们的各位博士生学术成长和成人的过程，也是我自己在学术的道路上不断进步的过程。和学生、同事们一起讨论、对话的过程，本身就是一个精神历练、丰满的过程，是一个幸福的过程和走向新的希望的过程！当我们围坐在一起，就某个专题谈论读书体会时，形成了一种叩问、争鸣的学术氛围，那真让人留恋。在基地开展的诸多博士沙龙、国内外跨学科论坛，让人沉浸在多种学术观点的洗礼之中。这些都使我们因过重工作而显得疲累的生活跳动着欣喜欢快的音符，生命中平添了斑斓亮丽的色彩。

多年来，大家阅读了国内外无数的书籍和报刊，足迹遍及大江南北、海峡两岸，访谈了国内外各阶层的诸多人士，主动到上百所中小学和幼儿园听课、评课，搞道德教育的调研和实验，感受广大人民群众的生活境遇和道德欲求，心忧天下。我们求真务实，协作创新，用饱含生命智

慧和心血的研究成果，默默地为我国道德教育基本理论宝库增砖添瓦。张载曾立铭："为天地立心，为生民立命，为往圣继绝学，为万世开太平。"我们这个学术群体中一批醉心于道德教育研究的学者们，面对人类发展史上一座座学术巅峰，"高山仰止，景行行止，虽不能至，然心向往之"。因此，我愿以张载的《西铭》与我的学术同人们共勉，以表达我们对道德教育学术精神的理解与不懈追求。

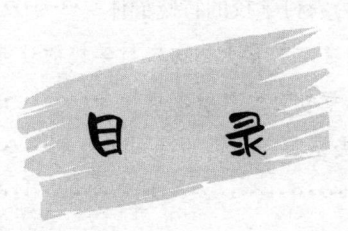

目 录

导 论 ·· 1
　一、研究缘起 ·· 1
　二、研究综述 ·· 4
　　（一）关于留守儿童的研究 ··· 4
　　（二）关于对处境不利儿童心灵关怀的研究 ···················· 15
　　（三）关于城市化的研究 ·· 18
　　（四）关于农村学校德育的研究 ····································· 24
　三、研究方法 ·· 32
　　（一）对方法论的思考 ·· 32
　　（二）具体方法的选择 ·· 34
　四、研究框架 ·· 37

第一章　城市化与农村学校德育面临的挑战 ························· 41
　第一节　城市化背景下的农村和留守儿童 ························· 44
　　一、城市化带来的农村社会变革 ····································· 47
　　　（一）凋零的"空巢村" ··· 47
　　　（二）农村社会结构的分化 ·· 51
　　　（三）农村伦理价值观念的变革 ································· 52
　　　（四）农民乡土观念的变革 ·· 55
　　　（五）农民教育价值观念的变革 ································· 57
　　二、生活破碎化：留守儿童的现实遭遇 ··························· 59
　　　（一）留守儿童对留守生活的感受和体验 ··················· 60
　　　（二）留守儿童对父母感情的表达 ······························ 63

第二节　农村学校德育面临的挑战 ……………………………… 68
一、留守儿童成为农村学校的特殊群体 ………………………… 69
（一）留守儿童的教育责任向农村学校的让渡 ……………… 69
（二）留守儿童教育发展状况堪忧 …………………………… 72
二、心灵关怀缺失是留守儿童的特殊问题 ……………………… 77
（一）自杀 ……………………………………………………… 78
（二）犯罪 ……………………………………………………… 81
（三）生活中的"无聊"感 …………………………………… 84
（四）厌学、逃学、辍学现象 ………………………………… 86
三、心灵关怀：农村学校德育的应然取向 ……………………… 87

第二章　心灵关怀取向的农村学校德育解读 ……………………… 91
第一节　心灵关怀概念辨析 …………………………………… 92
一、对心灵和关怀的理解 ………………………………………… 92
（一）什么是心灵 ……………………………………………… 92
（二）什么是关怀 ……………………………………………… 93
二、心灵关怀的内涵和特征 ……………………………………… 97
第二节　留守儿童心灵关怀缺失问题的特征 ………………… 101
一、物质需要满足≠精神需要满足 ……………………………… 101
二、外在行为规范≠内在心灵健康 ……………………………… 108
三、留守儿童心灵关怀缺失具有迟效性特征 …………………… 112
第三节　对留守儿童心灵关怀德育意蕴的展现 ……………… 117
一、闭锁心扉的打开 ……………………………………………… 118
二、尊重感、平等感的获得 ……………………………………… 121
三、感受到生活的乐趣和希望 …………………………………… 125

第三章　心灵关怀取向的农村学校德育的现实困境 …………… 129
第一节　学校管理难以保障管理的道德性 …………………… 133
一、"应试教育"致使农村学校德育边缘化 …………………… 134
（一）尴尬的农村学校德育 …………………………………… 135
（二）窄化的农村学校德育 …………………………………… 138
（三）形式化的农村学校德育 ………………………………… 141

二、校园安全致使农村学校德育困难化 ……………………… 143
　　　　（一）不求有功但求无过式的消极德育心态 ……………… 144
　　　　（二）圈、防、堵式的德育策略 …………………………… 146
　　　　（三）说教式的单一的德育方法 …………………………… 150
　第二节　制约农村教师关怀留守儿童的因素分析 ……………… 153
　　一、教师的生存状况不佳导致对留守儿童情感的冷漠 ……… 156
　　二、"应试教育"致使教师无暇给予留守儿童心灵关怀 …… 167
　　三、师生关系的疏远化、对立化和功利化 …………………… 174
　　　　（一）师生关系的疏远化 …………………………………… 174
　　　　（二）师生关系的对立化 …………………………………… 178
　　　　（三）师生关系的功利化 …………………………………… 180
　第三节　家长支持农村学校德育中存在的障碍 ………………… 182
　　一、留守儿童父母婚变使家庭德育力量削弱 ………………… 183
　　二、家长对家校合作的认识不到位 …………………………… 189
　　三、家长对农村学校支持存在时空上的限制 ………………… 194
　　四、家校之间沟通组织不健全 ………………………………… 196

第四章　心灵关怀取向的农村学校德育的实现条件 ………… 199
　第一节　学校管理中要体现人文关怀精神 ……………………… 199
　　一、关注留守儿童的精神成长 ………………………………… 200
　　　　（一）积极关注留守儿童心灵关怀的需要 ……………… 201
　　　　（二）唤醒留守儿童潜在的道德主体意识 ……………… 203
　　　　（三）发挥农村学校心理咨询室的作用 ………………… 205
　　二、给予教师充分的人文关怀 ………………………………… 209
　　　　（一）要切实提高农村教师的经济收入 ………………… 210
　　　　（二）在教师管理中要注重情感投资 …………………… 212
　　　　（三）对教师的评价要多元化 …………………………… 214
　第二节　教师对留守儿童积极的情感态度 ……………………… 215
　　一、对留守儿童的生活处境要敏感 …………………………… 216
　　二、成为留守儿童忠实的听众 ………………………………… 219
　　三、充分信任留守儿童 ………………………………………… 221
　　四、给予留守儿童充足的关爱 ………………………………… 224

第三节　联合留守儿童家庭的德育力量 …………………… 226
  一、农村学校要发挥主导作用 ……………………………… 227
  二、形成正确的农村家长观念 ……………………………… 229
  三、家校沟通形式要灵活和多样 …………………………… 231

结语：让爱与温暖伴随留守儿童成长 ……………………………… 235

附录 ………………………………………………………………… 241
  附录1　两封留守儿童的来信 ……………………………… 241
  附录2　四则留守儿童的日记 ……………………………… 245
  附录3　两篇有"留守经历"大学生的文章 ……………… 248
  附录4　两封农村教师的来信 ……………………………… 258
  附录5　一份农村高中校长的发言稿 ……………………… 263

参考文献 …………………………………………………………… 270
后记 ………………………………………………………………… 278

导　论

一、研究缘起

20世纪90年代以来，伴随大规模的农村剩余劳动力向城市的迅速转移，一部分农民工无力把子女带入城市生活和学习，只好把他们留在了农村，这些孩子就被称为留守儿童。留守儿童是当前中国快速城市化背景下农民工问题的衍生物，是需要给予关注的特殊的社会群体。随着农民工在城市务工数量的剧增，留守儿童群体也庞大起来。2013年8月8日，《中国青年报》报道称全国农村留守儿童约有6 102.6万，占所有农村儿童比重的37.7%，占全国儿童的比例为21.9%。① 对于留守儿童来讲，他们身上存在的最大的问题是亲情缺失，这不仅表现为日常生活上的关照欠缺，更需要教育工作者、家长等重视的是，他们在精神、心灵层面得到的关怀也很欠缺。然而，在实践中，我们对留守儿童物质生活上关注较多，而对他们在精神、心灵层面的发展状况关注较少。正因为如此，留守儿童自杀、犯罪等报道频频见诸媒体。这一群体的生存状况也逐渐地被诸多的学者所关注，近些年来，关于留守儿童的研究成果颇多，"留守儿童"已经成为学术界的一个高频词。

对留守儿童问题的关注，缘于读硕士期间参加的一项关于中小学生生活方式研究的实地调研活动，让我第一次切身地感受到了对留守儿童问题研究的必要性和重要性。当时我们走访了苏北的两所

---

① 《全国农村留守儿童超6 000万，人身安全隐患严重》，载《中国青年报》2013年8月8日。

中学，在与留守儿童面对面的交谈过程中，我们能够真切地感受到在缺少亲情关怀下，他们内心的孤独、焦虑和渴盼，以及他们在日常生活上缺少照管和监护后生活的凌乱、衣食的不暖不饱状况。至今，在我的脑海里还深刻地留存着我们在访谈中他们痛苦流泪的情境。我对当时的情境是这样来记录的，"在 S 中学和 M 中学跟留守儿童访谈的过程中，让我内心深感愧疚的是，每当我询问他们对自己当前的生活的感受和对父母最想说的一句话时，大多数孩子都是满眼泪花，甚至有的泣不成声，只有个别男生显得比较坚强，但从他们锁紧的眉头和凝重的表情里也能够感受到他们内心的挣扎。"①可以说，正是那次调研活动使我走"近"了留守儿童群体，但还远远没有走"进"他们。我本人出身于农村，整个童年和少年时代都是在农村度过的。农民生活的贫困和艰辛构成了我对农村生活的最深刻的记忆。即使现在我已经进入了城市生活，但是，面对农村、面对农村人我始终怀有亲切感，因为那是我生命的组成部分，更是我的生命底色。因此，面对留守儿童群体，我从内心自然、自觉而生一种使命感，把关注他们的生存状况和关怀他们的成长作为自己的学术研究的责任之一。

进入博士学习阶段之后，在导师指导下，我的论文选题确定为农村学校德育。但是，究竟从什么角度切入对农村学校德育的研究，或者研究农村学校德育中存在的什么问题？在当时我还是很不清楚，甚至有些不知所措。正是在实地调研中，我渐渐地找到了研究问题。2010 年 4 月，我在苏中的一所农村中学 Y 中学开始实地调研活动，这一次使我真正走"进"了留守儿童群体。调研期间，我一直住在女生公寓里，这为我接近留守儿童提供了便利。每天晚自习后，都会有学生到我宿舍来聊天，其中大部分都是留守儿童。在跟他们接触的过程中，我同样感受到他们内心的孤单，以及对关爱的渴望。正如 Y 中学一位留守儿童 S1 在给我的来信中所讲的，"我觉得聊真心话真的好爽，好舒服，很开心，和你在一起的日子

---

① 马多秀：《留守儿童和流动儿童生活方式的质性研究》，载《江苏教育研究》2009 年第 10A 期。

里，我觉得过得很充足、很欣慰。虽然只有几天的日子，但却令我记忆犹新，从未和一个人说过那么多心里话，聊自己的不开心，那几天觉得十几年来的孤独、寂寞和不开心都在瞬间消失了，然而却只维持了几天，虽然只有短短的几天，却令我很开心，甚至永远都不会忘记。"① 在我第一阶段的调研结束后，Y 中学有个学生打电话告诉我，她们学校有许多同学都想和我聊天，因为他们认为我人很好。我不禁惊讶了，我不停地思考着，也反思自己。其实在跟他们相处的时候，我只不过充当了一个忠实的倾听者而已，在用心感受他们切身的遭遇和体验罢了。然而，从另一个角度来讲，他们或许也正是缺少这样能与他们倾心相处的听众来倾听他们内心的呐喊和哭泣。在父母外出务工和学校教师大多只注重他们的学业成绩的现实情况下，他们缺少的正是"聆听者"，而我恰好充当了这一角色。我在倾听他们对留守生活的感受和体验的过程中，让他们内心的各种不良情绪得到了宣泄和释放，尊重感和平等感得到了满足，从而对自身的留守处境有了更为明确和清楚的认识和理解，精神生命力更为强大。正是在这次调研的基础上，我形成了论文的主题，即对留守儿童心灵关怀德育问题的研究。相对物质层面的关怀来讲，对于留守儿童来说，心灵关怀需要的满足则更为迫切和关键。而且，这种心灵关怀的需要在许多留守儿童身上都是以隐性方式存在着的，只有教师跟留守儿童之间建立起信任关系，他们才会向教师敞开心扉，教师才能够真正走进他们的心灵世界和感受到他们心灵关怀缺失问题的紧迫性。给予留守儿童情感的慰藉，唤醒他们的心灵，增强他们的精神生命力，促进他们形成积极的生活态度，是他们健康成长和发展的必需。

  从留守儿童的年龄结构来看，绝大部分留守儿童正处于义务教育阶段。随着农村中小学布局结构调整政策的逐步落实，寄宿制农村中小学校的数量增多，留守儿童的大部分时间是在农村学校里度过的，学校生活是留守儿童生命成长的重要组成部分。因此，在留守儿童家庭教育普遍缺失，以及当前我国广大农村社区教育组织还

----

① 摘自 Y 中学留守儿童 S1 给笔者的来信。

很不完善的现实情况下,在很大程度上,作为专门化公共教育机构的农村学校理应义不容辞地更多地肩负起对留守儿童心灵关怀的教育责任。本书就立足农村学校德育视角来论述以心灵关怀为取向的农村学校德育的意义和价值,以及农村学校对留守儿童心灵关怀的可能和现实问题。同时,对已有关于留守儿童教育研究的文献分析发现,鲜有专门站在农村学校德育视角来探讨留守儿童心灵关怀德育问题的研究成果,这意味着本研究具有充足的研究空间,在一定程度上不仅可以填充这一空白,还可以进一步拓展和丰富留守儿童研究的视域。我曾经在农村中学工作过10年,对农村学校和农村教师真实的生存状况有过深刻的感受和体验,这也构成了我在论文分析中的"前理解"。事实上,在当前中国特有的城乡二元社会结构体制下,农村和城市发展极不均衡,跟城市学校和城市教师相比,农村学校和农村教师生存和发展处境本身就困难重重,以及受当前中小学"应试教育"的深刻影响,德育本身在学校教育中已被严重地边缘化了,留守儿童心灵关怀德育在农村学校里处于非常尴尬的境地。

本研究的核心是从农村学校德育视角来探讨对留守儿童心灵关怀德育问题,并兼述在当前中国快速城市化背景下留守儿童父母作为农村学校德育支持性力量的可能性问题。本研究不仅能够为我们勾画出诸多留守儿童在当前农村学校里的真实生存状况的基本图景,而且能够帮助我们发现当前农村教育所面临的现实困境,为有针对性的留守儿童教育政策的制定提供一些理论和现实依据。

二、研究综述

本研究涉及的关键词主要有"留守儿童"、"心灵关怀"、"城市化"和"农村学校德育",因此,笔者主要从这四个方面收集已有的相关文献资料,介绍这些领域的研究现状。

(一)关于留守儿童的研究

1. 关于留守儿童的研究状况

"留守儿童"这一概念是1994年上官子木在《"留守儿童"问

题应引起重视》一文中首先提出的,该文主要探讨的是城市家庭中父母外出进修后"隔代教育"中存在的问题,呼吁社会各界要对这种新生现象给予关注。之后,只有零散的相关文章见诸报刊。自2004年起,农村留守儿童问题逐渐成为社会各界关注的热点问题。农村留守儿童是指父母进城务工后,把自己的孩子留在农村,由祖辈照管,或托付给亲戚照管,或自我照管的那些孩子。城市留守儿童和农村留守儿童是两个不同的概念,在本书中,我们研究的是农村留守儿童的心灵关怀德育问题,不对城市留守儿童做分析,但为了叙述方便,就直接称作留守儿童,特此说明。随着中国"三农问题"中农民工问题的凸显和留守儿童数量的增大,社会各界对留守儿童问题给予了各种形式的关注和研究。

(1)政府对留守儿童问题给予了高度的关注。2004年,教育部召开了"中国农村留守儿童问题研究"座谈会,会议提出对这一现象进行研究,重点关注留守儿童的教育工作。2005年,全国妇联和中国家庭文化研究会召开"中国农村留守儿童支援行动研讨会",探讨中国农村留守儿童的现状和所面临的问题,以及为留守儿童提供社会支援的有效途径。同年7月,教育部颁布了《关于进一步推进义务教育均衡发展的若干意见》,对留守儿童问题做出了专门规定,要求"地方各级教育行政部门和学校要有针对性地采取措施,及时解决进城务工农民托留在农村的'留守儿童'在思想、学习、生活等方面存在的问题和困难"。2006年,全国留守儿童工作电视电话会议召开,会议认为深入家庭调查研究是开展留守儿童工作的重要方法,只有这样才能真实反映广大家长和儿童的意愿,为政府决策提出有针对性的建议。同年,公安部专门发布了《关于做好留守儿童有关工作的通知》,明确要求:"各级公安机关要针对留守儿童监护权的缺失导致合法权益特别是人身安全易于受到侵害的实际情况,加大对留守儿童安全保护的力度,严密防范、严厉打击侵害留守儿童合法权益的违法犯罪活动,切实保障他们的人身安全。"2010年,《国家中长期教育改革和发展规划纲要(2010—2020年)》则进一步要求:"建立健全政府主导、社会参与的农村留守儿童关爱服务体系和动态监测机制。加快农村寄宿制学校建设,优先满足留守儿童住宿需求。采取必要措施,确保适龄儿童少年不因家庭经济困难、就学困难、学习困难等原因而失学,努力消除辍学现象。"

(2) 各高校和科研机构展开了对留守儿童问题的大型课题研究和学术研讨。2002年,北京师范大学教育学院开展了"农村外出劳动力家庭子女受教育状况的研究"的课题研究;2004年,中央教育科学研究所"中国农村留守儿童问题研究"课题组对甘肃、河北、江苏等省5个县的留守儿童情况进行了调研;同年,华中师范大学社科处组织该校中国农村问题研究中心和教育科学院联合调查组对湖北英山"打工村留守儿童"的教育问题进行了专题调查;中国农业大学人文与发展学院也相继开展了"中国中西部农村地区劳动力外出务工对留守儿童的影响研究"和"中国农村留守儿童研究"课题项目。2013年12月,中国农业大学人文与发展学院举办了以"农村留守人口、农村教育:反思发展主义的视角"为主题的学术研讨会,来自全国的近100名学者参加会议。在课题研究和学术研讨基础上,大量的关于留守儿童教育问题的论文和著作陆续问世。

(3) 从对留守儿童问题研究的主体上来看,已经远远超出了教育界,研究主体和研究成果的展现形式趋于多样化。目前,笔者能够收集到的关于留守儿童的著作有:散文作家阮梅从2003年起就开始关心农村留守儿童问题,她历时三年,走访五省后,于2008年完成的报告文学《世纪之痛——中国农村留守儿童调查》;城市少年唐天被留守儿童的生活处境所感染,主动放弃读高中,历时三年,深入湖南、广西10多个县调查,访谈诸多留守儿童完成的关于留守儿童生存状况的纪实作品《我的乡村伙伴——一个城市少年的乡村纪行》;打工诗人张绍民以诗歌的形式书写的许多关于留守儿童的诗歌,如《把自己当玩具》、《留守的恐惧》、《懂事》、《妈妈开发廊》等;作家聂茂等历时两年多,辗转于湖南、四川等打工大省,对留守儿童问题进行调查,完成的报告文学《伤村——中国农村留守儿童忧思录》;重庆师范学院任运昌的《空巢乡村的守望——西部留守儿童教育问题的社会学研究》和《农村留守儿童政策研究》;

中国农业大学叶敬忠等编著的《别样童年——中国农村留守儿童》、《关爱留守儿童——行动与对策》和《关注留守儿童——中国中西部农村地区劳动力外出务工对留守儿童的影响》；蓝信封书信集项目组编著的《爱我，请理解我——中国留守儿童书信访谈录》；等等。此外，还有反映留守儿童生活题材的电影《留守孩子》，以留守儿童问题为研究主题的2 000余篇硕士论文和博士论文，发表在各类报刊上的不计其数的有关留守儿童的文章。对留守儿童问题研究的学科视角也已经走向多样化，包括社会学、教育学、伦理学、法学、人口学、医学等。

2. 关于留守儿童的教育发展状况

留守儿童是正在成长中的群体，他们的教育发展状况是留守儿童问题研究中的一个核心问题。与留守儿童类似的研究，多见于西方学者对移民的相关论述中。研究表明，移民家庭中的儿童会感到孤独、愤怒、悲伤，实施更多犯罪行为。随父母一同移民去国外的儿童与忠诚品质的养成、自我同一性发展、自律性和权威性、孤立、拒绝与反拒绝、疏远、抛弃、幻想等问题有高相关。① 从国内已有的相关研究成果来看，留守儿童教育发展状况的特征主要体现在以下几方面。

（1）亲子沟通方面。留守儿童跟父母之间的亲子沟通主要包括面对面的沟通和媒介性日常沟通两种形式。面对面的沟通主要有父母回家团聚和留守儿童进城探望两种形式。叶敬忠等研究发现，外出务工的父母大都一年左右回家一次，还有一些一年都不能回家一次，甚至是离家之后一直都没有回来过。而且，这些父母回家之后停留的时间大多数不会超过两个月，多数都在半个月到一个月之间。其中，外出父母回家多集中在春节期间，等正月一过，又匆匆外出。留守儿童进城探望主要集中在假期，但时间通常也比较短暂。电话联系是留守儿童跟父母沟通中最常用的方式，但是，他们通话时间相对都比较短，一方面是客观原因，包括家里没有电话机，以及受经济条件的限制而无力支付过多的电话费；另一方面是

---

① 罗静等：《中国留守儿童研究述评》，载《心理科学进展》2009年第5期。

主观原因，表现为父母对与子女进行沟通的意识淡漠，忽视了子女在情感上的需求。另外，日常联系也主要以外出父母单向联系为主，留守儿童的主动联系需求受到限制。留守儿童对父母有情感表达和宣泄的愿望，但是受到了限制，主要是一些留守儿童不知道父母的电话号码，或者监护人出于经济等的考虑不支持他们给父母打电话，或者是他们害怕父母指责而不敢给父母打电话。① 赵富才在调查研究中也发现，留守儿童与父母沟通的主要方式是打电话，而且，绝大部分是外出父母打回家里，留守儿童主动与父母联系的相对比较少。② 从外出父母跟留守儿童的沟通内容来看，"无论在外的父母给留守儿童打电话的频率和通话时间如何不同，他们在电话里和孩子的通话内容却有着高度的一致性，学习是父母言谈中出现频率最高的关键词"，"与父母不同的是，留守儿童在与父母电话联系的过程中更普遍地表现出对在外父母的关切和担心"。③ 总体上来看，由于沟通频率较低、沟通时间较短，以及情感和心理沟通不足等原因，致使留守儿童和外出父母之间存在"心灵沟通陌生化"的倾向。④

（2）学业成绩方面。已有的对留守儿童的研究中，对留守儿童学业成绩基本上有三种结论：一是认为留守儿童学业成绩普遍较差，父母外出是导致留守儿童成绩差的直接原因；⑤ 二是把完全留守儿童（父母双方都外出务工的留守儿童）从留守儿童中分离出来，研究发现，认为完全留守儿童的学业成绩普遍都差；⑥ 三是认为留守儿童和非留守儿童的学业成绩之间不存在显著差异，留守儿童和非留守儿童中都有学习成绩优秀和学习成绩差的学生，"留守

---

①③ 叶敬忠等著：《别样童年——中国农村留守儿童》，社会科学文献出版社 2008 年版，第 142—145、151—152 页。

② 赵富才：《农村留守儿童问题研究》，中国海洋大学 2008 年博士学位论文。

④ 卢德平著：《中国弱势儿童群体：问题与对策》，社会科学文献出版社 2007 年版，第 62 页。

⑤ 《留守儿童学习成绩令人担忧》，http://news.163.com/07/0131/00/364J37KL0001124J.html，2011—01—13。

⑥ 范方等：《亲子教育缺失与"留守儿童"人格、学习、成绩及行为问题》，载《心理科学》2005 年第 4 期。

儿童成绩差异主要是组内差异,而不是组间差异",① "留守儿童≠成绩差"。留守儿童与非留守儿童之间成绩没有差异的主要原因包括:一是农村中家长对儿童的学习监督与辅导过少,由此即便家长外出对于儿童的学习也不会造成明显的影响;二是农村儿童整体成绩偏差,因此农村儿童间成绩的差异也并不明显。②另外,从已有的一些对留守儿童的研究中还可以看到,父母外出务工的艰辛和劳累会激发留守儿童的学习斗志和热情,成为他们积极进取的一种动力。如有个留守儿童这样写道:"现在我只希望能够考上高中,以后考上大学,希望能够实现自己的愿望,长大以后回报以前所有关心过我的人,有姑姑、姑父及奶奶、表哥……特别是我的妈妈,因为在我小的时候,她为了能供我读书,在外面打工。所以现在我只有努力读书,才能将这一切变为现实。"③可见,对留守儿童学业发展研究的观点存在较大的分歧,没有统一的认识,这在很大程度上是由于研究者所选择的研究对象不同导致的,也反映了留守儿童群体本身是存在分化性的。

(3) 心理情感方面。范先佐认为,留守生活对留守儿童心理和情感方面产生的影响主要有:①柔弱无助,如不愿与人交流,老师找其谈话时易掉眼泪,性格内向,不开朗;②自卑闭锁,自暴自弃,丧失信心,学习上降低要求,上进心不强;③寂寞空虚,父母外出大多孩子大都感到家庭空落,心理寂寞;④盲目反抗或逆反心理,总感到别人在欺负他,一点小事就计较当真,与人交流时充满警惕甚至敌意,对教师、监护人、亲友的管教和批评产生较强的逆反心理;⑤对父母满怀怨恨,少数孩子认为家里穷,父母无能耐,才会出去挣钱,对父母不理解,由此产生怨恨心理。有些孩子在父母回家后疏远父母,产生情感隔膜。也有少数孩子在父母外出后变得更加坚强、自信,自理能力增强,而且能够理解父母的做法,把

---

① 雷万鹏等:《对留守儿童问题的基本判断与政策选择》,载《教育研究与实验》2009年第2期。

② 徐阳:《农村留守儿童教育问题研究》,华东师范大学2006年博士学位论文。

③ 唐天著:《我的乡村伙伴——一个城市少年的乡村纪行》,湖南少年儿童出版社2010年版,第41页。

对父母的思念、感激变为学习的动力,自觉上进,表现良好。大多数孩子在父母外出后会表现出一些心理问题,其中年龄越小的孩子表现越突出,女生比男生突出。① 叶敬忠等的研究发现,"只有不到四成留守儿童认为父母外出后自己变得勇敢和独立","大多数留守儿童认为父母关爱的缺失是他们与非留守儿童的唯一的差别"。② 一项用实证方法考察童年的留守经历这一早期创伤对其成人后精神状况影响的研究结果显示,童年阶段有长期的亲子分离的人,成年后的精神状况明显比没有这一早期经历的人差。③ 总起来看,大部分留守儿童在父母外出后出现负向和消极的心理和情感倾向,只有少数留守儿童正向和积极的心理和情感倾向增强。而且留守经历对留守儿童带来的心理、精神方面的影响不仅是当下的,还是长远的。

(4) 人际交往方面。留守儿童的人际交往主要呈现出两种发展倾向。一是父母外出后,留守儿童能够感受到的外界信息增多,眼界放宽,他们的交往面会扩大。在留守儿童监管不力情况下,部分自制力不强的留守儿童会放任自流、小偷小摸、看不良录像,同学之间拉帮结派,与社会上的混混搅在一起,抽烟、赌博、抢劫等,甚至有的走上违法犯罪道路;④二是有些留守儿童在父母外出后,他们所要承担的家务劳动加重,尤其是在监护人要求严格或控制比较多的情况下,他们的闲暇时间都要忙于做家务,根本没有时间跟同伴交往。⑤ 而且,有些留守儿童在父母外出务工后,心理上会出现自卑、闭锁等倾向,在这种情况下,他们也不会主动跟他人交往,交往圈子会变小。另外,媒体中报道的留守女童遭到性侵犯的

---

①④ 范先佐:《农村"留守儿童"教育面临的问题及对策》,载《国家教育行政学院学报》2005 年第 7 期。

② 叶敬忠等著:《别样童年——中国农村留守儿童》,社会科学文献出版社 2008 年版,第 166、176 页。

③ 韩钰:《童年亲子分离与成年精神状况——以上海市为例》,http://cohd.cau.edu.cn/art/2013/11/26/art_8578_196750.html.2013-12-27。

⑤ 叶敬忠等著:《关注留守儿童——中国中西部农村地区劳动力外出务工对留守儿童的影响》,社会科学文献出版社 2005 年版,第 118 页。

现象需要引起特别关注①，由于父母外出务工，缺少成人的保护，致使留守女童最容易成为被侵犯的对象。

事实上，对留守儿童问题研究中还有一种声音，认为当前存在把留守儿童"妖魔化"②、"污名化"③ 倾向，认为留守儿童群体其实是一个分化群体，少数留守儿童身上的确出现了心理、品行等方面问题，但是，这并不意味着所有留守儿童都存在这样的问题。因此，这些学者认为，不能将留守儿童问题化。叶敬忠认为："对农村留守人口，包括留守儿童的研究，进行留守与非留守的对比，以及测量出留守儿童出现问题的比例都是枉费工夫、徒劳无功的。需要首先说明的是，我坚决反对将留守儿童问题化的论点，我们既不能低估留守儿童发展过程中面临的困难，也不要过分地夸大留守儿童出现问题的严重性，给留守儿童贴上'问题儿童'的标签。但是，对留守儿童的研究和关注与有多少比例的留守儿童表现出问题是没有关系的，因为对留守儿童群体的关注焦点是家庭问题，而家庭对儿童的健康成长是至关重要的。"④

3. 关于留守儿童的社会支持状况

留守儿童是一个未成年群体，他们的健康成长和发展需要来自外界的支持。从对留守儿童发展支持的主体来划分的话，主要包括家庭、学校、社区、政府四个方面。

（1）家庭方面。家庭支持是促进留守儿童发展的非常重要的方面。留守儿童的监护类型直接影响留守儿童能否获得家庭支持。与隔代监护、亲戚监护、父亲监护和留守儿童自我照顾相比较而言，由母亲监护的留守儿童发展最为良好。研究发现，超过一半的留守

---

① 《留守女童被18名长辈性侵两年 报警后遭全村辱骂》，http://www.0856.me/portal.php? mod=view&aid=938。

② 雷万鹏等：《对留守儿童问题的基本判断与政策选择》，载《教育研究与实验》2009年第2期。

③ 任运昌：《高度警惕留守儿童的"污名化"》，载《教育理论与实践》2008年第11期。

④ 叶敬忠：《留守人口与发展遭遇》，载《中国农业大学学报（社会科学版）》2011年第1期。

儿童属于隔代抚养，① 由于祖辈自身精力、体力不足，以及文化教育程度比较低，对留守儿童的管教通常会比较松，容易溺爱他们，而且在学习方面不能提供有效的指导，更为重要的是祖辈和留守儿童之间由于年龄差距太大，一般会存在心理代沟，心理沟通方面会出现不畅现象。另外，由于受时空限制，外出父母跟留守儿童之间沟通的频率和时间不仅是有限的，而且沟通的内容通常主要集中在学习和安全两个方面，在心理和情感等方面的沟通较少，甚至没有。还有，外出务工父母一般会存在对子女的愧疚心理，通常是通过给予留守儿童物质方面需要的满足来达到心理补偿的目的，往往忽视了满足他们在精神、心灵和情感方面的需要。这是因为"外出务工的父母对于教育子女的认识是很粗浅的，忽视了子女所需要的日常呵护、细节关怀、心情交流等情感因素，或认识不到它们在子女成长过程中的重要性"②。事实上，亲情缺失是留守儿童面临的核心问题，满足子女的亲情需要是父母给予留守儿童的最有力的支持。

（2）学校方面。学校是留守儿童生活的另一个重要场所，他们在学校里的生存状况是关涉其健康成长的重要方面。随着全社会对留守儿童教育问题日益重视，不少农村中小学都进行了各种有益的探索，积累了较为丰富的经验，如设立留守儿童"帮扶中心"、"活动中心"、"关爱中心"等，教师通过家访，了解留守儿童实际情况，爱护和关心他们等，充分发挥学校的育人功能，为留守儿童提供应有的支持和帮助。我们还需要认识到，随着农村中小学布局调整政策的贯彻落实，寄宿制农村学校数量增多。在父母外出务工的情况下，寄宿制学校在一定程度上保证了留守儿童日常吃饭、住宿和接受正常的教育的需要。但是，寄宿制学校建设本身还存在一系列问题，比如，农村师资紧缺，生活教师缺乏，寄宿学生的管理通

---

① 雷万鹏等：《对留守儿童问题的基本判断与政策选择》，载《教育研究与实验》2009年第2期。

② 卢德平著：《中国弱势儿童群体：问题与对策》，社会科学文献出版社2007年版，第134页。

常由科任教师代管，由于教师本身精力和时间有限等方面原因，对寄宿学生的关心和照顾不到位；寄宿制学校中食堂应该是非营利性的，但是，现在有些农村学校食堂还属于营利性质，伙食质量无法保证，学生营养跟不上，体质较弱，影响学习质量和健康成长。留守儿童作为农村学校里的一个特殊群体，学校教育对其本身还存在一些"盲点和缺失"，主要表现在：对留守儿童的基本生存状态认知不足；对留守儿童的性格特征、心理状态、价值取向等负面评价比例较高；家庭教育资源严重匮乏，无法对学校教育起到补充作用。[①] 有研究还发现，学校对留守儿童教育存在管理失控和教育失误倾向[②]，前者表现在对非寄宿留守儿童的管理失控和在周末时对所有留守儿童的管理失控；后者表现在留守儿童由于缺少父母监管等原因，大多数学习成绩较差，很难得到教师和同学的帮助，甚至在不少教师眼里，留守儿童和双差生画上了等号，他们从教师那里得到的关爱和鼓励明显要少于非留守儿童。可见，留守儿童在学校里获得的支持是有限的和远远不够的。

（3）社区方面。社区是留守儿童活动的另一个重要场所。由于受经济、政治、文化等多重因素的影响，农村社区建设不及城市社区建设完善；又由于农村本身幅员辽阔，以及农村内部还存在地域性差别，发展也不均衡，所以，农村社区建设本身也存在不均衡的现象。在经济相对比较发达的农村地区，社区组织相对比较完善，能够发挥社区在留守儿童教育中的作用，比如浙江省开化县音坑乡姚家村在市、县、乡三级计划生育协会帮助下，成立了留守儿童俱乐部、留守儿童管理小组，设立了留守儿童基金会等。相反，经济不发达的偏远农村地区，除了村委会和村支部，农村的社会群体组织有共青团、民兵、计生、妇女协会、老人协会等，但其中很多都名存实亡，具有实体性质的组织为数不多。而且，一般来说，在一个村庄，村干部都是身兼数职，难以履行所有的责任。事实上，

---

① 卢德平著：《中国弱势儿童群体：问题与对策》，社会科学文献出版社 2007 年版，第 135—145 页。
② 范先佐：《农村留守儿童教育问题的回顾与反思》，http://cohd.cau.edu.cn/art/2013/11/26/art_8578_196750.html.2013—12—27。

"留守儿童现象突出的基层社区，村集体大多经济不发达，资金来源也相当匮乏。目前，村社对留守儿童教育保护工作可以形容为'心有余而力不足'，作用局限在宣传教育、组织、服务、关心的范围"。① 特别需要指出的是，诸多村干部的留守儿童问题意识淡漠，根本没有留守儿童教育的概念，更谈不上采取具体的教育措施，甚至对留守儿童的问题持盲目乐观态度。② 总之，主要受经济环境条件和教育观念的限制，在留守儿童集中的落后农村地区，社区本身建设不完善，导致其不能对留守儿童教育发挥应有的作用。

（4）政府方面。留守儿童既是社会现象，也是社会问题，其解决关键要依赖于政府决策，政府在留守儿童教育发展方面要发挥主导作用。近些年，各级政府对留守儿童教育投入了很大关注，开展了各种形式的关爱活动。其中，2007年新修订的《中华人民共和国未成年人保护法》特别强调了家庭、学校和政府在留守儿童教育中的责任。2007年7月，中组部、全国妇联、教育部、公安部、民政部、卫生部、共青团中央七部门联合下发《关于贯彻落实中央指示精神 积极开展关爱留守流动儿童工作的通知》。2007年12月，全国妇联、教育部、公安部、民政部、司法部、财政部、农业部等13个部门联合下发《关于开展"共享蓝天"全国关爱农村留守流动儿童大行动的通知》，等等。在一定程度上，这些政策的制定发挥了政府在留守儿童教育中的主导作用，对改善留守儿童的生存和生活处境起到了很重要的作用，但是仅有这些还是远远不够的，留守儿童问题的解决更需要政府出台专门的制度。比如俄罗斯针对流浪儿等社会弱势群体的生存和发展问题制定了专门性的法律法规，才有力地推动了流浪儿问题的改善。因此，我国目前还没有制定出专门针对留守儿童问题的法律和政策，这不能不说是一大缺憾。事实上，专门的法律和政策的制定能够使对留守儿童的关注获得合法化的依托，并有助于留守儿童问题的合法解决。因此，我们

---

① 叶敬忠等著：《关爱留守儿童：行动与对策》，社会科学文献出版社2008年版，第205页。

② 范先佐：《农村留守儿童教育问题与反思》，http://cohd.cau.edu.cn/art/2013/11/26/art_8578_196750.html．2013—12—27。

呼吁国家能够尽快出台针对留守儿童问题的专门性法律和政策。

（二）关于对处境不利儿童心灵关怀的研究

弱势儿童是处境不利儿童的典型代表。西方关于弱势儿童问题的研究最早的着眼点是孤儿群体，因此在英语文献中 OVC（orphan and vulnerable children）往往成为弱势儿童的代名词。这也反映了西方社会在认识儿童的弱势特性上的基本出发点：作为儿童最直接和最天然的生存和成长的依托，无论在生命和健康方面，还是在情感或社会化能力方面，父母扮演的角色都最为关键。因此，父母的丧失或不在场（或因亡故，或因遗弃，或因监护缺位）构成了儿童弱势的最基本要件。[①] 在这个意义上来讲，毫无疑问，留守儿童就属于中国当前社会生活中的弱势儿童或处境不利儿童。实际上，处境不利儿童除了这层含义之外，还应包括经济贫困、学业不良、少数民族等方面的含义。处境不利儿童在世界各个国家都存在，其他国家针对处境不利儿童的策略选择，尤其是对处境不利儿童心灵关怀方面的认识，对我们解决留守儿童问题都会有参照和借鉴的价值和意义。

俄罗斯在社会转型之后，整个社会经济结构、文化形态、价值观念、生活方式等方面发生了重大的变化，社会从混乱逐步走向了有序。但是，由于经济的不稳定，社会贫富差距加大，人口素质下降，儿童吸毒、犯罪比率上升，处境不利儿童人数迅速增长。2003年，莫斯科人权中心的一份报告统计，俄罗斯有近85万名孤儿和315万名流浪儿，这些孤儿中95%是"社会孤儿"（即父母还健在，但无人照看的儿童）。俄罗斯素有人道主义的教育传统，早在20世纪20—30年代，当时苏联教育家马卡连柯等就专门针对流浪儿、孤儿等处境不利儿童实施人道主义教育，提出要由"一体化教育"促进"一体化社会"的发展。因此，进入21世纪，继承和发扬人道主义教育传统是俄罗斯的不二选择。2004年，俄罗斯联邦教育部制定的《处境不利儿童精神、道德、智慧发展规划纲要》指出：

[①] 卢德平著：《中国弱势儿童群体：问题与对策》，社会科学文献出版社2007年版，第1页。

"号召全国上下关怀社会孤儿、流浪儿童、吸毒儿童、特困儿童的健康成长,不仅要放眼未来,而且也是当务之急",并要求"全社会工作者贯彻道德关怀的理念,给予处境不利儿童心灵上的关怀,使他们能拥有一个幸福的童年"。① 俄罗斯伦理学家恰尔科夫认为,对处境不利儿童的道德关怀的核心内容是心灵关怀,就是以平等、理解、尊重、关爱、宽容的原则,来完成处境不利儿童心灵的拯救和心灵的唤醒,他把这种心灵关怀称为心灵活动,而心灵关怀的关键是帮助处境不利儿童树立自信心,形成健康、向上、奋进的积极心态。他还认为,从处境不利儿童的生存角度来讲,没有必要的物质条件不行,而没有一定健康的精神生命力也不行。在他看来,对处境不利儿童的道德关怀是一种内在动力的表现,是从根本上解决处境不利儿童问题的有效途径。② 同时,处境不利儿童的培训管理机构的教育宗旨也要以呵护他们的心灵成长为根本,例如孤儿培训管理机构需要遵循的教育宗旨是:维护孤儿心灵世界;预防孤儿心灵危机;工作者要用温存、细致的手段培养孤儿的健康自尊心;实施个性和谐发展的教育;帮助孤儿做个好公民的教育。③ 对处境不利儿童的道德关怀,不仅能够消除他们心理上的自卑等消极情绪,还能够对制度化结构运行的结果发生应然性的补偿作用。而且,对处境不利儿童的理解、关爱和尊重要出于自然的表达,使这种道德关怀融入他们的心灵之中。

英国虽然是一个等级分明的国家,但是,福利社会、民主公平的观念又根深蒂固,教育与社会平等的关系问题、对于弱势群体和处境不利人群的关注从来都是历次教育改革的重要内容。自1997年以来,英国就提出了以"全纳教育"(inclusive education)促进"全纳社会"(inclusive society)的发展理念。2003年,英国政府

---

① 乌云特娜:《俄罗斯社会转型时期处境不利儿童道德关怀理念的分析》,载《中国特殊教育》2008年第1期。

② 朱小蔓等主编:《当代俄罗斯教育理论思潮》,教育科学出版社2009年版,第219—225页。

③ 乌云特娜、朱小蔓:《当前俄罗斯孤儿安置政策分析》,载《教育研究》2008年第4期。

颁发了绿皮书《每个孩子都重要：为了孩子的变化》(*Every Child Matters：Change for Children*)，集中体现了"全纳教育"思想，强调每个孩子都不能被忽视，缩小处境不利儿童与其他儿童的差距。在该绿皮书中，英国政府提出了儿童健康发展的五项指标：①健康；②安全地生活；③快乐或愉悦与取得成绩；④做出积极贡献；⑤获得良好的经济状况。其中，把处境不利儿童的身心健康和安全作为其他方面的基础，并强调使他们自身的情感和精神要保持快乐、愉悦的积极状态，重视给予处境不利儿童的心灵和精神层面的关怀。另外，"每个孩子都重要"对处境不利儿童的关怀强调全社会儿童服务体系的整合，对地方政府、家长、学校、社区和政府其他部门等都提出了具体的要求。①

印度自20世纪70年代开始实施儿童综合发展服务项目（Integrated Child Development Service，ICDS），主要针对的是农村贫困儿童，为他们的健康成长提供免费服务。该项目的内容包括：提高6岁以下儿童的营养与健康状况；为儿童的心理、生理与社会的和谐发展打下良好基础；降低死亡率、发病率、营养不良与辍学率；在政策制定与实施上达成各部门的有效合作，以促成儿童的全面发展；通过营养与健康教育，提高母亲满足儿童的正常营养与健康所需要的能力。印度本身是一个农业人口占多数的发展中国家，而且，城乡社会贫富差距也很大，ICDS项目的实施在很大程度上保障了农村贫困儿童的健康成长和他们接受学前教育的权利。该项目实施30多年来，使数以万计的农村贫困儿童从中受益。②

从俄罗斯、英国和印度对处境不利儿童生活改善方面所做出的各种努力来看，首先是政府对社会中处境不利儿童成长和发展肩负着主要责任，在改善他们的生存和生活条件中发挥着主导作用；其次，对处境不利儿童关怀的内容比较全面，能够针对不同群体给予其所需要的不同种类的关怀。俄罗斯针对流浪儿和孤儿提出的道德

---

① 王璐：《每个孩子都重要：英国全面关注处境不利儿童的健康发展》，载《比较教育研究》2005年第10期。

② 严仲连：《使千百万处境不利儿童受益的印度ICDS项目》，载《幼儿教育（教育科学版）》2006年第11期。

关怀，核心是给予流浪儿和孤儿心灵关怀，旨在唤醒流浪儿的心灵，使他们找到生活的自信，以积极心态面对生活。这些对我们应对留守儿童教育问题具有启发和借鉴的价值和意义，促使我们对留守儿童的关怀不要仅仅停留在物质层面，更要关注他们的精神和心灵成长。

（三）关于城市化的研究

城市化是本书分析在农村学校里对留守儿童心灵关怀德育问题的大环境和大背景。从根本上来讲，留守儿童问题就是中国城市化进程中由农民工问题衍生出来的，而且，在很大程度上，城市化既是留守儿童问题产生的原因，也是制约留守儿童问题是否能够解决的关键因素。因此，我们必须对城市化的内涵、中国城市化的特征以及道路选择、有关国外城市化研究成果等问题进行考察。

1. 城市化的内涵

城市化是什么？从已有对城市化的界定来看，学科不同，对其内涵的理解就有差异。一些经济学家认为，城市化是引起产业结构、就业结构、消费方式重大变化的乡村经济向城市经济转化的过程和机制；① 一些社会学家认为，城市化是人们的行为方式和生产方式由农村社区向城市社区转化的过程，以及由此引起的社会流动、阶层分化等社会后果；② 一些人口学家认为，城市化是乡村人口转化为城市人口的过程；③ 等等。罗西在《社会科学词典》中对城市化的定义具有综合性意义。他认为城市化包含四个方面的含义：一是城市中心对农村腹地影响的传播过程；二是全社会人口逐步接受城市文化的过程；三是人口集中的过程，包括集中点的增加和每个集中点的扩大；四是城市人口占全社会人口比例的提高过程。④ 总体上来讲，如果以显性标志和隐性标志来对城市化的特征进行分析的话，那么，城市化的最显性的标志就是农村人口向城市的聚集，城市化的隐性标志则体现为人们在文化思想、价值观念等

---

① 陶文达著：《发展经济学》，中国财政经济出版社1988年版，第242页。
② 朱力著：《社会学原理》，社会科学文献出版社2003年版，第213页。
③ 邬沧萍著：《世界经济》，中国人民大学出版社1983年版，第364页。
④ 许学强等著：《现代城市地理学》，中国建筑工业出版社1988年版，第47页。

方面的变化,以及随之引起的生活方式的变化,社会结构、生产方式等方面发生的逐渐的变化等。从本质上来讲,城市化的真实含义并不是人口或地理意义上的向城市的转移,而是代表一种文明、文化的过渡与转型;同时城市化也代表社会发展的基本趋势和方向,是社会结构转型的过程和结果。

2. 中国城市化的特征以及道路选择

总体上来讲,城市化率常年低于工业化率是中国城市化所独有的最显著的特征。一般来说,一个国家在现代化的进程中,城市化率要高于工业化率的,诸如美国等西方发达国家都遵循了这一社会发展规律。然而,中国的情况却与之相反,中国的城市化率常年低于工业化率。自改革开放以来,国家充分认识到了推进城市化进程对工业化发展的重要性,也加速了城市化发展速度。直到2005年,中国城市化率达到了43%,比当年工业化率高出1个百分点,城市化水平开始稳步超过工业化水平。然而,2005年按照户籍人口计算,我国城市化率仅为27.7%,而43%这个实际城市化率是按照常住人口登记的原则确定的,这两种统计方式的结果相差的15.3%,即为从农村出来进城务工的人员,现在通常用带有讽刺意味的"农民工"来称谓这个群体。① 根据《国家新型城镇化规划(2014—2020年)》预测,2020年我国户籍人口城镇化率将达到45%左右。按照常住人口计算,2015年我国城镇化率已经接近55%,城镇常住人口达到7.5亿。但是,这7.5亿人口中包括2.5亿的以农民工为主体的外来常住人口,他们在城镇还不能平等享受教育、就业、社会保障、医疗、保障性住房等方面的公共服务。农民工,顾名思义,"农民"表明的是他们的社会身份,"工"则表明他们的职业。"农民工"就是"农民"这种身份与"工"这种职业的一种独特的结合。"农民工"这个阶层,正如这种称谓所表明的一样,反映的是一种极为矛盾的现实。他们虽然从事的职业不再和农业相关,但是他们的户口还在农村,是农民身份。从根本上讲,农民工还不是真正的市民,他们虽然生活和工作在城市,但是不具

---

① 李强主编:《中国社会变迁30年》,社会科学文献出版社2008年版,第90—95页。

有真正的市民身份,是城市里的边缘性群体。从这层意义上来讲,迄今为止,中国真正的城市化率还仍然低于工业化率。

追根溯源,中国城市化的这一特征是由中国特有的城乡二元社会结构体制造成的。中华人民共和国成立后不久就开始实行计划经济体制,在城市发展工业,在农村搞农业,市民居住在城市,农民居住在农村,而且还实行对农产品的统购统销和剪刀差政策,以牺牲农业和农民的利益来支援城市工业的发展。在20世纪50年代末,为了从政策上保证城市和城市人的利益,国家实行了户籍制度,以及由户籍制度为核心实施了一系列制度安排来区别对待城市市民和农村农民,把农民牢牢地束缚在了土地上,城乡二元社会结构形成和巩固下来。随着20世纪80年代家庭联产承包责任制的普遍实施,农村出现剩余劳动力,而城市工业发展对劳动力的需求自然也拉动了农村剩余劳动力向城市的转移。然而,长期以来形成的城乡二元社会结构体制已经成为中国城市化发展的顽疾和障碍。虽然农村的剩余劳动力流向了城市,进入了非农业生产领域,但是,城乡二元社会结构体制的存在使得他们难以获得真正市民的身份、他们的子女在城市学校就读还存在种种关卡,等等。现在,国家虽然已经出台了一些政策,使城乡之间严重分割的局面开始缓和,城乡之间的流动在加快,但是,离农民工向真正的市民身份的转变还很遥远。因此,在这个意义上来讲,中国城市化的发展有赖于国家政策的支持,特别是如何消除城乡之间的分割局面,使农村剩余劳动力向城市流动不仅是一种人口流动,还是他们的真正的身份和社会地位的改变,以实现中国真正的城市化率的提升,从而促进社会整体和谐发展。

当前,我国的"三农问题"就其本质是农村社会发展问题,具体地讲,是农村社会发展道路的选择问题。农村的发展不能局限于农村内部,而要从城市和农村互动的角度去考虑。城市化或城镇化(urbanization)"是农村发展所不能回避的一个基本问题,如果忽视城镇化,那么就不能真正把握农村发展的方向"①。中国在改革

---

① 陈益龙:《多元城镇化道路与中国农村发展》,载《创新》2010年第1期。

开放初期，在农村社会现代化发展问题上实行的是优先发展小城镇战略，这主要是费孝通根据苏南地区的实践而提出的农村发展思路，实现了农民"离土不离乡"，避免了城市化导致的城市人口膨胀的"城市病"。然而，有学者认为，"城市化和城镇化表面上一字之差，但实际上改变的是农村劳动力转移的道路。小城镇道路的关键点在于，它实质上是认可城乡二元结构的体制，继续限制农民向城市的转移，并在这一思路下制定了与它相对应和相配套的一系列政策。"而且，"城镇化发展战略的推行增加了城市人与农村人的社会隔膜，延缓了城市化的步伐。"① 另有学者认为，小城镇的建设和发展是我国城市化的一个重要组成部分，"小城镇仍将是我国农村今后进行城市化的主要载体"②。

国内农村问题研究专家陆学艺认为，中国农村现代化跟国家整体现代化并不是同步的，已有研究认为我国整体现代化始于鸦片战争或戊戌变法等，而中国农村现代化的真正始发时间是1978年，是由家庭联产承包责任制改革开始的。他认为，中国农村现代化的发展阶段由低到高包括：家庭联产承包责任制→乡镇企业→小城镇建设→城乡一体化。他认为，城市化是工业革命后城市和农村之间存在经济差别、生活方式差别和文化差别的情况下发生的社会发展现象，如果这些差别消失了，就不存在城市化问题，而城乡一体化就是要实现城乡产业结构一体化、职业一体化、社会保障一体化、信息交通一体化、生活方式一体化和城镇体系区域网络化。城乡一体化既包括城市化内涵，还包括城市化未曾包括的诸如农村不需要农村人口向城市迁移能实现现代化目标等内涵。③

陆益龙在《多元城镇化道路与中国农村发展》一文中认为，城市化和城镇化是等同的，城市化不等于人口的迁移和流动，城市化的实质或核心是结构的转型，也就是职业结构、社会结构、文化观念结构和生活方式结构的转变。城镇化的道路是多元的，而非仅有

---

① 赫广义著：《城市化进程中的农民工问题》，中国社会科学出版社2007年版，第43页。

②③ 陆学艺等著：《中国农村现代化道路研究》，广西人民出版社1998年版，第176、156—179页。

人口进城单一路径，尤其在中国，农村幅员辽阔，不同地区可以根据自己的背景条件，走不同的发展路径，这包括乡村生活方式的城市化道路、乡村集镇化道路、城乡一体化道路等。①

2008年10月颁布的《中共中央关于推进农村改革发展若干重大问题的决定》指出，要"建立促进城乡经济社会发展一体化制度。尽快在城乡规划、产业布局、基础设施建设、公共服务一体化等方面取得突破，促进公共资源在城乡之间均衡配置、生产要素在城乡之间自由流动，推动城乡经济社会发展融合"。2014年2月7日，国务院总理李克强主持召开国务院常务会议，听取关于2013年全国人大代表建议和全国政协委员提案办理工作汇报，决定合并新型农村社会养老保险和城镇居民社会养老保险，建立全国统一的城乡居民基本养老保险制度。② 国家在农村发展道路方面进行了许多的探索和实践，积累了诸多的经验和教训，走城乡一体化道路是实现农村现代化的一种理性选择，在农村人口占绝大多数的中国，让农民都进入城市是不现实的，也是不可能的，只有城乡之间发展同步了，城乡之间的差别不存在了，农村也就真正实现了现代化。需要指出的是，由于中国实施了半个多世纪的城乡二元社会结构体制，致使城乡之间在社会结构、文化观念、生活方式等各个方面的差别已经严重固化，因此，中国城乡一体化势必要经历一个漫长、艰辛、复杂的过程。

3. 有关国外城市化的研究成果

关于国外城市化的研究成果中，布莱恩·贝利的《比较城市化》一书可以说是"西方国家20世纪80年代以前城市化研究最重要的研究成果"③。贝利通过对世界不同国家和地区城市化过程的比较研究后认识到，在20世纪快速城市化过程中，尽管城市化存在很多共性，但是城市化道路却各不相同，差异化主要源于文化背

---

① 陈益龙：《多元城镇化道路与中国农村发展》，载《创新》2010年第1期。
② 《国务院：城乡居民养老保险合并有利城乡一体化》，http://insurance.cngold.org/c/2014-02-08/c2400757.html．2014-06-09。
③ ［美］布莱恩·贝利著，顾朝林等译：《比较城市化》，商务印书馆2010年版，"译者前言"第ⅲ页。

景及发展阶段的不同,并产生了多样化的人类后果。贝利指出,在19世纪工业城市化阶段的一个显著共性就是人口向城市的集聚,随之导致社会经济结构、人口结构等方面的变化,同时,城市规划应运而生,这是针对人口向城市集中而产生的各种城市问题而出现的。在城市化道路方面,贝利认为,伴随城市化发展,美国出现马赛克文化,美国的规划趋于支持私有化和马赛克文化;第三世界城市化不同于西方,在乡村向城市社会转型中,人口主要迁移到大城市的外围聚落地带,在城市经济对劳动力进行吸纳时,会产生空间扩散、阶级冲突和次马赛克文化等问题;欧洲城市化道路既不同于19世纪西方工业化,也不同于北美和第三世界国家经历的城市化过程,欧洲不同国家之间差异化的形成缘于技术变革、国家意识形态、规划公权力的交互作用等。总之,不同国家城市化的不同发展的主要原因是文化背景、技术等不同。

特别值得关注的是,贝利在对西方国家城市化研究中指出的美国的"逆城市化"现象,以及西欧和其他新兴市场国家的城市离心化和分散化现象。贝利所指出的美国在1970年以来出现的"逆城市化"现象是与之前的人口向城市集中的趋势不同的一种从人口更集中状态向分散状态转移的过程。西欧和其他新兴市场国家出现的城市离心化和分散化现象也主要表现为城市中心人口的增长停止,非城市中心人口的增长,或城市中心人口向城市外环分散的现象。贝利认为,"交通、通信和工业技术等方面的联合开发以及个人在区位和生活方式偏好转移,导致传统的核心—边缘国家经济组织瓦解"①,这正是"逆城市化"现象和城市离心化和分散化现象出现的根本原因。孟德拉斯在《农民的终结》一书中对法国农村现代化的研究中也指出,"今天,人口流动的方向逆转了,不仅农村人口外流停止了,而且乡村人口又多起来了。从1975年至1982年,乡村人口的增长速度(7%)比总人口的增长速度(3.3%)要快,城市人口增长几乎停滞了(1.5%)","今天的乡下人享有城市生活

---

① [美]布莱恩·贝利著,顾朝林等译:《比较城市化》,商务印书馆2010年版,第209页。

的一切舒适：统计数据表明，在巴黎人、城市人、郊区人、小城市居民和乡下人之间，已经不像20年前那样具有系统的差别"。①

从根本上来讲，不论是"逆城市化"现象，还是城市离心化和分散化现象，这些都是西方发达国家城市化发展的最高阶段的特征，这对于"后发外生型"现代化的中国在城市化道路选择中具有一定的启迪意义和价值。中国政府当前提出的城乡一体化战略，在很大程度上就是试图通过城乡一体化的建设和发展来实现整个国家的现代化发展，从而避免西方国家在城市化发展中所经历的一些弊端和问题。但是，这一战略的实施还有赖于相应的政策支持，其实现也将是一个不断探索和实践的过程。

（四）关于农村学校德育的研究

1. 关于"农村"概念的界定

一般来讲，对"农村"概念的界定存在这样几种理解方式。一是农村的界定与生产方式相联系。现代汉语词典中，"农村"是指以从事农业生产为主的人聚居的地方。陈惠芳也认为，"村落与都市最明显的区别，在于村落与土地的关系密切，而且人口集团的规模较小，主要以农业、林业、畜牧、水产等第一产业为生的区域社会。"② 与农村相对应的是城市，那么，城市就是以从事第二、三产业为主的人聚居区域。二是农村的界定以人口的数量为标准。美国随着城市化的迅速发展、扩散以及农村经济结构和生产方式的不断调整，传统上相对稳定的城市和农村社区的界限变得日益模糊，美国农业的直接从业者已不足3%，但美国的广大农业区域依然存在，生活在其中的农村社区人口也并没有大幅度减少。美国国家教育统计中心使用地点编码法（locale codes），根据是否在城市统计区、人口密度和规模三个指标，将地域分为八类，其中后三类归为农村：①不在大城市统计区 CMSA 或城市统计区 MSA 内，人口在2 500人和25 000人之间的地方；②不在大城市统计区 CMSA 或

---

① ［法］H. 孟德拉斯著，李培林译：《农民的终结》，中国社会科学出版社1991年版，第303—304页。

② 陈芳惠著：《村落地理学》，五南图书出版公司1984年版，第61页。

城市统计 MSA 区内,指定为农村;③在大城市统计区 CMSA 或城市统计 MSA 区内,指定为农村。而美国联邦统计局则把农村定义为"有广漠土地且居民少于 2 500 人的地方",即地点编码法中设定的⑦、⑧两类,认为这才是纯粹意义上的农村。① 还有,在俄罗斯,对农村的界定也是按照人口的数量分布来划分的,通常把每万平方米人口在 2 000 人以下的区域称为农村。三是按照行政区域来界定农村。中国的行政区域由大到小依次划分为省或直辖市或自治区、市、区或县、镇、乡、村,一般来讲,我们通常把县、镇、乡和村所辖地区称为是农村。事实上,农村不仅是生产方式性、地域性和人口性的概念,还是文化心理性概念,特别是在我国当前城乡二元社会结构体制的具体语境下,在部分人心里已经形成了农村是传统、落后和愚昧的代名词,而城市则象征着现代、先进和文明的社会文化心理定势。

2. 农村义务教育实施状况、管理体制、布局调整的研究

(1) 农村义务教育实施中的辍学问题还比较突出。1986 年我国颁布了《中华人民共和国义务教育法》(以下简称《义务教育法》),从法律上保障了每个适龄儿童都有接受一定年限的教育权利。由于中国城乡发展存在不平衡问题,时至今日,城市义务教育已经完全实现,但是,农村由于受经济条件限制以及农民的意识和价值观念的限制,农村义务教育阶段的辍学率仍然居高不下,尤其在当前高校扩招后就业难的形势下,农村又掀起"读书无用论"的热潮,这在一定程度上直接导致农村学生辍学率的增高。袁桂林通过对全国 13 个县区 130 余所学校的调查发现,辍学率最低的学校,其辍学率是 6.88%;而辍学率最高的学校,其辍学率竟然达到了 71.93%,辍学的主要原因包括"应试教育"的压力使学生厌学、学校的教育教学缺乏吸引力、农村家庭经济困难、学生看不到未来的出路、观念落后和文化贫穷、农村教育的评价体系偏离育人的根

---

① 傅松涛等:《美国农村社区基础教育现状与改革方略》,载《比较教育研究》2004 年第 9 期。

本宗旨。① 需要特别关注的是，全国妇联关于农村留守儿童状况调查显示，中西部省份农村留守儿童辍学比例高于其他省份，三分之一的15—17岁农村留守儿童初中毕业以后就开始外出打工。② 总之，农村义务教育实施中存在的高辍学率问题是农村教育和社会发展的顽疾。

（2）我们对农村义务教育的管理体制可以从宏观和微观两个层面来审视。在宏观层面上，《义务教育法》确立了"基础教育实行地方负责，分级管理"的制度。据国务院发展研究中心调查，在农村的义务教育资金的投资比例中，中央政府负担的部分为2%，省和地区负担的部分合计起来是11%，县和县级市负担的为9%，而乡镇则承担了78%。乡镇成为农村义务教育经费投资的主力，农民缴纳的教育附加费则是乡镇保证农村义务教育经费投资的重要来源。农村税费改革后，乡镇无力再承担庞大的义务教育经费，在全国很多农村地区出现了大规模拖欠农村教师工资的现象，严重影响了农村学校正常教育教学工作的顺利开展。为解决这一问题，2001年，国务院《关于基础教育改革与发展的决定》规定，农村义务教育实行"在国务院领导下，地方政府负责，分级管理，以县为主"的体制，保障了农村义务教育经费的投入和农村教育工作的顺利实施。同时，2001年，国家对义务教育阶段农村家庭经济困难学生实行"两免一补"政策，即免学杂费，免书本费，逐步补助寄宿生生活费。2007年，国家又实施了免除全国所有农村地区义务教育阶段学生的学杂费的政策。这一系列政策的实施在一定程度上促进了农村义务教育的发展。伴随农村义务教育管理体制的改革，在一些农村地区也形成了相应的各具特色的教师专业管理模式，有研究者通过考察发现，在"以县为主"的义务教育管理体制下，农村学校已经形成了中心校带动模式、学区管理模式和伙伴校

---

① 袁桂林著：《农村初中学生辍学问题研究》，东北师范大学出版社2003年版，第5—18页。

② 《中西部留守儿童辍学比例高》，http://news.xinhuanet.com/edu/2008-02/27/content_7677652.htm.2013-12-27。

模式三种典型的教师专业管理模式。① 总体上来看，"以县为主"的义务教育管理体制的实施在一定程度上促进了农村义务教育发展。但是，仔细审视，"以县为主"的管理体制还存在诸多明显的不足，中国县域有大有小，在较大的县里，县级教育管理部门对学校的管理不及，教育指导力量不足，而且，尽管"以县为主"的管理体制可以缓解一县之内的教育不均衡情况，但却无法改变一市之内，一个地区甚至全国的"贫富不均"局面。②

从微观层面来审视农村教育管理体制主要着眼于农村学校内部的管理。一般来讲，大部分农村学校的管理者是在农村学校范围内产生的，由城市学校调往农村学校的管理者相对比较少。由于诸多农村学校本身地域位置相对偏远，信息不畅通等原因，学校领导的管理理念相对比较陈旧和落后，难以真正落实以素质教育为目标的管理理念。因此，日常的具体管理也紧紧围绕知识、技能教育目标来开展。研究发现，由于初中升高中以考试成绩考核为主，因此对一个乡镇教育质量的评价，主要看中招考试成绩，也是考核乡镇教育办领导工作成绩的主要指标，受此影响，农村学校的管理也多以提高考试成绩为主来实施。如此，整体上农村义务教育的管理依然停留在以知识、技能传授为目标的层次。③ 正因为农村学校管理面临着管理者素养偏低和"应试教育"桎梏，直接制约着农村学校教育质量的提升。

（3）关于农村中小学布局调整问题。2001年，国务院颁布了《关于基础教育改革与发展的决定》后，有计划、有步骤的农村学校布局调整工作在全国范围内大规模展开。以陕西省为例，从2002年起陕西省开始对农村中小学进行大规模调整，计划从2002年至2006年，在5年内全省农村小学由2000年的33 336所调整到

---

① 朱小蔓等：《"以县为主"农村义务教育管理体制下的教师专业管理》，载《教育发展研究》2008年第22期。

② 王景英著：《农村义务教育整体办学模式与评价》，北京大学出版社2008年版，第176页。

③ 李军霞：《当前农村基础教育的现状及发展对策》，载《当代教育论坛》2005年第4期。

26 336所，减少7 000所，校均规模由144人增加到180人；初中由2 000所调整到1 844所，减少176所，校均规模由930人增加到1 000人以上。① 农村中小学布局调整主要缘于两个方面的原因：一是农村税费改革政策实施使得农村基层教育财政紧张；二是计划生育政策的实施和农民生育观念的变迁改变了农村入学人口的结构，生源急剧减少。在这种形势下，国家出台了农村中小学布局调整的政策。这一政策制定的初衷是优化农村教育资源，减少教育资源浪费，提高办学效益。在一定程度上，这一政策的实施产生了一些积极的效果，但同时也暴露出很多问题，主要表现为：有些地方盲目实施，缺乏合理规划；部分村民干部不理解，利益感情受伤害；路途遥远存隐患，新辍学问题凸显；教育经费严重短缺，寄宿办学加重负担。② 有学者从教育公平视角审视，认为农村中小学布局调整损害了农村学生的教育利益，致使农村学生上学变难而出现了"教育真空地带"③，学校教育的隐性功能消失、教育的物质化问题日益严重、教育的不公平性进一步增长。④ 与此相对，另有学者认为农村中小学布局调整跟义务教育均衡发展具有内在的一致性，是促进农村义务教育均衡发展的一种途径和手段。⑤ 从国家宏观层面来讲，农村中小学布局调整后的某些村落学校的撤销不仅仅意味着该村落内部适龄上学儿童上学困难了，更意味着国家权力从村落中的退出。这对于建构现代民族国家所需要的农民的国家观念意识的形成是不利的，至少意味着失去了有效联系农民与国家的一

---

① 范先佐等著：《中国中西部地区农村中小学合理布局结构研究》，中国社会科学出版社2009年版，第42页。

② 张洪华：《城镇化进程中的农村中小学布局调整问题及反思》，2009年全国教育学博士生学术会议论文集。

③ 王嘉毅等：《教育公平视野中的农村学校布局调整》，载《甘肃社会科学》2007年第6期。

④ 叶敬忠等：《对农村教育的反思——基于农村中小学布局调整影响的分析》，载《农村经济》2010年第10期。

⑤ 曾新：《农村中小学布局调整与义务教育均衡发展的理论关系》，载《华中师范大学学报（人文社会科学版）》2013年第3期。

座桥梁。① 因此,对农村中小学布局调整政策的实施意义和落实状况进行反思,有助于我们客观地认识农村中小学布局调整的成效、问题,更关涉农村社会和教育的发展方向和未来。

3. 农村学校德育的相关研究

对已经搜集到的有关农村学校德育的研究资料进行分析发现,这方面的专著比较少,主要有毕世响的《乡村生活的道德文化智慧》、刘铁芳的《乡土的逃离与回归》、钱理群和刘铁芳主编的《乡土中国与乡村教育》、李书磊的《村落中的"国家"——文化变迁中的乡村学校》等。相关论文也不多,其作者绝大多数是来自教育一线的农村中小学教师。

在《乡村生活的道德文化智慧》中,毕世响通过对一个个"生活情境"的描述,如村庄、乡间生活、家庭、语言、老师、学校等,"发现"了其中蕴含着的道德智慧。作者认为生活情境是道德文化的情境性存在,道德就是朴素的生活道理和生活习俗,乡村生活和乡村少年的德性成长是一体的,道德不仅在学校中产生,生活本身就蕴含着道德。作者揭示了生活中道德传承的方式,论证了生活道德教育是在生活中自然流淌的。

在《乡土的逃离与回归》中,刘铁芳立足当下中国现代化的现实境遇,揭示了在当前中国城乡二元的社会结构体制背景下,乡村教育面临着种种尴尬和困境,包括乡村教育的城市取向使学校教育的内容远离乡村少年的实际生活,乡村的现代化使乡村文化处于支离破碎之中,乡村教育已经不能承载成就乡村少年幸福人生的重任等。作者指出,要走出乡村教育的困境,就要重振乡村少年的文化自觉和文化自信、培养具有乡村文化情怀的乡村教师,以及重新排列乡村教育在国家整个教育系统中的应有秩序。

在《乡土中国和乡村教育》中,作者揭示出当前的中国农村贫穷和暴富并存。在一些地方,除了物质贫困外,还存在精神上的贫困,如礼仪沦丧、情义扫地、亲情淡漠。在义务教育贯彻落实后的

---

① 王晓慧:《农村中小学布局调整的三个问题》,2009年全国教育学博士生学术会议论文集。

今天，西部农村教育用"凋敝"来修饰一点都不过分，办学条件的恶劣、失学现象的严重等超出了惯常的想象。钱理群先生指出，"乡村文化的衰落，乡村教育的文化缺失，都在有意无意地剥夺青少年活着的理由，生命的意义和欢乐"，"所谓乡村文化和乡村教育，绝不只是乡村的问题，或者说，如果我们只是在乡村的范围内，来讨论乡村文化、教育，以及其他乡村问题，其实是说不清，也解决不了问题的。我们必须有一个更大的视野，一个新的眼光和立场"。①

在《村落中的"国家"——文化变迁中的乡村学校》中，李书磊认为，村小是村落中的国家，它在以自己的方式作用于乡土。李书磊通过对一所乡村小学的实地考察，揭示了在当前中国城乡二元社会结构体制下，农村教育内容远离了农村学生的生活实际，农村学生要在现有的教育体制中获得成功所面临的种种困难，以及农村小学里"洋派"教师和"土派"教师的不同的生活逻辑和他们普遍的窘迫的生活处境。最后，李书磊指出，"对于乡村教育而言，它的课程内容与乡村现实生活的脱离并不意味着它没有与乡村互动和循环的途径，正如前文所论，事实上它乃是选择了从城市'移植'而非在乡村'催生'现代化的方式来加入乡村改造的。"② 乡村的现代化要通过对城市文明的移植来实现。

此外，有研究指出，当前农村学校德育面临着一些新的挑战，包括农民忙于为生计奔波，没有时间和精力管理孩子，留守儿童问题增多，隔代培养或寄宿制教育问题较多，而农村孩子的家庭教育缺失，给农村学校德育增大难度；农村学生中独生子女学生人数增多，他们容易受祖辈、父母宠爱，既是宠儿，又由于没有兄弟姐妹而成为孤独者，这些学生存在受挫力差、包容力低等问题。③ 还有研究认为，农村学生中有严重的自卑心理，原因在于：一是农村学

---

① 钱理群等主编：《乡土中国和乡村教育》，福建教育出版社2008年版，第12页。
② 李书磊著：《村落中的"国家"——文化变迁中的乡村学校》，浙江人民出版社1999年版，第170页。
③ 蔡朝旦等：《新形势下农村学校德育工作的缺失及改进措施》，载《贵州教育学院学报》2007年第6期。

生家庭家境比较贫苦，坚持学业会给家庭增加困难，求学和生计的矛盾一直困扰着很多农村学生；二是农村家长受教育程度低，教育方法往往不当，会压抑学生的天性；三是农村学生自我认知不足，自我期望不高，自我否定又导致能力的正常发挥，而导致自卑心理；四是"农村与城市、贫穷与富有、打工与务农、求学与工作，这些由比较而产生的差别、无奈和选择一直是农村学生巨大的心理负担"①。事实上，农村学生产生自卑心理的根本原因更多的是由于他们自身的生存处境所导致的，确切地讲，是城乡之间的贫富差别导致了农村学生深刻的自卑心理。

教师是农村学校德育的主导力量，教师道德素质的高低直接影响到学校德育的成效。一般来讲，在农村学校里所有教师都应该承担学校德育的责任，都是学校德育的主体。但是，从对已有研究的分析发现，在诸多一线农村教师的观念里，仅仅把从事思想品德课教学的教师和班主任看作是学校德育教师，而并没有树立起全校教师都是德育教师的观念，这样就把德育队伍严重地窄化了，不利于农村学校德育的实施。在教育实践中，农村教师都有自己的生存法则和生存伦理。《一个西部支教志愿者眼中的农村教育》一文运用口述史的方法，展现了西部某农村学校教育的窘迫的现实状况，它是令生活在城市，甚至某些相对发达的农村地区的教师难以想象的。客观地讲，农村学校在德育中可以充分挖掘农村自身所蕴藏的德育资源，比如利用优美的农村自然环境条件给学生进行热爱大自然、保护大自然的教育、利用农村的风俗习惯进行乡风民俗教育、培养农村学生热爱家乡的情感；农民的纯朴诚恳也是农村学校德育资源，给学生进行诚实朴素等美德教育。②然而，事实上，随着中国城市化的快速发展，农村学校德育环境的瞬息万变，以及农村社会在伦理价值观念层面所发生的嬗变，农村学校在运用农村本身所拥有的德育资源中也面临着种种困境。

---

① 黄少虎：《农村学生自卑心理成因及矫正》，载《中小学心理健康教育》2002年第9期。

② 陈爱花：《浅谈农村德育资源的开发》，见《全国教育科研"十五"成果集》。

三、研 究 方 法

研究方法是一项研究工作取得成功的一个重要方面。事实上，研究方法的选择是极其复杂的，这跟研究者自身所秉持的研究立场、对研究方法论的思考，以及研究问题的性质和研究对象的特征等密切相关。

（一）对方法论的思考

1. 关于社会科学研究中"价值中立"问题的思考

马克斯·韦伯认为，"价值中立"是社会科学研究的最核心原则。按照韦伯的理解，在社会科学研究中，不论研究对象还是研究方法，都是一种客观性的存在，对于研究者来讲，就是不加个人任何主观意愿地把这种客观性揭示和展现出来。然而，韦伯为我们所创立的这种设想早就遭到了质疑。华勒斯坦等人就指出，"所谓的客观知识其实不过是那些在社会上和政治上拥有更强大势力的人的知识而已"，"如果我们所说的客观性是指绝对中立的学者再现了一个外在于他们的社会世界的话，那么我们必须指出，这种现象是根本不存在的"。① 虽然相对于研究者来讲，研究对象是一种客观性存在，但是，研究者在对研究对象的研究中会不可避免地加入自己的主观见解和意见，尤其是在人文社会科学研究中，研究者自身的研究立场和价值取向会无形中影响研究者对研究对象的判断和研究结论的归结，而且，缺乏研究者自身的研究立场和价值取向的研究事实上是不存在的，也是不可取的。即使是研究方法的选择，也渗透着研究者自身的意愿，这正如弗莱雷所说的，"实际上，方法是意识在行动中体现出来的外在形式，它表现了意识的基本特征——目的性。"② 研究者在对方法的选择中就预设了一种前提，即这种

---

① ［美］华勒斯坦等著，刘锋译：《开放社会科学》，生活·读书·新知三联书店1997年版，第98页。

② ［巴西］保罗·弗莱雷著，顾建新等译：《被压迫者教育学》，华东师范大学出版社2001年版，第22页。

方法有助于研究问题的揭示和研究结论的获得。正是在这层意义上,笔者认为,不存在任何"价值中立"的研究活动。当然,在本研究中,笔者自身对作为社会弱势群体的留守儿童的关切和关怀贯穿在研究过程的始终,这种研究立场和价值取向决定了本研究是一项渗透了研究者的主观判断和价值渗透的研究活动。

2. 关于教育理论与实践关系的思考

教育理论与实践的关系问题一直是教育学界持续在探讨的一个问题。这个问题本身是非常复杂的,涉及诸多方面的思考,比如教育理论到底是怎样产生的,教育理论对于实践的意义何在。其中,现实存在的,而且值得我们关注的一个根本问题是教育理论工作者与教育实践工作者之间存在着严重的分裂现象。美国著名教育家欧内斯特·L.博耶就指出:"在教育理论工作者与实际工作者之间存在着严重的分裂现象。在表面的分裂现象背后,隐藏着两部分人之间深深的怀疑和某种程度的冲突与对抗……我们未能在中小学与大学之间建立一种相互尊重和信任的关系——就像医学、商务和法律界的人们所做的那样。在医学、商务和法律界,'实际工作者'并不是一个贬义词。……我相信,正是这种理论、实践、研究和专业发展之间的相互作用,使得大多数医学专业工作者保持着活力;正是这种相互作用的缺乏,导致了教育界的严重贫血。"① 正如博耶所指出的,教育理论工作者和实践工作者分裂的原因,在很大程度上是部分教育理论工作者对教育实践的轻视。对我国当前教育研究进行仔细审视后我们会发现,一些高校和科研机构的教育理论工作者很少关注基础教育实践,在书斋里进行教育理论研究和创新,由于缺乏对基础教育实践的感知和体验,他们的研究成果对教育实践的指导意义也会比较乏力。因此,对于教育理论工作者来说,关注实践,走向实践,加强与教育实践工作者的沟通和交流,这样才能克服教育理论与教育实践相脱离的弊端,也才能够促使教育研究永葆活力和教育界充满生机。

---

① [美] 欧内斯特·L.博耶著,涂艳国等译:《关于美国教育改革的演讲》,教育科学出版社 2002 年版,第 39 页。

3. 关于教育研究范式中的量化研究与质化研究的思考

当前，在教育问题研究中，主要存在两种研究范式：一种研究范式源自自然科学，强调检验的、可计量的观察，要借助于数学工具；另一种研究范式源自人文主义，强调整体的和定性的信息，以及解释的途径。第一种研究范式源自于古典实证主义，是"线性的"，由指向预想问题中的直接理性行为构成；第二种研究范式部分源自于法兰克福学派的批判理论，特别是哈贝马斯的交往理论，这种研究范式为问题的再解释和再界定留下了余地。这两种研究范式就是我们当前所讲的定量研究和定性研究。胡森认为这两种范式并不是相互排斥的，而是相互补充的。① 然而，在实际中，却存在着这样一种倾向，即认为某种研究属于定量研究或定性研究，给其有意贴上"定量研究"或"定性研究"的标签，而且有些研究者还被称作是专门的"定量研究者"或"定性研究者"。这样，把定量研究和定性研究的差异人为地夸大，双方之间就慢慢地形成了一条不可逾越的鸿沟。费孝通提出的处理中西文化关系的原则，即"美人之美、美己之美、美美与共、天下大同"已经逐渐被大家所接受，这也可以作为处理定量研究和定性研究关系的原则。事实上，"研究方法本身并无优劣之分，只有对于某一特定研究课题适合与否之别"。② 因此，在教育研究中，摒弃以往的把定量研究和定性研究相互割裂的做法，而是根据研究对象和研究问题恰当选择研究范式，特别是充分发挥两者的优势，做到优势互补，已经成为诸多教育研究者的共识。

（二）具体方法的选择

1. 民族志法

民族志（ethnography）又称人种学或人种志，起源于人类学的研究。它要求作为"局外人"的研究者深入到研究对象的"异"文化生活情境中去，跟研究对象生活在一起，通过跟他们的交流来

---

① ［瑞典］胡森等主编：《教育大百科全书》（卷7），西南师范大学出版社 2006 年版，第 387—390 页。

② 吴康宁著：《教育社会学》，人民教育出版社 1998 年版，第 20 页。

获得关于他们的文化资料,体验和感受他们的"意义世界"。民族志法特别强调的是,研究者必须从研究对象的立场出发,"以文化特有者的内部眼界"来观察事物,"力图按事物的本原结果所呈来操作,而不是按照人类学家在心灵上所认其为应是如此或需要如此的结果来操作"①,这就意味着研究者必须要"换位思考",站在研究对象的角度来体察他们的生活世界和对他们的生活意义做出解释。在本研究中,研究对象主要是留守儿童,研究者是站在农村学校的视角审视留守儿童心灵关怀德育问题。笔者选取了居于苏中的留守儿童占70%以上的Y中学作为田野考察的对象,先后进入Y中学四次,在那里蹲点考察共计近两个月时间。值得庆幸的是,在调研期间我一直住在学生公寓里,这为我更多地跟师生进行面对面的交流提供了空间和时间上的便利,而且,Y中学领导还为我在英语组安排了办公桌,方便了我跟教师们的接触和交流。这样,我就能够深入到办公室、课堂、学生公寓、食堂等师生活动的主要场所,跟他们一起上学、放学、办公、上课、就餐等,便利地展开充分的对话和交流,了解他们真实的生活世界及其背后的"意义世界"。留守儿童心灵关怀德育的可能和现实问题既涉及留守儿童自身的生活体验和感受,又涉及作为留守儿童重要他人的农村教师的生存状况,这种蹲点式的田野调研使我对这两类人群的生活境况都获得了更多的体知,有助于对研究问题的准确把握和恰切分析。

2. 访谈法

这是社会科学研究中的一种重要的研究方法,是研究者通过跟研究对象面对面的对话而获取研究资料的一种方式。一般来讲,访谈法可以分为结构性访谈、半结构性访谈和开放性访谈。结构性访谈要求研究者事先设计好具体的访谈问题,这样就可以获得所要访谈问题的具体信息;半结构性访谈则指在访谈中研究者依事先设计的访谈问题展开会话,并根据具体情境需要又涉及事先设计好的访谈问题之外的话题的方式;开放性访谈就是研究者事先不用设计访

---

① [美]费特曼著,龚建华译:《民族志:步步深入》,重庆大学出版社2007年版,第97页。

谈问题，跟研究对象随意谈话而获取研究资料的方式。在很多人看来，访谈法仅属于质化研究，其实不然，通过结构性访谈和半结构性访谈也可以获得量化研究的资料，而半结构性访谈和开放性访谈也是质化研究资料获取的主要方式。在本研究中，笔者混合使用了这三种类型的访谈法。在日常的谈话中主要是使用开放性访谈法，按照研究对象的兴趣、爱好、关注点展开对话，这种对话随意性很大，说到哪里是哪里。特别是在跟留守儿童交谈中，他们对自己留守生活的感受是一种内在的心理体验，他们的这种情感的表达需要一定适宜的外在氛围，我的专注的倾听和深表理解的眼神都成为鼓励他们继续讲下去的一种必需。更为重要的是，正是通过这种开放性的访谈，我获取了更多的关于留守儿童的生活处境和他们对留守生活感受和体验方面的真实信息，更多地了解了当前农村教师真实的生存处境。半结构性访谈和结构性访谈主要是在对某些问题不清楚或不明白，需要进一步澄清时使用。

3. 问卷法

问卷法是研究者把自己所需要获取的研究信息设计成问卷的形式，让研究对象作答以获取研究资料的方式。问卷法的一个最大的优点是样本量可以比较大，能够在很短的时间内获得所需要的数量化的研究资料，可以节省大量时间。研究者如果想知道某一研究对象群体对某一问题的总体上的态度和趋势，就可以通过问卷法来获取这方面的信息。问卷法也是量化研究中通常采用的搜集研究资料的方式。它的不足之处在于研究者不能够了解到具体的研究对象的背景资料，以及他们表现出某一趋向的背后原因。需要指出的是，由于研究对象出于各方面的顾虑，问卷调查中还可能出现不真实的信息，这往往会直接导致问卷调查的失败。问卷法的这些方面的不足可以通过采用访谈法来弥补，访谈法可以使研究者获得诸多关于研究对象的背景资料和信息，有助于研究者对研究对象真实情况的掌握。在本研究中，问卷法主要是用来获取Y中学教师和学生的一些总体性的信息资料，包括他们的基本信息，以及对某一问题的认识的总体趋势等，同时，又借助访谈所获得的资料相互印证和解释。

4. 个案研究法

个案研究法也是社会科学研究中常用的一种方法。它是"把个人、社会机构或社会团体作为一个研究单位。对任何社会个体，无论是个人或是社会机构、社会团体，都作为一个整体看待"①。也就是说，个案研究法是通过对个人或是社会机构、社会团体的研究来获取研究资料，从而得出一定的研究结论的方法。在本研究中，个案研究法的应用主要体现在两个方面。一是从总体上来说，Y中学是本研究的研究单位，学校的规章制度、教学和管理活动、教师和学生的生活等都属于研究范畴；二是具体来讲，在本研究中，Y中学里的教师和留守儿童都是我的具体研究对象和个案，他们的生活史、周记、日记、书信、网络文章等都是本研究的研究资料。学术道德伦理是个案研究法必须考虑的一个重要方面，研究者在对研究对象的信息，尤其是涉及他们的隐私或机密的信息使用中需要进行技术化的处理，以保护当事人自身的隐私和声誉等。正是出于道德伦理的考虑，本研究中凡是涉及单位名称和人名的地方均以字母代替，如本研究中的调研单位就以Y中学代替，Y中学所在的乡以Y乡代替，Y中学所辖属的教育局以Y市教育局代替，教师均以字母T代替，留守儿童均以字母S代替。由于涉及的教师和留守儿童比较多，有些人物会在不同地方多次重复出现，为了行文清晰和阅读方便，对他们进行了排序和编码，如T1、T2和S1、S2等。个案研究法的使用有助于对研究个案进行深入分析和获得比较详实的研究资料，但也存在着可解释性范围受限的局限性。总体上来讲，个案研究法发挥的是"以一管窥全貌"和"一滴水也能折射太阳的光芒"的功效。

四、研究框架

本书除导论和结语外共有四部分，从论述思路上来讲，是按照

---

① 郝德元等编译：《教育科学研究法》，教育科学出版社1990年版，第214页。

提出问题→论证问题→分析问题→解决问题的次序展开的。

在导论部分，笔者阐述了研究问题的产生缘由，分析了与研究问题相关的已有研究成果，并对本研究中所涉及的方法论和具体方法做了思考和分析，以及论述了本研究的研究框架。

第一章"城市化与农村学校德育面临的挑战"，是提出问题。在中国当前快速城市化背景下，随着农村剩余劳动力迅速地向城市的转移，在农村出现了庞大的留守儿童群体。由于留守儿童缺少亲情关怀，日常生活欠缺照顾，这个群体的教育状况堪忧。最为需要关注的是，在诸多留守儿童身上普遍存在一种心灵关怀缺失问题，其极端表现就是留守儿童自杀、犯罪等现象，日常表现为留守儿童身上普遍存在的无助、无力、自卑、无意义感、无聊感等心理表现和体验，以及逃学、沉溺网络等行为表现。由于父母外出务工，留守儿童家庭教育普遍缺位，以及农村社区教育也严重缺失的现实境况下，留守儿童的教育责任几乎完全让渡到农村学校。并且，随着近些年来农村中小学布局调整政策的落实和寄宿制农村中小学数量的增加，留守儿童在校时间延长，学校生活已经成为留守儿童生命成长的重要组成部分。因此，作为公共教育机构的农村学校理应肩负起关怀留守儿童心灵成长的时代使命，心灵关怀应该成为农村学校德育的应然取向。

第二章"心灵关怀取向的农村学校德育解读"，是论证问题。一是对心灵关怀的内涵进行阐释。心灵关怀就是教师在对留守儿童的留守生活处境关注的基础上，对他们投注积极的情感反应，使他们感受到情感的慰藉、心灵的关怀，唤醒他们的心灵，促使他们形成积极的健康心态，自信、自强、积极地面对和顺利度过留守生活，获得健康成长和发展。由于留守儿童教育的特殊性，教师对留守儿童的心灵关怀呈现出四个基本特征，即不对称性和单向性关怀、道德关怀、个体性关怀和持续性关怀。二是指出留守儿童心灵关怀缺失问题是以隐性方式存在着的。在很大程度上，这是由于人的心灵、精神属于内在性向，本身具有内隐性决定的。同时，由于当前注重实证主义和科学主义的教育实践又进一步掩盖和淹没了留守儿童心灵关怀缺失问题，致使诸多教师对此问题缺乏充分的认识和感受。留守儿童心灵关怀缺失问题具有三个特征,即物质需要满足≠精神需要满足、外在行为规范≠内在心灵健康、留守儿童心灵关怀缺失具有迟效性特征。三是论述对留守儿童心灵关怀德育的意蕴。德育功能主要包括社会性功能和个体性功能。对留守儿童的心灵关怀德育发挥的是德育的个体性功能,具体来讲,重在于留守儿童精神的发育和成长。一般来讲,教师对留守儿童心灵关怀德育在留守儿童精神世界会发生这样一个层级性的发展变化过程:闭锁心扉的打开→尊重感、平等感的获得→感受到生活的乐趣和希望。总之,教师对留守儿童心灵关怀德育是一个周而复始的、循环往复的、永无止境的过程。

第三章"心灵关怀取向农村学校德育的现实困境",是分析问题。在农村学校里关涉教师对留守儿童心灵关怀德育实施的因素尽管很多,但是,最重要和核心的因素有三个,即学校管理、教师和家长。结合实际对这三个因素进行分析后发现,从学校管理层面来看,当前影响教师对留守儿童心灵关怀德育实施的两大障碍分别是"应试教育"在农村学校的普遍盛行和当前的校园安全问题对学校管理的钳制;从教师层面来看,存在的问题主要体现在教师对留守儿童情感的冷漠和麻木、现行的考试评价制度对教师关怀留守儿童具有消极影响,以及当前农村学校里师生关系出现疏远化、对立化和功利化倾向;从家长层面来看,部分留守儿童父母婚变削弱了家庭德育力量、家长对家校合作的认识不足、家长对学校支持存在时空上的限制,以及家校之间沟通的组织本身不健全等都阻碍了家长作为学校德育支持性力量作用的有效发挥。

第四章"心灵关怀取向农村学校德育的实现条件",是解决问题。笔者认为,留守儿童心灵关怀德育虽然属于教育问题,但是它不可能在学校内部得到根本解决,事实上,它更是一个社会问题,有赖于政府、社会各界的积极努力。尽管如此,我们还可以从农村学校内部寻找一些解决的思路:一是需要农村学校管理渗透人文精神,不仅关怀留守儿童的精神成长,还要给予教师充分的人文关怀,以此调动和激发教师关怀留守儿童心灵成长的热情和积极性;二是教师要给予留守儿童积极的情感态度和反应,包括具有敏感、

倾听、信任和关爱的情感品质；三是农村学校要联合留守儿童家庭德育力量，形成正确的农村家长观念，积极发挥农村学校在家校合作中的主导作用，并以灵活多样的形式与留守儿童家庭建立联系。

在结语部分，笔者指出，留守儿童问题不仅是一个教育问题，更是一个社会问题。留守儿童的健康成长不仅关系到留守儿童的家庭幸福，更关系到中国社会的和谐发展。对留守儿童的心灵关怀，仅靠农村学校和教师是承载不了的，更需要全社会共同努力来担当和完成这一时代使命。

第一章 城市化与农村学校德育面临的挑战

好久没人牵我的手,好久没人摸我的头,冰凉的小手发烫的额头,生病是最想你们的时候。爸爸妈妈,我会很听话;爸爸妈妈,不要累着啦。墙壁上涂满你们的画,枕头下留着我换的牙,委屈的时候总对着猫咪说话,屋后面的桃树又开了几朵花。啊,妈妈,我梦见你回了家;啊,爸爸,我梦见你胡子扎。爸爸妈妈,我说话算话;爸爸妈妈,我的成绩不会落下。

我有一个美丽的布娃娃,她和我一样都是一个人在家。因为我没有见过她的爸爸妈妈,也没有见过她给他们打电话。布娃娃,布娃娃,你想不想你的爸爸和妈妈,天黑的时候你会不会孤单害怕,要不我就陪你说说话。我好想爸爸和妈妈,想他们陪我说说话,但他们一年才回一次家。布娃娃,布娃娃,你要是害怕,就让我给你当妈妈,我会一直陪你到长大。布娃娃,布娃娃,你要是孤单,就让我给你当妈妈,我会给你一个温暖的家。①

这是2010年流传于网络的两首关于留守儿童的歌曲,是许多留守儿童生活境况的真实写照。从歌词中,我们能够深切地感受到留守儿童内心的孤单、寂寞,他们对亲情的呼唤,以及对温暖的家的期待和渴望。

留守儿童是中国当前快速城市化背景下的一个特殊群体。自20世纪90年代以来,伴随农村剩余劳动力向城市的快速转移,一些农民工无力把子女带入城市生活和学习,只好把他们留在了农村,这些孩子就被称为留守儿童。而且,随着中国城市化的迅猛发

---

① 《〈留守儿童之歌〉歌词评选》,http://blog.19lou.com/10323891/viewspace-371446,2010-12-30。

展,以及农民工大规模地向城市的转移,这一群体的规模也在迅速地扩大。据全国妇联2008年发布的《全国农村留守儿童状况研究报告》显示,当时全国农村留守儿童约5 800万人,其中14周岁以下的农村留守儿童约4 000万人,留守儿童占全国农村儿童的28.29%。① 据《中国青年报》报道,2013年留守儿童数量增至6 102.6万,占所有农村儿童比重的37.7%,占全国儿童的比例为21.9%。② 随着留守儿童规模的增大,他们中间的问题儿童的数量和比率也在增加。关于留守儿童自杀、他杀、犯罪的报道,以及他们的心理、人格发展出现障碍的研究结论,频频见诸媒体。这一切令人感到揪心、难过之余,我们不禁要思考,留守儿童这一特殊社会群体,他们不仅需要外在的物质层面的资助和关爱,而且更需要的是精神、情感层面的心灵关怀。实践中,我们往往更多地关注的是对留守儿童物质生活方面的救助,而对他们在社会生活变迁中心灵和精神世界所需要的支持关注不够。俄罗斯伦理学家恰尔科夫在谈到俄罗斯对流浪儿、孤儿等社会弱势儿童群体的道德关怀问题时认为,道德关怀的基本内容主要是心灵关怀。"心灵关怀就是要求关怀者将意识指向意义,用情感去体验,以思维去反思心灵活动,护卫心灵,安抚心灵,提升心灵境界,进而让被关怀者感受到生命的意义价值,从而建构认识主体,纯化自己的心灵。"③ 面对留守儿童这一特殊的社会弱势儿童群体,我们也要重视他们心灵、精神层面需要的满足,积极给予他们心灵关怀,让他们感受到情感的慰藉,并唤醒他们的心灵,使他们形成健康的积极心态,增强他们的精神生命力和自信力,促进他们健康地成长和发展。

一般来讲,留守儿童教育应该由学校教育、家庭教育和社区教育三块组成。但是,由于父母双方或一方外出务工,留守儿童家庭教育力量被严重削弱,这使得留守儿童的家庭教育基本上处于缺失

---

① 蒋笃运:《农村留守儿童教育问题与对策》,载《中国教育报》2008年7月19日。
② 《全国农村留守儿童超6 000万,人身安全隐患严重》,载《中国青年报》2013年8月8日。
③ 朱小蔓等主编:《当代俄罗斯教育理论思潮》,教育科学出版社2009年版,第222—223页。

状态。另外，从整体上来看，农村社区建设不如城市社区完善，特别是在留守儿童聚集的落后农村地区，社区组织很不健全，很多地方除了村委会之外就没有其他组织存在，更不要说有专门的社区教育组织。因此，对于绝大部分留守儿童来讲，家庭教育和社区教育基本上都是缺位的。在留守儿童的家庭教育和社区教育双重缺失和缺位的情况之下，本应该由家庭和社区承担的留守儿童的教育责任在向农村学校让渡。同时，我们从留守儿童的年龄结构上来分析，绝大多数留守儿童正处于义务教育阶段，他们的绝大部分时间是在农村学校里度过的。农村学校作为专门化的公共教育机构，本身承载着更大的留守儿童的教育责任。正是从这个意义上来讲，留守儿童是农村学校里的一个特殊群体，关怀他们的生存境遇和心灵成长是农村学校德育在中国城市化快速发展背景之下所面临的一个挑战。

法国社会学家涂尔干（又译迪尔凯姆）认为，"谈论道德教育而不具体说明它在什么条件下进行，这一定会先陷入含糊不清和不着边际的道德教育的共同性而不能自拔。我们现在要寻求的不应该是人类共同的道德教育，而应该是我国现时的道德教育。"[①] 留守儿童是中国城市化进程凸显的"三农问题"中的农民工问题的衍生物，是在中国特有的城乡二元社会结构的特殊国情之下所产生的，是世界其他国家所没有的罕见的社会现象。因此，我们探讨对留守儿童心灵关怀的学校德育问题就不能离开我国具体的政治、经济、文化、教育等社会背景，必须把它置于我国当下具体国情中来分析。这样，才能够使我们对指向留守儿童心灵关怀的学校德育问题的社会背景有比较清晰的认识，以及对这一问题的有效解决提供现实的依据。

[①] 张人杰主编：《国外教育社会学基本文选》，华东师范大学出版社1989年版，第389页。

第一节　城市化背景下的农村和留守儿童

托夫勒在《第三次浪潮》一书中指出，人类社会发展可以划分为三个阶段：第一个阶段为农业阶段，从约1万年前开始；第二个阶段为工业阶段，从17世纪末开始；第三个阶段为信息化阶段，从20世纪50年代开始。他认为人类社会的发展是遵循从农业社会到工业社会，再到信息化社会这条路线发展的。① 他对人类社会发展阶段的划分是基于西方发达资本主义国家的发展历程来界定的。具体到每个国家，其发展的总体趋势和托夫勒对人类社会发展运行轨道的划分是一致的，但是，在发展的速度、程度和层次上则不同。"全世界无论是穷国还是富国，也无论是社会主义国家还是资本主义国家，都已经走向或正在走向高度的城市化。不少有识之士认为，谁要违背这一历史趋势，谁就必然要付出沉重的代价，从而失去一个又一个经济社会高度发展的良机。"② 由以农业文明为主的传统社会迈向以工业文明为主的现代社会是世界上任何一个国家发展的总体趋势。

城市化是任何一个国家由农业社会走向工业社会和信息社会的必然选择，中国也不例外。但是，中国在当前由农业社会迈向工业社会和信息社会的进程中却面临着诸多挑战。中国在20世纪50年代开始实行计划经济体制，逐渐形成了城乡分割的二元社会结构，城市办工业，农村搞农业，市民居住在城里，农民住在农村，实行非农业户口和农业户口分割管理，严格限制农业户口转为非农业户口。所谓城乡二元社会结构，就是指我国在1949年以后，通过一系列分割城乡、歧视农民的制度安排而人为构建的城乡隔离的社会结构。这一概念最早是农业部政策研究中心农村工业化城市化课题

---

① ［美］阿尔温·托夫勒著，朱志焱等译：《第三次浪潮》，生活·读书·新知三联书店1984年版，第49页。

② 高佩义著：《中外城市化比较研究》，南开大学出版社1991年版，第7页。

组于 1988 年提出并详细论述的,它很好地概括了我国在 1949 年以后很长时期内的社会状态。① 在《失衡的中国》一书中,作者认为,"二元社会结构才是中国国情的根本特征和要害"②,"二元社会结构的内涵由 14 种具体制度构成,即户籍制度、住宅制度、粮食供给制度、副食品供给制度、生产资料供给制度、教育制度、医疗制度、养老保险制度、劳动保障制度、婚姻制度,等等。由此,中国被切成泾渭分明的两大板块,构成发展中国家特有的中国式社会状态"③。在城乡二元社会结构下,城市和乡村被人为地割裂开来,形成了城市人和农村人两种不同身份和地位的公民,深刻地影响着这两类群体的社会文化心理。有学者指出,"新中国成立后到改革开放前,中国农民问题的核心是被歧视的问题,很多表层的具体化问题由此衍生。"④ 而且,城乡二元社会结构从根本上是与我国宪法所要求的公民一律平等的规定相悖的,瓦解了社会公平、社会正义的法律基础。在现实层面上,它限制了城乡人员之间的自由流动,特别是农民向城市的自由流动,抑制和阻碍了我国城市化的发展。

一般来说,一个国家在现代化过程中,城市化率往往是超过工业化率的。美国在 1870 年工业化率为 16%,城市化率为 26%;到 1940 年,其工业化率为 30.3%,城市化率为 56%。⑤ 然而,在中国,城市化水平却常年低于工业化水平。由于城乡二元社会结构所带来的城乡壁垒的存在,中国的工业化是在割断城乡要素自由流动的基础上实现的。1952—1978 年,工业化水平增加了 26.5 个百分点,同期城市化水平仅增加了 5.4 个百分点,到 1978 年时,两者差距拉到历史最大值,相差 26.2 个百分点。自改革开放以来,尽管对城市化道路的认识还存在分歧,但中国城市化速度逐渐加快,

---

① 农业部政策研究中心农村工业化城市化课题组:《二元社会结构:城乡关系、工业化、城市化》,载《经济研究参考资料》1988 年第 9 期。

②③ 郭书田等著:《失衡的中国——城市化的过去、现在与未来》,河北人民出版社 1991 年版,第 6、7—8 页。

④ 穆光宗:《历史的走向和农民的走向》,载《方法》1988 年第 1 期。

⑤ 陆学艺主编:《21 世纪的中国社会》,云南人民出版社 1996 年版,第 13 页。

2005年中国城市化率达到了43%，比当年工业化率高出1个百分点，城市化水平开始稳步超过工业化水平。① 而2005年，按照户籍人口计算我国城市化率仅为27.7%，而43%这个实际城市化率是按照常住人口登记的原则确定的，这两种统计方式的结果相差的15.3%，即为从农村出来到城市务工的农民，现在通常用带有讽刺意味的"农民工"来称谓这个群体。农民工是我国经济社会转型时期的特殊群体，是指户籍身份还是农民，有承包土地，但主要从事非农产业、以工资收入为主要来源的人员。农民工是中国城市化的一种独特的现象和方式。

从历史角度来审视，农民向城市的流动在不同历史时期表现出的特征不同。20世纪80年代，随着人民公社制度废除，家庭联产承包责任制在农村普遍推行，农民的生产积极性提高，农产品产量大幅度提高，农村出现大量的剩余劳动力。80年代前期，敢于走出农村的是农村中有手艺的能工巧匠和敢于冒险的农村青年劳动力；80年代后期，随着乡镇企业的异军突起，吸纳了大量"离土不离乡"的农村剩余劳动力；进入90年代，邓小平的南行讲话又掀起了经济发展热潮，城市对廉价劳动力的强烈需求，使大量农村剩余劳动力"离土又离乡"，进入城市务工。现在，农民跨省、跨地区流动，在外务工已经成为普遍现象，促进了生产要素的重新组合和劳动生产率的提高，给城乡分割的二元社会结构带来了巨大冲击。特别是自20世纪90年代市场经济制度在我国逐步确立以来，建立统一市场的需求越来越突出，刚性的城乡之间的分割局面有所改善，最为突出的表现就是城市化速度加快，具体表现为城市人口的增加、城市规模的扩大、农村剩余劳动力向城市的流动以及农村里城市特质的增加。

从总体上来讲，改革开放以来农民工流动经历了三个阶段：第一个阶段是1984—1993年为允许流动阶段；第二个阶段是1994—1999年为限制性流动阶段；第三个阶段是2000年至今为流动的开

---

① 李强主编：《中国社会变迁30年》，社会科学文献出版社2008年版，第90—95页。

放阶段。中国农民工人口流动规模不断扩大的趋势是明确的。从改革开放之初的几百万人,到1984年的约2 000万人,又到1995年的约8 000万人,再到目前的1.5亿多人。我国现阶段的国情决定今后流动人口还会继续增长。① 伴随大规模的农村人口向城市的流动,以及中国城市化率的提升,农村社会结构、农民的生活观念和生活方式,以及他们的伦理文化心理等方面都在发生着相应的变化。这些都是我们探讨指向留守儿童心灵关怀的学校德育时必须考察的社会背景。

一、城市化带来的农村社会变革

(一) 凋零的"空巢村"

门前的路被杂草掩盖/我只能在记忆中分辨出来/一些亲切的门已不存在/剩下的门一直关着/锈迹斑斑的锁/等待偶尔的打开和最终的离去/钥匙锈在千里之外的背包里/藤蔓蜷起衰老的身子/从灰黄的土墙上泛出新绿/稻草在房坡上一天天烂下去/几只麻雀啄食着稀薄的阳光/和自己的词语/跳跃的技艺与众不同/与众不同而显得怪异孤立

背着无处不在的绿色屏障/故乡的村庄像我的血液摇晃不定/我自己早已是瞬间的一瞥/就像这些沉默的树叶/在沉默的小路上,眨眼之间长出/更多沉默的树叶/风轻轻托起枝头的寂静/熟悉的人越来越少/陌生的狗越来越多/我望它们一眼/它们也望我一眼/我真想像狗一样对着村庄狂吠几声/让沉睡的鸟儿一只只苏醒②

诗人柳冬妩的这首诗《空心的村庄》,描写的是当前中国快速城市化背景下诸多落后的农村村庄的现实状况。读着这首诗,一幅冷清、失却生机、毫无生气的村庄画面浮现在我们的眼前。这是中国城市化的快速发展给农村社会带来的危机。城市化是人类社会进步必然要经历的过程,也是人类社会结构变革中的一条重要线索。

---

① 杨聪敏:《改革开放以来农民工流动规模考察》,载《探索》2009年第4期。
② 柳冬妩:《空心的村庄》,载《创业者》2003年第6期。

而且，只有经过城市化的洗礼之后，人类才能迈向更为辉煌的新时代。然而，城市化本身是一柄"双刃剑"，城市化在促进社会进步的同时也夹杂着许多不和谐之音，其中之一就是乡村的衰败。"城市化本来是城乡联动的产物，由于在将以乡村为中心的社会转为以城市为中心的社会进程中，人们将注意力过多地投向新的向往地而忽略了乡村的同步协调，致使乡村在城市化中反而落伍了，甚至落入了衰败的陷阱。"① 城市的崛起引起乡村的衰落，这是西方在城市化过程中出现的普遍现象。美国在城市化过程中，"城市的繁荣吸引了乡村的青壮年劳动力和资本，再加上这一时期的国内外形势对农民十分不利，因而使乡村一蹶不振。铁路公司向农民索收高于普通运输的谷物运费，加重了农民的负担；城市银行、信贷公司在乡村实行抵押制度，农民以预收的谷物和家产抵押贷款，利息高达10%—25%，使农民负债累累。""19世纪的美国乡村仍处于文明的边缘。那里没有电车、地铁等现代交通工具，没有戏院、舞厅等现代娱乐场所，充满了孤独与荒凉。正因为如此，乡村大量的青年男女迁往城市，去实现'美国梦'。乡村人口的大量流失，导致成千上万的农场荒芜，房舍被丢弃，无数乡村荒无人烟。"② 乡村的衰落和萧条成为美国城市化过程中的普遍现象。

跟西方城市化进程中所出现的乡村衰败的景象一样，中国的农村也难逃中国快速城市化所带来的厄运。伴随着中国城市化的快速发展和大量农村劳动力外出务工，出现了大量的"空巢村"。"空巢村"，或者称为"空心村"、"空壳村"，是指在我国农村，大量农村青壮年劳动力永久性或暂时性地向城市迁徙，许多村庄常住人口出现锐减，留在农村的大部分是老幼妇孺。③ 中国在城市化进程中出现的"空巢村"是农村衰落的标志，荒无人烟的村落，大片荒芜的土地，以及空荡荡的房屋等都在无声地诉说着乡村的凋零。据已有资料显示，不仅在落后和偏远的农村地区存在大量的"空巢村"，

---

① 邹农俭著：《中国农村城市化研究》，广西人民出版社1998年版，第51页。
② 李庆余等著：《美国现代化道路》，人民出版社1994年版，第102页。
③ 彭迈：《"空巢村"的隐忧与治理》，载《南阳师范学院学报》2008年第1期。

而且在一些相对发展较好的农村地区也有"空巢村"现象。如对河南省4 200个农户的调查表明，目前留守农村的劳动力中，40岁以上的中老年所占比重由2003年的50.2%上升到2005年的53.8%，而30—40岁的青壮年所占比重则由2003年的27.8%下降到24%。① 经济发达省份，如浙江奉化市裘村镇陶坑里村曾经住了500多人，如今只剩下40多位老人和少量孩童，邻近的枫弄村原有280多人，现剩下50多人，其中95%是老人。② 可见，乡村的衰落已经成为中国城市化过程呈现的普遍现象。

"空巢村"是中国城市化进程中的一个"副产品"，在当前中国的具体国情下，它也具有一定的中国特色。在城乡二元社会结构条件下，不同部门之间的劳动生产率不同，劳动力必然会从低效益部门向高效益部门转移。我国的农业与第二、三产业相比，其比较效益一直是比较低的。而且，农产品大多属于生活必需品，价格弹性小，产量增加只会导致价格下降，出现"增产不能增收"的现象。2009年农村居民人均纯收入为5 153元（其中相当一部分是外出务工所得），城镇居民人均纯收入是17 175元，城乡收入差距是3.33∶1。③ 根据刘易斯的"劳动力无限供给模型"和托达罗的"乡—城移民模型"，人口流动基本上是一种经济现象，人口和劳动力在比较经济利益的驱动下向较高收入的地区和部门流动是理性经济行为。事实上，在农业收入效益低下的情况下，农民要维持生计，支持家庭日常开支，供养子女上学等，他们外出务工增加家庭收入就是一种基于现实生存需要的理性选择。尤其是在当前生活商品化社会里，农民的生活也已经被商品化了。"农民家庭生计中的一切活动都是金钱作为媒介来开展的，那么，他们必须挣钱！在商品化的控制下，留给他们的选择似乎没有别的，只有外出务工，通过劳动来换取现金"，"既如此，我们也许不能说外出务工是农民的

---

① 《调查表明农村留守劳动力年龄老化素质走低》，http://news.sina.com.cn/o/2006-08-10/05249706529s.shtml.2010-12-30。

② 彭迈：《"空巢村"现象对新农村建设的影响》，载《中州学刊》2007年第5期。

③ 《统计局将启动城乡收入一体化统计改革》，http://www.forestry.gov.cn/portal/main/s/2099/content-410127.html.2010-07-05。

自由选择,也许应该说是农民的其他选择被不断封杀后剩下的唯一选择!"①

"空巢村"的出现也带来了诸多隐患。首先,农民的财产安全问题。由于大量青壮年劳动力的外出,使得"空巢村"的治安问题得不到保障,给偷窃打劫者提供了机会。秦广强通过对鲁西北 A 村(该村为"空巢村")的调查发现,仅 2005 年一年,该村共发生了 12 起被盗失窃事件,其中 8 次是入室偷盗,而这一数字基本上相当于 1998—2001 年发生的总和。该村先前在冬季组织农户实行轮流"打更"制度,随着大量农民外出打工,"打更"制度也搁浅了。② 青壮年农民外出务工使村子对外安全防守的力量变得薄弱,实际上,在农民的财产安全存在隐患的同时,那些入室偷盗的行为对留守的老、弱、幼、妇的生命安全也构成威胁。其次,"空巢村"也带来了"留守综合征"。在青壮年劳动力外出打工的同时,老人、妇女、儿童,以及身体、智力残疾的人则留在了村子,被戏称为"386199 部队"③。据统计,我国留守妇女有 4 700 万人,留守老人有 1 793.9 万人,④ 再加上 6 000 万的留守儿童,⑤ 农村留守族的总数已经突破了 1 亿。近些年来,关于留守老人、留守妇女以及留守儿童问题的研究报道已有很多,这些特殊社会群体的生存和发展面临着诸多的困境,更加让我们清楚中国城市化和农民外出务工后农村所要付出和承受的巨大代价。在社会学视域里,这些群体都属于社会弱势群体,国家应给予他们特殊的关怀、爱护和照顾。而我国是一个人口大国,虽然近些年 GDP 增长比较快,但是人均值还是比较低的,再加上政策在执行过程中存在着种种执行力度欠

---

① 叶敬忠:《留守人口与发展遭遇》,载《中国农业大学学报(社会科学版)》2011 年第 1 期。

② 秦光强:《新时期村级组织的"空巢"、"空缺"现象研究——基于鲁西北村 A 调查》,载《中共济南市委党校学报》2006 年第 4 期。

③ "38"指"三八"节,代指妇女;"61"指"六一"节,代指儿童;"99"指重阳节,代指老人。

④ 周福林:《我国留守老人状况研究》,载《西北人口》2006 年第 1 期。

⑤ 《全国农村留守儿童超 6 000 万,人身安全隐患严重》,载《中国青年报》2013 年 8 月 8 日。

缺等问题，国家对农村留守人群这些社会弱势群体的政策关怀还没有能够真正使得他们的生活境况发生根本性的改善。事实上，"空巢村"、农村留守族问题跟中国城乡社会结构相关，跟国家的政治、经济体制等相关，要想从根本上扭转和改善这一局面，有赖于城乡二元社会结构体制的打破和城乡均衡发展局面的形成。

（二）农村社会结构的分化

在人民公社时代，农民每天生活时间的安排基本上都是由生产队统一集体性规定，什么时候上工，什么时候休息，什么时候吃饭等，要服从生产队的指挥。农民被牢牢地束缚在了土地上，基本上没有多少自由。农民的收入主要是用在生产队劳动中挣的工分来计算，家里青壮年劳动力多的，收入就多些，相反，老人和小孩多的家庭，收入就少些。农民的收入主要是通过体力的支出来获得的，他们智力上的突出也并不会使其在生产队劳动中占任何优势。而且，在那个生产要素很匮乏的时代，即使农民家庭之间由于挣的工分的多少会有差别，收入上会有区分，但是，从总体上来看，大家的生活水平相差不是很大，基本上都处于贫困状态。随着人民公社制度的废除，家庭联产承包责任制的实施，以及改革开放政策的实行，农民才从土地上彻底地解放出来，获得了自主发展的自由，农民群体的分化才成为可能。在人民公社制度下的生产队集体化生产中，农民劳动积极性难以发挥，实行家庭联产承包责任制后，农民的生产积极性和热情空前提高。农民在经营好自家的责任田外，就谋划着怎么样来提高家庭的收入。他们发展的自主性有了发挥的空间，农民之间的发展也逐步拉开了差距。总体上来讲，"在人民公社时期，多数农村人口的状况是比较接近的，差别可能很少，一些差别也主要表现为干部家庭与一般农民家庭的差别，有城市亲属的农村家庭与没有城市亲属的农村家庭之间的差别，但在农村改革以后，单一的农民阶层出现了分化，从原来的农民中生长出来许多新的阶层。"① 可以说，改革开放政策的实施为农民阶层的分化创造了社会条件。

---

① 李强主编：《中国社会变迁30年》，社会科学文献出版社2008年版，第88页。

非农产业的发展是农民分化的重要原因之一，非农产业发展给农民带来了很多就业机会，在农民中形成了不同的职业群体。农民职业的变化就是农村社会结构变革的一个重要方面。我国农村问题研究专家陆学艺分析了改革开放十年后农村社会结构发生的变化，他认为，当时八亿多农民可以划分为八个阶层，即农业劳动者阶层、农民工阶层、雇工阶层、农民知识分子阶层、个体劳动者和个体工商户阶层、私营企业主阶层、乡镇企业管理者阶层、农村管理者阶层。由于各个阶层所处的经济、社会地位不同，它们各自具有不同的政治和经济诉求。① 农民职业的分化也在很大程度上预示着农民在政治、经济等社会地位上的分化。有研究认为，事实上，中国农村的分化主要受两种因素的制约：一是市场导入因素，为农民提供了多元的收入渠道；二是权力因素，那些在农村中掌握了权力资源或有条件利用权力资源的农民往往先富了起来。而且，能够把权力和市场相结合的农民则在农村社会里居于收入的上层队伍。② 留守儿童的父母属于农民工阶层。实际上，农民工阶层内部也在分化，他们中在城市里收入稍微高的和条件相对好的，就会把子女接到城里去上学，这些孩子被称为"流动儿童"。只有那些收入不高、流动性太大的农民工只好把子女留在农村，使其成为留守儿童。事实上，留守儿童父母真正处于农村社会的最底层，属于确实需要国家和政府给予关注的社会弱势群体。

（三）农村伦理价值观念的变革

1. 人际伦理观念的变革

我国是家庭伦理本位社会，这是梁漱溟先生对传统中国社会的定位。他认为，"伦理关系，始于家庭，而不止于家庭"③，"社会的家庭化或曰伦理化，乃使社会中每一个人对于其四面八方若远若近的伦理关系，负有若轻若重的义务，同时其四面八方与其有伦理关系的人也对他负有义务。在生活上，时则彼此顾恤，互相保障；

---

① 陆学艺：《重新认识农民问题——十年来中国农民的变化》，载《社会学研究》1989年第6期。

② 李强主编：《中国社会变迁30年》，社会科学文献出版社2008年版，第89页。

③ 梁漱溟著：《乡村建设理论》，上海人民出版社2005年版，第25页。

时则彼此礼让,力求相安;许多问题皆从这里得到解决或消弭,无从有革命爆发。"① 在传统农村社会,来自家庭或家族的道德义务的约束力对个人行为选择的影响力是巨大的,那是维系人与人之间关系的前提和基础。然而,随着改革开放政策的深入贯彻和实施,以及市场经济模式的逐步确立,农村里人与人之间的关系逐渐在走向理性化,主要体现为人与人之间的关系建立在利益基础之上了。这正如有学者所指出的,"在今天的中国农村,家族的力量已基本上消失了,特别是以族规家法为代表的宗族制度早已不再存在。而儒家孝悌思想在现代传媒和市场经济的冲击下,也不大有道德约束力。在这种情况下,构成附着在传统中国血缘关系上的道德义务越来越弱,以至于与西方社会相差不多了。"② 在以理性和自由为核心的现代价值观念的冲击下,传统社会中处理人际关系的家庭伦理本位的价值观念在农村基本上已经崩溃,农村里出现的虐待老人的事件,以及农民之间为经济利益冲突而频发的纠纷事件就是很好的说明。

2. 婚姻伦理观念的变革

随着改革开放以来城乡之间流动的加快,农民的婚姻伦理价值观念也在发生着变革。在我国婚姻法颁布之初,农村确实出现了一个离婚高潮,不过那时的离婚现象主要发生在旧社会的"童养媳"、"父母包办"的婚姻家庭里,体现了国家力量的介入。然而,自从20世纪90年代以后,农村涌现出的离婚潮是没有国家力量参与的,更多地体现了农民在婚姻自主方面能力的增强。同时,我们又必须注意到其中存在的农民婚姻伦理价值观念的深刻嬗变现象。传统的农村社会是一个熟人社会,村民相互之间知根知底,而且,在熟人社会里农民相互之间对个人行为和品行有着潜在的监督作用,离婚、婚外情等现象较少,甚至没有。然而,随着大量农村剩余劳动力向城市的迅速转移,农民进入城市工作和生活,而城市社会的异质性比较强,对于农民工来讲,在农村熟人社会里的相互监督作

---

① 梁漱溟著:《乡村建设理论》,上海人民出版社2005年版,第31页。
② 贺雪峰著:《新乡土中国》,广西师范大学出版社2003年版,第34页。

用减弱,甚至消失。在这种情况下,由于与妻子或丈夫长期分居,以及受城市人的婚姻、情感模式等文化氛围的影响,有些农民为了满足自己生理和情感方面的需求,会出现婚外情,甚至选择离婚。研究发现,农民工离婚率在逐年增高。① 这也给留在村子里的农民提供了想象和效仿的空间,再加上电视等大众媒介所渲染的城市人自由、浪漫的情感生活方式更强化了这种想象,使其变成了一种真实。实际上,离婚是农民婚姻伦理价值观念转变的一种显性的行动,与此相对的,则是在农村滋生出的"婚外情"、"第三者"等隐性的婚变行为。农民的婚姻伦理价值观念的嬗变影响到农村家庭的稳定,致使农村离异、单亲家庭数量激增,导致农村学校里的离异、单亲家庭的留守儿童数量增多,这不仅增加了农村学校教育的难度,更直接影响着这些儿童身心的健康成长和发展。

3. 财富伦理观念的变革

古训云,君子爱财,取之有道。特别是在传统农村社会里,人们对获取财富的途径相对比较重视,如果是通过不正当渠道发家致富的家庭,农民往往会投以鄙弃的目光。但是,在市场经济和大众传媒的冲击下,传统的财富伦理观念已经不大有道德约束力了,农民更多地只看重实际的经济收入,而更少考虑财富获取的路径是否合乎道德规范和要求。"比如,当前农村中'笑贫不笑娼'的现象已很普遍,不少农民认为,无论钱的来路如何,只要能在村里盖起楼房就是有本事。"② 在这种观念的支配下,农村里外出打工的人群中有一部通过提供性服务来获得经济收入,由于这些人比那些凭借自己诚实劳动生存的人收入要高得多,他们对家庭的经济回报也就高,能够使家庭在物质生活方面得到较大的改善,这些人在村子里的人情交往中出手也比较大方。在这种情况下,大多数农民就难以坚守用传统的道德伦理观念对其进行评价和对其进行道德上的谴责。申端峰在对湖北 H 村调查时了解到,该村有数名女子在外做

---

① 《农民工离婚率高的原因分析及对策》,http://www.hafxw.cn/Article/kxfzg/llwz/201006/158278.html,2014-06-09。

② 贺雪峰:《农村价值体系严重荒漠化》,载《环球时报》2014 年 6 月 24 日。

"小姐",而从村民对这些故事的讲述中,被凸显最厉害的不是道德谴责,甚至根本就没有看到道德上的谴责,讲述者最强调的是这些人都挣到了钱,并且挣到了大钱,给家人带来了好处,正是因为她们挣到了大钱,她们家人在村庄中的地位大大提高,说话都硬气些。① 可见,在市场化和商品化的社会环境下,当前农民的财富伦理观念已经发生了深刻的嬗变,更注重实际的经济效果,已经基本放弃了人们取得经济收入的途径的道德性和伦理性的监督和要求。

(四) 农民乡土观念的变革

据国家统计局公布的全国 2010 年第六次人口普查结果,中国总人口截至当时为 13.70 536 875 亿人,其中居住在农村的人口有 6.74 149 546 亿人,占总人口的 50.32%,同 2000 年第五次人口普查结果相比,农村人口减少 1.33 237 289 亿人。② 从总体上看,随着中国城市化的迅速发展,虽然农村人口在逐渐减少,但是,农民仍然在总人口数量中占绝大多数。费孝通在《乡土中国》开篇就讲道:"从基层上看去,中国社会是乡土性的。"③ 乡土性意味着中国社会是以农业和农村为主体的,"土"字的意思就是泥土,农村人以种庄稼谋生,是向泥土求生计和发展的,他们自然知道泥土的可爱和可贵之处,从这一点来讲,"土"是农民的命根。而且,乡土社会是一个熟人社会,人员流动较少,乡土社会也就是生于斯、死于斯的社会。在费孝通看来,乡土社会也是一个礼俗社会,而不是法理社会,这和涂尔干的"有机的团结"和"机械的团结",以及腾尼斯的"通体社会"和"联组社会"的区分基本一致。在乡土社会里,农民遵循差序格局、无讼、礼治秩序等,这些都是几百年来的代代相继的乡土文化的精髓和结晶。因此,乡土中国又被称作是"捆绑在土地上的国家"。

---

① 潘维等主编:《中国社会价值观变迁 30 年》,中国社会科学出版社 2008 年版,第 414—415 页。
②《2010 年第六次全国人口普查主要数据公报》,http://baike.baidu.com/link?url=－det71mXdGhKgvWG_N1_fLYkZ_fOCMTnYpPWpuioX8xh－N8CynXpXk1mdqYU77jBQt038C1iQttwGmIRS2Amua.2014—06—10。
③ 费孝通著:《乡土中国　生育制度》,北京大学出版社 1998 年版,第 6 页。

在传统的乡土社会里,由于农民基本是依靠土地来维持生计的,所以,他们对土地的感情是很深厚的。但是,随着家庭联产承包责任制的实行和市场经济制度的确立,农民逐渐从土地上被解放出来,城乡之间人员的流动加大,特别是大量农村剩余劳动力向城市的转移,农民离土地的距离是越来越远了,他们对土地的感情也在发生改变。对于 20 世纪末的农民而言,土地是必需的,但不是唯一的,土地情结由浓变淡是 20 世纪农民观念的最大变化。① 导致这种现象产生的原因,一是农业生产基本上已经不能为许多农村家庭带来足以支撑家庭开支的经济收入,特别是在当前农产品价格持续滞涨和农事生产费用却持续升高的情况下,更多的农民选择"抛荒"土地,外出务工收入已经成为许多农村家庭主要的经济来源;二是农民工进入城市后,他们把城市生活和农村生活进行对照之后会发现,农村是多么的落后和贫穷,许多农民会从心里产生对农村的厌恶和行动上的逃离。如果说这一点在第一代农民工身上体现得不明显的话,对于第二代农民工来讲,他们对农村的感情确实在淡化,在他们许多人心目中,农村已经不是他们理想的归宿,而城市才是他们向往的长期居留地。然而,在中国城乡二元社会结构体制下,他们要面对许多制度方面的障碍,他们只能是城市里的"边缘人",很难融入真正的城市生活之中,也很难成为真正的市民和享有市民的待遇,这注定他们将要在较长时间内承受各种制度上的羁绊和心理上的煎熬。实际上,农民工中还存在这样一种倾向,他们虽然居留在城市,但其中有很多人似乎攒够了钱就要回到农村老家,或者农村是最后的养老之地。事实上,有很多女性在结婚后不再外出打工就是一种例证。据国家统计局农调总队 2005 年调查,在 1.26 亿外出劳动力中,只有 2 600 万人是举家外出的劳动力,近 80% 的流动劳动力作为个体在流动②,这意味着农村的"家"是他们在外务工身心疲惫时随时可以回归的港湾。绝大多数农民工基

---

① 王欢:《土地、政策与农民心态》,载《北京邮电大学学报(社会科学版)》2002 年第 2 期。

② 盛来运:《中国农村劳动力流动的经济学分析》,中国人民大学 2006 年博士学位论文。

本上是往返于城市和乡村的"两栖人",在他们的思想、意识和情感深处,土地、农村才是他们最终的落脚点和归宿,才是他们可以安身立命的栖居之地。

(五)农民教育价值观念的变革

中国有"学而优则仕"的传统文化心理,以及"书中自有黄金屋,书中自有颜如玉"的古训,读书是个体立足社会和获得社会性发展的渠道。根据社会学家马克斯·韦伯所提出的社会分层的三个关键维度,即财富和收入(经济地位)、权力(政治地位)和声望(社会地位)来看,教育程度的高低也直接关系到个体在这三个维度方面资本的获得和积累,因此,受教育程度是影响个体在社会中向上流动的主要因素。

在中国城乡二元社会结构下,由于国家意志和各项资源分配政策在城市和乡村之间事实上的不平等的运作,在教育层面则表现为城市拥有较优质的教育资源而农村则长期处于优质教育资源匮乏的状态。这也使得城市和农村成为明显的两个迥然相异的社会,城市代表着现代、先进和文明,而农村则意味着传统、落后和愚昧,从而使城市人和农村人形成了不同的文化心理特征,最为显著的是城市人长期以来所形成的优越心理,这不仅涉及城市人自身的行为选择,还影响到农村人对自身的认识和行为的选择。在很大程度上,城乡二元社会结构体制也已经内化为城乡人口不同的教育意识和教育观念。有学者指出,"相对于农村家庭而言,城市家庭总体上有着对子女较高的教育期望。因城乡差别的客观存在而使得城市人有一种天然的优越倾向,同时又使得农村人有一种天然的自卑情结。迄至今日,农村人残存的这种自卑情结与心态对子女的受教育机会仍有着负面的影响。"①

在中国计划经济条件下,对于农村人来讲,要跨越城市和农村之间的鸿沟,唯有通过参军、考学等有限的渠道,因此,农村孩子考学被喻为"跳农门",意即跃出农村。在农村,哪家孩子考上了

---

① 张乐天:《城乡教育差别的制度归因与缩小差别的政策建议》,载《南京师范大学学报》2004年第3期。

大学被看作是最光宗耀祖的一件事情，父母脸上也很光彩。因此，"在城乡二元分割的现实社会中，父母对子女最大的期望就是跳出农门，离开农村，到城市去才有好的出路和发展。实现这一愿望的主要途径就是好好上学，用读书、考大学作为进入城市的敲门砖。"① 在这种现实动机的驱动下，农民对子女教育寄予了极大的热忱和期望，希望子女能够刻苦读书，考上大学，吃上商品粮，拥有城市户口，变成城市人，享受城市人的生活和待遇。

时至今日，随着我国市场经济体制的确立和大学扩招政策的实施，我国高等教育已经迈入了大众化阶段。从数量上来看，有越来越多的农村孩子考上了大学，获得了接受高等教育的机会。但是，从农村孩子所就读大学的层次和就业情况来看，农村孩子进入国内名牌大学的比率在减少，而且，在激烈的就业竞争中，农村孩子缺少经济资本和社会资本，他们在择业中也不占据优势，致使农村里常常可以见到大学毕业后找不到工作的青年。而他们与那些没有上大学、早适应农村生活的同龄人相比，又缺乏在农村生存的能力。正是基于这种现实的参照，近些年，农村掀起新一轮的"读书无用论"热潮。这理应深刻地影响到农民对教育价值的期望以及他们对子女教育的行为选择，然而有研究通过对3省12个县的调研发现，"有近六成（59.6%）的被访者表示受教育对他们教育下一代有所帮助，他们在孩子上学的最初几年还可以帮助辅导一下功课；有约五成（50.3%）的被访者表示受教育有助于提高他们与人交往的能力，他们变得会说话了，对一些话题能表达自己的看法；有近五成（47.6%）的被访者表示受教育让人具有识文断字的能力，这对他们的生活有着最直接的帮助；有约四成（41.4%）被访者表示受教育有助于他们掌握一些劳动技能，从这一点来看，教育给他们的财富是受用一生的，正因为有了一定的知识基础，他们很愿意接受一些新技术的培训。在帮助他们理解了什么是人生观、世界观和价值观方面，有32.3%的农户表示教育确实帮助他们形成了自己的人

---

① 叶敬忠等著：《别样的童年——中国农村留守儿童》，社会科学文献出版社 2008 年版，第 453—454 页。

生观、世界观和价值观","有 75.7% 的农户表示对大学生就业难现象的理解,认为孩子能考上大学,这本身对于孩子的生活和发展至关重要,就业难只是暂时的。但也有 15.7% 的被访者认为,投入和产出明显不成正比,上大学对一个家庭来说代价太大,上大学会耽误孩子在其他方面的选择和发展"。① 由调查结果可以看出,对于农民来讲,虽然大学生就业难等现实问题是对他们寄予教育来改变命运的期望的一大冲击,但这并不足以打消农民对教育价值最深沉的期待,绝大多数农民仍然认为子女接受教育对其发展具有不可替代的价值和作用。

二、生活破碎化:留守儿童的现实遭遇

我们每个人在现实生活中都有自己的遭遇。而且,谈到遭遇都是指遇到了不好或不幸的事情。"遭遇这个词新的意义首先是宗教领域获得的。以前人们也许是从一般意义上来谈论'宗教体验'的,而现在则说'与上帝遭遇',以表达在这方面向人们呈现陌生的实在的特有强度,这一实在不是那种冷漠的客观现实,更不是那种模糊的伤感,它以极大的强度作为陌生的东西呈现在人们面前,而人们将痛苦地对待它。"② 博尔诺夫的这段话向我们阐明了理解"遭遇"的含义必须把握住两点:一是遭遇意味着人们碰到陌生的事物;二是人们碰到陌生事物时是一种痛苦的体验。陌生事物总是在人们已有的经验和认识以外的,是人们难以把握和捉摸的,意味着是一种危机,才使人们感受到面对它是一种痛苦。当然,也并不是所有的陌生事物都能够使人们痛苦,被称为遭遇。"只有少数重大的特定的经验可以成为遭遇,它们闯入人的生活,突然地、往往令人痛苦地中断人们的活动,使之转向一个新的方向。"③ 人们的生活本来是一个连续性发展进程,而遭遇则意味着人们的连续性生活被中断,使人们痛苦地转向一个新的生活方向。

---

① 李敏:《教育促进农村社会发展》,北京师范大学 2010 年博士后出站报告。
②③ [德] 博尔诺夫著,李其龙译:《教育人类学》,华东师范大学出版社 1999 年版,第 57、58 页。

随着中国城市化进程的推进，以及城市发展对劳动力的需求的增长，由农村进入城市的农民工数量在逐年增加。据统计，目前中国进城务工的农民工已经超过了2亿人。① 伴随2亿农民工进城，留守儿童生活世界随之发生了巨大的变化，本来完整的家庭生活被中断，在父母远离、亲情缺失等情况下，留守儿童生活基本上陷入破碎化状态。按照博尔诺夫对遭遇一词的解释，由于父母双方或一方的外出而使本来完整的家庭生活出现中断就是留守儿童生活中的遭遇。对于正在成长中的留守儿童来讲，家是他们健康、快乐成长的港湾，父母亲情是他们成长的精神养料，当父母双方或一方外出务工后，意味着家的完整性的破坏和陌生的留守生活的开始。留守儿童此后不得不面对没有父母在身边的生活，这对他们来讲，就是一种与以往经验不相符合的陌生处境，其中充满着许多未知因素，意味着有风险和危机的存在。留守儿童的这种遭遇，带给他们更多的是一种痛苦的体验，思念父母、渴望亲情的满足、生活的支离破碎等成为留守儿童成长历程中的一种痛苦的经历和体验。这种生活的破碎化是诸多留守儿童成长中的现实遭遇。

（一）留守儿童对留守生活的感受和体验

福禄培尔认为，家庭生活在儿童成长的每一个时期，乃至在人的整个一生中，都是无可比拟的重要的。② 在家庭里，父母为孩子撑起的是一片蓝天，父母是孩子成长的保护伞，是孩子健康成长和发展的引路人。"人们常说'父亲是山，母亲是水！'山庇护着孩子，水滋润着孩子。那是父母还活着，父母在身边。如果父母走了，没有了山的庇护，孩子就要面对一切危难；没有了水的滋润，孩子就要遭遇成长的艰险。"③ 对于留守儿童来讲，父母双方或一方外出务工意味着他们成长的保护伞缺失，意味着他们家庭生活的完整性的破坏，支离破碎的家庭生活必然会对他们的生存和发展带

---

① 《进程农民工数量超2亿 子女教育问题咋解决》，http://www.mingong123.com/news/1/shrd/201003/aef07e5c3bdb79ce.html，2010—07—10。

② ［德］福禄培尔著，孙祖复译：《人的教育》，人民教育出版社2001年版，第70—71页。

③ 聂茂、厉雷、李华军著：《伤村》，人民日报出版社2008年版，第35页。

来许多不利的影响。

　　留守儿童通常被分为三大类：一是由母亲或父亲单方监护的留守儿童；二是由祖辈或亲戚监护的留守儿童；三是由自己照顾的留守儿童。"留守儿童不同的监护方式对他们带来的生活体验迥然不同。"[①] 一般来讲，由母亲或父亲监护的留守儿童在总体上情况要好些，由于父母一方在身边，他们还可以经常感受到亲情的存在，以及能够在日常生活上得到父亲或母亲的关怀和照顾。尤其是由母亲照顾的留守儿童，由于母亲照顾子女方面具有细心和慈爱的天性使然，这类留守儿童身心发展是最好的。由祖辈或亲戚照看的留守儿童最大的隐忧在于，祖辈容易溺爱孙辈，"隔代亲"使爷爷奶奶不能够充分担当起留守儿童家庭教育的责任和重担，他们只能够管理留守儿童日常起居生活，在功课辅导、心理沟通和教育等方面则很无力。由亲戚照看的留守儿童，亲戚在行使对留守儿童的教育责任中轻重程度不好把握，他们既要承担亲戚角色的责任，同时还要承担父母角色的责任，这两种角色所承担的教育责任是不同的，如何在这两种角色之间找到一个恰当的平衡点是比较困难的。这正是亲戚照管留守儿童所要面临的困境，也致使有些亲戚对这两种角色的平衡把握不准而导致对留守儿童照管不力现象的出现。最令人担忧的是自我照顾的留守儿童，由于父母双方的离开，他们不仅在日常的衣、食、住、行方面需要自己打理，而且长期与父母分离，他们在心理和情感方面通常也会比较脆弱、胆怯和孤独，情绪上趋向低沉、消极和灰暗。没有父母和其他成人的照顾和引导，自我照顾的留守儿童更容易受到外界不良环境的影响，走上违法犯罪的道路。

　　不论哪种类型的留守儿童，离开父母的庇护和亲情的滋润总之都是一种痛苦的经历和体验，痛是他们日常生活中的一种深切的感受。《留守的恐惧》、《痛着成长》、《自己陪自己长大》向我们深刻描写了留守儿童面对父母不在身边的日子时内心的孤单和恐惧。

[①] 马多秀：《留守儿童和流动儿童生活方式的质性研究》，载《江苏教育研究》2009年第10A期。

她恐惧什么呢/少女在整个故乡已无亲人/家人都被城市借钱一样接走/留下的爷爷奶奶能被风吹倒/只能靠自己/她害怕什么呢/她害怕影子那么黑/跟着她缠她/她把影子踢都踢不走/当影子瘦成一条蛇/她有被咬一口的危险

——《留守的恐惧》①

成长的痛/喂养着村里孩子/远在异乡的母亲/听见了故乡哭泣/听见了故乡喊叫/那哭泣和喊叫的作者/非她女儿莫属/女儿独自一人活在村子/晚上要上厕所/只能憋着/小小心灵害怕上厕所/没有母亲在身边/深夜里就没有光明照耀她/女孩子的悄悄话/有的只能向母亲说/现在有的话/只能烂在心里/泪水不能流出来/才叫作痛/才叫作哭

——《痛着成长》②

村庄力气好大/几乎把所有年轻父母/都扔到千里之外/变成工厂/变成流汗的机器/留下孩子/长成孤独模样/不少童年/自己陪自己聊天/自己陪自己睡觉，做梦/一个孩子要把自己变成两个人……/成长才有伙伴才有亲情/一个人哭一个人笑/要把一句话变成一千里长/才能在电话里摸到父母耳朵

——《自己陪自己长大》③

城市化改变了乡村生活固有的生活秩序，大量青壮年劳动力外出务工，使乡村"空巢化"或"空壳化"，留守儿童的家庭生活破碎化，他们就像一个个孤儿、一个个弃儿一样被剥离于父母的怀抱，对家庭和亲情的渴望也逐渐在幻灭。父母是孩子前行的明灯，没有父母在身边的日子，黑夜变得更黑，留守儿童普遍存有一种自己将要被黑夜吞噬的恐惧。他们对父母的呼唤，对亲情的渴望只能憋在心里，眼泪只能往心里流，而女孩跟妈妈的悄悄话也无从诉说，只能烂在心底。心灵上的孤单和无助、心理上的恐惧和痛楚成为留守儿童对留守生活最深刻的感受和体验。"亲情和家教的双层缺失给这些幼小心灵带来的损害，他们的精神的、道德的、情感的

---

① 柳冬妩：《儿童视域里的后乡土世界》，载《文艺争鸣》2008年第12期。
②③ 柳冬妩：《村里的童年越来越少》，载《读书》2009年第5期。

要素究竟流失了多少，还是一个有待时间去揭开的谜底，它所带来的破坏性因素可能给整个社会带来的隐患，也有待于在时间的流逝中慢慢展示出来。"① 在城市化浪潮中，留守儿童父母为了维持生计和追求经济发展外出务工的选择，如果是以孩子精神生活的贫困和荒漠化为代价，那么这种选择的代价是不是太大？对于诸多农民工自身来讲，他们外出务工既是出于经济需要的一种经济理性选择，更是出于现实生活贫困的一种生存理性选择；既是一种自愿的选择，在一定意义上，这也是一种无奈的选择。从直接关系上来讲，农民自身该为留守儿童生活的荒漠化买单；但从间接关系上来讲，留守儿童问题的责任主体该是国家和政府，因为城乡二元社会结构体制和不均衡的城乡关系是导致农民工问题和留守儿童问题发端的根本原因。

（二）留守儿童对父母感情的表达

在20世纪80年代，乡镇企业兴起，吸纳了许多农村剩余劳动力。在那个时候，农民外出务工的主要形式是"离土不离乡"。由于工作地点离家近，白天在外上班，晚上可以回到家里，跟孩子在一起。但是，进入90年代以后，虽然1997年东南亚金融危机对中国的出口贸易和乡镇企业发展造成了一定的负面影响，但中国政府采取了有力措施，实现了中国经济发展的"软着陆"，进入21世纪，为了统筹城乡发展，国家对农民外出务工采取了积极的引导政策，农民工流动性增强，农民工跨地区、跨省务工成为普遍现象。这样，农民工外出务工由最初的"离土不离乡"转化成"离土又离乡"。由于工作地点远离家，农民工就只能把孩子抛在家里，隔段时间再与孩子相聚一次。如果农民工是在本县、本市务工，那么他们回家与孩子相聚就容易些，频率会大些，次数多些；如果他们是在外省务工，那么由于路途遥远，交通费用数额比较大等原因，他们通常半年，或者一年才回趟家，有的甚至两三年才回趟家跟孩子相聚一次。对于留守儿童来说，他们不能跟父母在一起，不能充分享受和体验母爱与父爱，他们对父母的思念、对亲情的渴盼自然是

---

① 柳冬妩：《村里的童年越来越少》，载《读书》2009年第5期。

很深沉和急切的。他们如何理解父母外出务工的选择，他们怎样表达自己对父母的感情、对父母的思念，这关涉留守儿童自身的心智成熟和心灵成长问题。

一般来讲，留守儿童对在外务工的父母的感情主要表现为对父母的思念，渴望父母能够回来看望他们，跟他们多待些时间。以下是一些留守儿童在回答"你最想对父母说的一句话"这一问题时对父母所表达的思念之情。

——爸爸妈妈，我想你们！你们在外面肯定很辛苦，一定要注意身体。我会好好学习，不辜负你们对我的期望。

——爸爸，我想你，非常想你。希望你中秋节的时候能够回家来，一起过。

——爸爸妈妈，你们在哪儿？别人都说我是没爸没妈的孩子，我心里头很难受。你们快回来吧，我想见到你们。

——爸爸，我知道你干建筑活是非常累的，你可要休息好。我和妈妈妹妹都想你。我和妹妹都会努力学习的，不辜负你的希望，请你放心。

——希望爸爸妈妈多回家来看看，我想他们。

——希望爸爸妈妈在外边照顾好身体，希望他们平安。多回家来看看。

——爸爸，你开车的时候一定要小心，注意安全。我想你！

——爸爸，你什么时候可以把我带到你身边，这样就能够天天看到你。我想你，爸爸。

——我希望所有的孩子都能够得到全世界母亲的爱。希望父母能够常回家来看看孩子。

——我希望爸爸在工作中顺利，过年过节时多回家。我想你，爸爸。①

对于留守儿童来说，外出务工的父母能够千里迢迢回家来看望

---

① 马多秀：《留守儿童和流动儿童生活方式的质性研究》，载《江苏教育研究》2009年第10A期。

他们，就是他们生活中最值得喜庆的事情，是最令他们开心快乐的事情。当他们对父母的渴盼不能实现时，有些留守儿童可能会采取一些令人震惊的方式来达到自己的目的，获取父母对自己的关心和照顾。以下是一个留守儿童写给父母的信，但她不知道如何寄信，就一直把信藏在书包里。让我们震惊的是，她为了能够让外出务工的母亲回家来看望她，不惜屡次烫伤自己的手腕。

"爸爸妈妈：

我昨天晚上又梦见小鬼了，小鬼很吓人，我叫你们，可是看不见你们。爸爸妈妈，我好害怕。

爸爸妈妈：

你们是不是不回来了？不要我了？我好想你们。今天老师让我们写《我的爸爸》，我一个字都没有写出来。

妮子。

我的手又烫伤了，妈妈立刻就着急地赶回来了，我很高兴，但是，看见妈妈，我说不出话，就是说不出，其实我很想妈妈。

爸爸妈妈；昨天我梦到奶奶了，奶奶死了。奶奶为什么会死呢？奶奶活着，你们很疼我；奶奶死了，你们就不要我了。我想奶奶，也想你们。

我想，如果我的手受伤了，妈妈可能会回家，因为上次我的手烫伤了，妈妈就回来了，还买了好多好吃的东西。所以，我要经常伤我……"①

看到这些文字，相信只要有一点点爱心的人心里都会隐隐作痛。这个留守儿童仅仅是为了母亲能够回家看望她，就愿意忍受烫伤自己手腕的疼痛。其实，她不仅要承受身体上受伤的疼痛，更要承受心灵上对母亲思念的疼痛和煎熬。对于这些留守儿童来讲，他们要承受着身体和心灵两方面的不能承受之重。另外，留守儿童对父母的思念也可能变成对父母的一种埋怨和怨恨的情绪。一方面，他们从心里感受到父母是爱他们的；但是，另一方面，他们会质

---

① 聂茂、厉雷、李华军著：《伤村》，人民日报出版社2008年版，第42页。

疑，父母既然爱他们，为什么又要抛下他们，离开他们？他们感到父母的无情和冷漠，从而对父母产生抱怨情绪。当留守儿童渴望亲情的心理得不到满足，他们对父母的埋怨情绪发展到严重程度时，可能就会用极端的方式来报复父母。2008年2月25日，安庆市太湖县一个12岁的留守儿童在村里的祠堂小屋里自杀了。他在给父母的遗书中写道："你们每次离开，我都很伤心，这也是我自杀的原因。"而他对父母的愿望仅仅是，"哪怕生活苦一点，也要一家人在一起。"① 这个孩子可以承受得起生活的贫寒，但是他不能承受没有亲情的生活，没有父母陪伴的生活，他把对父母的怨恨转化为结束自己生命的行动，他将不再生活在对父母的思念中，而他的父母却将永远生活在无尽的悔恨中，为自己抛下孩子外出务工的选择终身追悔。

在实际中，有些留守儿童在面对留守生活时，他们对父母外出务工的选择给予了更多的理解和支持，他们对留守生活的反应比较积极和乐观，他们的心智也会变得更成熟，生活上更懂事，留守生活的"遭遇"似乎成为他们走向心理成熟发展的一种契机。Y中学初二留守儿童S2就属于这种在留守生活遭遇面前比较积极乐观和心智变得成熟的留守儿童。以下是她对自己家庭生活的独特理解。

"我们家庭情况一般，但我很爱我的家庭。爸爸常年在外打工，做建筑活儿，每天能挣七八十块钱，很辛苦，妈妈身体不好，在家里。家里养了几十只鸭、鹅、鸡，平时妈妈就在家照看它们，还要到地里干活。每个周末我回到家里，妈妈都会给我做许多好吃的。周末在家，我也从不睡懒觉，星期六和星期天早晨我都会早早和妈妈一起起床干家务。爸爸每隔一两个月回趟家，农忙的时候他会请假回来跟妈妈一起做农活。爸爸妈妈老是讲要盖楼房，我都不同意，我知道那样会增加他们的负担，让他们更辛苦。我知道爸爸妈妈都很辛苦，爸爸外出打工都是为了这个家，为了我，所以我一定要好好学习，报答

---

① 《12岁少年自杀事件反思 千万留守儿童现状堪忧》，http://news.qq.com/a/20080314/002272.htm.2010－07－11.

他们。"

从这个留守儿童的自述中,我们看到了留守儿童在"遭遇"留守生活中的积极反应,留守生活在带给她生活上诸多苦恼的同时,却也成了她加深对生活的理解和体验,心理和精神走向成熟和独立的契机。

德国教育人类学家博尔诺夫认为,人的生命发展是连续性与非连续性的统一,其中,"在人类生命过程中非连续性成分具有根本性意义"。① 他认为,生命发展的非连续性形式包括危机、号召、告诫以及遭遇等,这些对个体来讲是不可抗拒的,而且这些非连续性事件对人的生活具有决定性意义。一方面,博尔诺夫指出,遭遇是人们要面对自己生活经验以外的陌生事务,并且在心理上是一种痛苦的体验;另一方面,他还认为,"遭遇过程对人的自我成长具有决定性的意义。这一真正的自己绝不是在风平浪静的连续性发展中形成的,原则上只能在与他人的遭遇中,最直截了当地说总是与'你',与一个具体的其他人的遭遇中才能形成。"② 这就意味着,一个人的真正的成长是在波折和困难中展开的,只有经历了各种"遭遇"后,人对生活和人生的理解和体验才会更为深刻,人的坚强精神世界才能够建立起来。遭遇作为人的生命发展的非连续性教育形式之一,对个体来讲,既意味着痛苦和挫折,还意味着新生活的转机。一个人如果在遭遇中做出正确选择,他就可能在人生的道路上出现积极的转折,而朝向好的方面发展;反之,如果沉陷于痛苦和挫折之中的话,则会走向不良的一面,其关键是教育者要帮助儿童保持清醒的头脑,使其对自己的生活处境有清醒的认识。博尔诺夫还认为,儿童的心灵深处本就存在一种"本源性"的道德意识,但它处于沉睡状态,教育者的责任就在于唤醒儿童心灵深处的这种本源性的道德意识,使其真正认识自己和了解自己的处境,使自己成为一个具有自我意识和充满生命希望的人。

留守生活是留守儿童生命发展的非连续性形式,是留守儿童生

---

①② [德] 博尔诺夫著,李其龙译:《教育人类学》,华东师范大学出版社 1999 年版,第 51、58 页。

命成长的重要组成部分,既给他们带来了消极影响,同时还意味着新的起点。① 在留守儿童教育中,首先,教师要让留守儿童清楚自己的留守生活的处境,鼓励他们积极应对留守生活中的困难,并战胜它们。留守儿童战胜留守生活中的诸多磨难、困苦的过程,也是他们磨炼意志、增长经验、获得成长的过程,经历这样的留守生活之后,他们独立生活的能力会增强,克服困难的内在的精神力量会强大起来,成长为真正的自己。所以,他们必须要学会承受留守生活中的不如意和不快乐,勇敢地应对和战胜留守生活中的困难,而不是消极地适应。其次,教师要认识到留守儿童自身内在潜藏着战胜留守生活中的各种苦难的意识和能力,只有教育者把留守儿童身上的这些潜能唤醒和激发出来,留守儿童才能够更清楚地了解自己的处境,并生成战胜困难的勇气和信心,从而获得健康成长和发展。在教师启发和引导留守儿童把他们内在的潜能挖掘和发挥出来的过程中,可能需要教师给予留守儿童以关爱、信任、尊重等,只有在和谐、支持的教育环境中,留守儿童的潜在能力才能够展现和发挥出来。最后,要指出的是,由于留守儿童属于未成年人,他们要顺利度过留守生活,成长为真正的自我,在很大程度上要依赖于教师,需要教师自觉地、积极地承担起教育责任,与留守儿童深入地对话和交流,了解他们的生活处境,并给予他们鼓励、支持和爱护,做他们心灵成长的引路人。

第二节 农村学校德育面临的挑战

我国学者孙立平认为,"所谓社会弱势群体的'弱势'至少有三层含义:第一,他们的现实生活是处在一种很不利的状况之中。弱势群体不能完全跟贫困人口概念画等号,但至少是高度重叠的。第二,他们在市场竞争中所处的弱势地位。第三,在社会和政治层

---

① 马多秀:《非连续性教育思想对留守儿童教育的启示》,载《教育评论》2013年第5期。

面，他们也往往处于弱势地位。"① 留守儿童是中国城市化进程中农民工问题的衍生物，是中国具体国情下产生的特殊的社会群体，这也是世界历史上非常罕见的独特现象。按照孙立平对社会弱势群体概念的界定，毫无疑问，留守儿童就属于社会弱势群体，他们是需要社会给予特别关爱的群体。实际上，留守儿童的健康成长和发展不仅是农民工家庭的责任和农村社区教育的责任，还是农村学校教育的责任。这是因为绝大部分留守儿童正处于九年义务教育的年龄阶段，他们的大部分时间是在学校度过的，特别是我国农村中小学布局调整政策实施后，寄宿制农村中小学数量增多，留守儿童在学校生活和学习的时间延长，农村学校和教师承担的教育责任加重。由于留守儿童父母不在身边的特殊性，很多留守儿童与非留守儿童相比，在身心发展的各个方面都存在差别。而且，由于留守儿童父母外出务工，亲子教育严重缺失，以及祖辈和亲戚等在他们的教育中责任担当的乏力，使得留守儿童的家庭教育缺位。另外，农村农业生产家庭化后，农村社会组织涣散，社区教育几乎成为空白。所以，留守儿童成了农村学校里的特殊群体，家庭教育和社区教育的缺失和缺位需要学校教育来补位，使农村学校肩负着更大的教育责任。学校教育的普及使学校成为儿童成长和发展的重要场所，现代学校在儿童生命中的影响日益明显。"因此，在分析留守儿童教育问题时，学校是一个非常重要的研究对象，也是影响留守儿童的重要因素。"② 当我们从农村学校视角审视对留守儿童教育问题时，将会发现农村学校和教师面临着诸多的困难和挑战。

一、留守儿童成为农村学校的特殊群体

（一）留守儿童的教育责任向农村学校的让渡

让渡本来是一个经济学词汇，是指权利人将自己的有形物、无形的权利，或者是有价证券等，通过一定的方式，全部或部分地以

---

① 孙立平著：《断裂：20世纪90年代以来的中国社会》，社会科学文献出版社2003年版，第68页。

② 徐阳：《农村留守儿童教育问题研究》，华东师范大学2006年博士学位论文。

有偿或无偿的方式转让给他人所有或者占有,或让他人行使相应权利。由此可知,让渡是权利、物质等使用权或所有权的转让,而且这种转让可以分为有偿转让或无偿转让两种类型。教育责任的让渡,是指把本该由自身承担的教育责任让他人去承担。对于留守儿童来讲,由于父母双方或一方外出务工,家庭教育职能弱化,"家庭把固有的照管儿童的职能移交给了学校,使学校不仅要承担固有的教育职能,而且还要代替家庭承担附加的'照管'职能"①,这样,留守儿童的家庭教育责任让渡给了农村学校。家庭教育是留守儿童教育的重要组成部分,尤其是父母的亲情抚慰、父母的榜样作用等在子女的成长过程中起着重要作用。那么,留守儿童的家庭教育责任为什么会向农村学校让渡呢?一般来讲,存在以下几种理由。

首先,一些农民认为,他们给学校缴了钱,学校就应该担负起他们孩子的教育责任。这种思维逻辑跟市场经济条件下的商品买卖的思维逻辑一致,即既然家长为孩子上学给学校缴纳了一定数额的费用,那么,家长就有权利向学校索取一定质量的教育产品。这种思维逻辑的最大弊端是,把教育等同于商品生产。而事实上,教育是关于人的培养的问题,人的教育是一个复杂和精细的工程,它是一个个具体的人的精神培育问题,跟商品的模型化、直线化和简单化的生产是迥然不同的。这种思维逻辑的另一个弊端是,它使农民推卸掉了自身应当承担的教育子女的责任。纵然学校教育是儿童所应接受教育的一个重要的组成部分,但是,它不等于儿童应该接受的全部教育。儿童的健康成长和发展有赖于家庭教育、学校教育和社区教育三者共同为之努力,任何一个方面都不能偏废。林语堂认为,"人生最重要的关系是父母和子女的关系,任何一种人生哲学如果不讲求这个根本的关系,便不能说是适当的哲学,甚至于不能说是哲学。"② 父母对儿童的亲子教育是任何其他形式的教育所不

---

① 张春玲:《农村留守儿童的学校关怀》,载《教育评论》2005 年第 2 期。
② 史仲文等主编:《古今中外伟人智者名言精粹》,中国国际广播出版社 1993 年版,第 168 页。

能代替的,亲子教育的缺失将会直接影响儿童身体、情感、人格、心理等方面的健康成长。

其次,农民外出务工,使他们从时间、精力上不能充分担当起对子女的教育责任。通常,对于在外务工的父母来讲,他们与孩子的沟通主要是以电话、信件等方式开展。然而,这种沟通常常不是很充分的,父母仅仅是简单地询问一下孩子的学习情况、嘱咐孩子生活安全等事项,缺乏深入的心灵上的沟通。叶敬忠等通过调研发现,"虽然随着时代的进步,电话、手机这些通信工具架起了留守儿童与外出父母之间沟通的桥梁,但由于诸多环境因素和经济因素的限制,留守儿童与外出父母之间实际意义上的联系和交流却很有限。短暂而次数很少的通话无法真正弥补因父母外出打工而造成的对孩子关爱的缺失。"[①] 而且,农民外出务工本身生存压力会比较大,他们从事的工作一般主要以体力劳动为主,体力消耗普遍大,即使自身对孩子的教育很重视,但由于每天紧张、繁重的体力支出,也使他们精疲力竭,很难去仔细思考孩子的教育问题。在这种情况之下,对于诸多留守儿童来讲,他们所能享有的学校教育则成为他们成长和发展的最重要的组成部分,同时,这也意味着农村学校肩负起了更大的教育责任。

再次,更为核心的原因是,农民自身的文化教育素质普遍较低,教育能力普遍不足,致使他们不能有效地履行对子女的教育责任。从受教育程度来看,相对城市家长来讲,农民所接受教育的程度普遍较低,文化教育素质相对偏低。大多数农村中小学生家长的受教育程度是初中水平,少数是高中水平,而五六十岁以上的农村老人大都是小学水平,甚至没有上过学。这就注定了农民在教育孩子时,由于受自身文化素质偏低的限制,会遇到重重困难。目前,城乡之间的流动更加频繁,城乡文化的冲突明显,价值观念呈现为多元化,农村原有的道德行为标准受到来自城市文化的冲击等,使得孩子的教育更加复杂。Y中学有位班主任告诉笔者,他所带班级

---

① 叶敬忠等:《父母外出务工对留守儿童情感生活的影响》,载《农业经济问题》2006年第4期。

有一位家长跟孩子之间发生了冲突和矛盾,父亲不能调节,就打电话给这位班主任,希望班主任能够帮助调节他跟孩子之间的矛盾。其实,像这样的家长在农村有很多,他们在教育孩子时由于受自身教育水平的限制,在教育观念、教育态度、教育方式和手段等方面会存在诸多问题,从而导致他们不能够很好地履行对孩子的教育责任。另外,在留守儿童的父母外出打工后,爷爷奶奶对留守儿童的照顾只能停留在日常生活的衣食起居方面。祖辈由于受自身文化素质所限,无法对留守儿童进行文化课的辅导。由于年龄相差太大,祖辈和孙辈之间还存在代际沟通上的障碍,相互之间的心理交流也很难进行。在很多农民心目中,教师具有专业教育知识和教育能力,他们把孩子送到学校接受教育是放心的。在这个意义上,留守儿童教育责任向农村学校的让渡是农民对学校和教师的教育能力的信心和信任的体现。

最后,从农村学校角度来考虑,学校作为专门化的公共教育机构,当农民把孩子送进学校后,学校和教师就要承担起教育责任。而且,由于我国计划生育政策在农村的贯彻落实,农民生育观念已经发生了重大变革,农村独生子女家庭增多。近几年,农村学校生源出现锐减现象,再加上农村税费改革政策实施后,农村基层教育财政紧张,国家出台了农村中小学布局调整政策,撤销、合并了一些学校,同时,加强了寄宿制农村学校的建设,随之寄宿制农村学校数量增多。在寄宿制学校里,学生在学校时间要远远多于在家时间,从时间上来讲,学校教育责任已经加重。从这一点来看,学校对农民让渡的教育责任是处于主动接受的状态。但是,学校能否真正履行农民让渡给他们的教育责任,则取决于整个教育生态环境和教师的教育态度。然而,在当前农村中小学还难以摆脱"应试教育"的影响,以及农村中小学教师本身的生存处境还不是乐观的情况下,这也就注定了农村学校在履行农民让渡给他们的留守儿童的教育责任方面还存在诸多困难。

(二)留守儿童教育发展状况堪忧

童年是人生的一个关键和重要的阶段。儿童时期的经历和体验将会对其今后的成长和发展产生深远的影响。综观对留守儿童问题

的研究后我们会发现，诸多留守儿童教育发展状况令人忧虑。

留守儿童最为突出的问题是情感及心理健康问题。叶敬忠等研究发现，留守儿童与非留守儿童之间的最大差异主要体现在精神世界方面。对于留守儿童来说，他们缺少父母的关怀和陪伴，与父母较少的情感交流使他们普遍感觉到了内心的孤单和失落。同时，很多留守儿童小小年纪便开始有了心理重负，他们不仅要为家庭的生活担心，还常常要牵挂着外出父母的健康与安全。非留守儿童完整的家庭生活环境常常成为留守儿童羡慕的对象。① 有研究还发现，留守儿童由于家庭环境的变化、家庭教育的"缺位"，形成了以下一些人格特点：一是乐群性低，比较冷淡，孤独；二是情绪不稳定，易心烦意乱，自控能力不强；三是自卑拘谨，冷漠寡言；四是比较圆滑世故，少年老成；五是抑郁压抑，忧郁不安；六是冲动任性，自制力差；七是紧张焦虑，心神不定。② 当留守儿童情感、心理上的问题不能得到及时和正确的疏导和解决时，它还可能导致极端的形式——留守儿童自杀现象的发生。其实，关于留守儿童自杀的报道频频见诸报端。2007年6月1日，《现代教育报》中有一篇题为《留守少年自杀引发多方思考》的文章讲到，湖南省隆回县万和实验中学高二年级学生晓陈（化名）与班主任发生争吵后从宿舍楼纵身跳下。晓陈的父母为供养孩子读书长年在广东打工，与孩子缺乏交流。晓陈在日记中写道："我心情好差，觉得好孤独……我真不想活了……"2010年7月2日，陕西省扶风县杏林镇5名小学六年级学生相约到一古庙前喝农药自杀。幸亏被路过的村民发现，送往医院。2名学生经抢救后脱离危险。其他3人检查无恙后回家。其中，5名小学生中有4名是留守儿童。③

留守儿童情感、心理发展的另一个极端形式是犯罪。近年来，

---

① 叶敬忠等：《父母外出务工对留守儿童情感生活的影响》，载《农业经济问题》2006年第4期。

② 范方等：《亲子教育缺失与"留守儿童"人格、学绩及行为问题》，载《心理科学》2005年第4期。

③《扶风县多名小学生喝农药欲自杀 据称曾遭老师打骂》，http://news.163.com/10/0707/09/6AVSBPKA000146BC.html.2010-07-14。

农村留守儿童犯罪现象呈递增的趋势在发展。① 2009年7月1日的《中国教育报》有一篇题为《农村"留守儿童"团伙犯罪不容忽视》的文章认为,在青少年刑事案件中,团伙犯罪和低龄化趋势日益明显,其中,农村"留守儿童"团伙犯罪尤为突出,成为当今农村社会治安的隐患,给当地社会造成极大危害。

关于留守儿童问题,还包括安全问题。由于父母外出务工,有些留守儿童的监护人对其监护不力,则容易发生留守儿童人身安全、食物安全等方面事故。2004年6月,湖北省黄梅县濯港镇濯港村12岁留守女孩因不听管教,被奶奶用毛巾勒死;大悟县一禽兽教师包建池因强奸、猥亵幼女17人(其中留守女童占绝大多数)被依法枪决。② 2010年4月4日,辽宁5名留守儿童因误食含有杀虫剂的苹果干而食物中毒,其中2名因抢救无效死亡。③ 诸如此类的悲剧性事件一直在上演。作家阮梅在走访了全国五省后撰写而成的《世纪之痛——中国农村留守儿童调查》中,描述了诸多留守儿童的种种悲惨境遇,着实令人为这一群体的生存和发展问题担忧。

从教育学视角对留守儿童问题研究最多的还是关于留守儿童的学业成绩、人际交往、道德发展、辍学情况等方面的探讨。周先利通过对安乡县留守儿童调查发现,留守儿童容易出现学习上的障碍、品行上失范、价值观扭曲等倾向;④ 徐阳通过对三个社区村落内留守儿童的考察后认为,留守儿童≠成绩差、留守儿童≠辍学生,留守儿童的问题主要是非社会性行为,成为问题儿童的只是少数留守儿童;⑤ 赵富才通过对河南省范县和山东省莘县5所学校1 580名学生调查发现,留守儿童在家庭监护、亲子沟通、学习、

---

① 《农村留守儿童犯罪:预防刻不容缓》,http://www.chinacourt.org/html/article/200807/17/312493.shtml. 2010—04—12。

② 《奶奶勒死留守孙女再演留守儿童悲剧》,http://news.xinhuanet.com/video/2004—08/31/content_1930075.htm. 2010—07—14。

③ 《辽宁5名农村留守儿童食物中毒2名死亡》,http://news.163.com/10/0405/22/63HOT73C0001124J.html. 2010—07—14。

④ 周先利:《农村留守儿童教育问题研究》,湖南师范大学2008年教育硕士论文。

⑤ 徐阳:《农村留守儿童教育问题研究》,华东师范大学2006年博士学位论文。

心理、安全和品行方面的发展情况都存在诸多问题，不容乐观。①

另外，雷万鹏认为，当前，媒体对农村留守儿童的报道存在"妖魔化"的倾向，过度地渲染了留守儿童负面的影响，扭曲了事实，这不利于留守儿童工作的顺利开展。他通过对全国留守儿童比较集中的湖北、河北、安徽、河南和四川五省的调查后得出这样的结论："对留守儿童群体特征的判断很难用'好'或者'坏'等词汇轻易下结论，因为留守儿童群体是分化的，他们的生存状态具有多样性。"少数留守儿童学习不良、心理不健康或品行不端正并不能代表所有留守儿童，不能把留守儿童问题夸大化或"妖魔化"。②任运昌则认为，要警惕对农村留守儿童的"污名化"倾向。"污名化"是集中和扩大某群体的负面特征，使之典型化、刻板化和标签化。"污名化"的实质是促使一种排斥性社会关系网络的形成，当然，对留守儿童的"污名化"倾向不存在主观故意，但是，一味盯着留守儿童问题，就会对他们的成长优势和教育资源视而不见，最终会影响到留守儿童群体的生存和发展。③管键认为，群体被污名化过程要经过六个环节：（1）被强调与其他群体的显著区别和差异；（2）人们对该群体形成社会成见和思维定势；（3）被其他群体隔离；（4）该群体成员个人价值、社会地位和教育机会等受到负面影响；（5）所受影响被维持；（6）成员自信水平降低，甚至自我贬损。④

万明钢等认为，"社会各界，特别是媒体，对留守儿童不利的生存处境大量报道，社会舆论、公众对他们予以了深深的同情。学者们在这样的情感化背景中进行研究，不可避免地受到这样一种社会氛围的影响，研究结论大都是证实了留守儿童在学业成绩、心理健康、人格发展、人身安全等方面确实存在严重的甚至是不可避免

---

① 赵富才：《农村留守儿童问题研究》，中国海洋大学 2009 年博士学位论文。
② 雷万鹏：《对留守儿童问题的基本判断与政策选择》，载《教育研究与实验》2009 年第 2 期。
③ 任运昌：《高度警惕留守儿童的"污名化"》，载《教育理论与实践》2008 年第 11 期。
④ 管键：《污名的概念发展与多维度模型建构》，载《南开大学学报（哲学社会科学版）》2007 年第 5 期。

的问题。"他连续几年在所工作单位西北师范大学大一新生中选取了一定数量的有5年以上留守经历的学生,在与他们访谈后认为,"中小学阶段的留守经历,并没有导致这部分大学生心理健康水平下降"。他提出要以客观的态度来看待留守儿童问题。① 然而,在笔者看来,对于留守儿童来讲,他们的留守经历对他们的影响更可能是潜在的和长远的。需要指出的是,那些考上大学的留守儿童是留守儿童群体中的优秀分子,在留守过程中可能得到了很好的照顾和特别的关怀(尤其是在当前"应试教育"环境下,学习好的学生往往会得到教师更多的奖励、赞赏等积极和肯定性情感反应,相反,成绩差的学生则往往会受到教师的冷遇),而对于更多的仍然在农村的留守儿童来讲,留守生活对他们身心的影响则是需要我们更多地关注和探讨的。我们不能因为留守生活给一些留守儿童所造成的内在的、心灵上的影响可能暂时没有表现出来,于是就对此掉以轻心。

通过以上对留守儿童问题的研究结论的回顾,我们可以得出一些基本的判断:(1)对于留守儿童问题不能一概而论,留守儿童的发展具有分化趋向,必须区别看待;(2)留守儿童中只有少数属于问题儿童,他们在行为品行、价值观念、人格发展等方面存在一定问题;(3)留守儿童最大的问题是亲情缺失,使他们的精神世界失去了有力的关心和引导,心理和情感上容易陷入孤单、迷茫和无助的境地。他们不利的处境最容易导致他们出现心灵危机。"心灵危机是个体生命面临突然或重大逆遇时所出现的精神失衡,这时人常常自卑、脆弱、抑郁。"② 心灵危机也就是心灵关怀缺失的呈现,留守儿童能不能走出心灵危机关键在于其自信心,这就需要教师激发他们的生命意志和唤醒他们的心灵,使他们获得生活的勇气,以积极的心态来面对留守生活。

---

① 万明钢等:《当前我国"留守儿童"研究存在的若干问题》,载《西北师范大学学报(社会科学版)》2010年第1期。

② 朱小蔓等主编:《当代俄罗斯教育理论思潮》,教育科学出版社2009年版,第222页。

二、心灵关怀缺失是留守儿童的特殊问题

不论媒体对留守儿童生存和发展状况所进行的渲染是否得当，我们暂且对此不加讨论，但是，我们不能不承认的是，对于诸多留守儿童来说，他们所遭遇到的留守生活是他们生命发展历程中的重大事件。父母不在身边，亲情缺失，生活上的孤单、无助等是他们要面对的活生生的生活现实。"留守孩子因缺少父母关爱，极容易出现性格缺陷，如变得忧郁、不自信、没有安全感等，从而在很大程度上影响到他们的日常行为和价值判断。"[1] 心灵关怀缺失是诸多留守儿童的普遍表现。他们对留守生活的感受、体验和理解等直接关系到他们对生活的态度、价值的取向、行为的选择等。弗兰克尔说，"在这个世界上，我敢讲，能如此有效地帮助人们在最恶劣的逆境中坚持下来的，莫过于对生命意义的认识。尼采说，'知道为何活着的人，几乎能够忍受任何如何'这句话颇具智慧。"[2] 生命意义是人生活的动力和源泉所在，知道自己的生命意义所在就可能帮助自己克服生活中的任何艰难险阻，能够获得克服生活中的任何挫折和困难的勇气和信心，积极迎对生活中的磨难。人是意义的存在，人活着是为意义而活着，而且，人活下去的理由也是人所认可的生命意义。哀莫大于心死。对于部分留守儿童来讲，当留守生活使得他们潜在的心灵关怀的需要得不到满足，找不到人生的意义和乐趣时，自杀事件和犯罪事件就会在这些留守儿童身上频频发生，前者是对自己生命的彻底放弃，后者是对他人生命的伤害，这些都是他们心灵关怀缺失的极端表现。在生命不知如何活，生活不知如何过的情况下，人的生命航向就会偏离正常轨道，从而迷失方向。留守儿童心灵关怀缺失的日常表现就是弥散在诸多留守儿童日常生活中的"无聊"感，这种"无聊"感致使他们缺少了对生活应有的热情，他们的生活也变得枯燥无味。另外，留守儿童厌学、逃

---

[1] 阮梅著：《世纪之痛——中国农村留守儿童调查》，人民文学出版社 2008 年版，第 37 页。

[2] [奥] 弗洛伊德等著，吕陈君主编：《心灵简史》，中国言实出版社 2008 年版，第 80—81 页。

学、辍学等，也是他们缺失心灵关怀、缺少生命与生活意义和价值追求的一种表现。

（一）自杀

2015年6月9日，贵州毕节4名儿童在家中疑似农药中毒，经抢救无效死亡。4个孩子1男3女，是留守在家无大人照顾的四兄妹，最大的哥哥13岁，最小的妹妹5岁。经公安机关现场勘察和尸检，4名儿童均系口服敌敌畏中毒身亡，排除他杀可能。"谢谢你们的好意，我知道你们对我的好，但是我该走了。我曾经发誓活不过15岁，死亡是我多年的梦想，今天清零了！"哥哥留下的遗书，其中有这样的语句。①

2014年1月20日，安徽省望江县9岁留守儿童小林（化名）在放寒假当天晚上上吊自杀。就在这一天，他听到了母亲今年又不回家过年的消息。这一天，离2014年春节仅仅还有11天。小林在刚出生20多天就成了留守儿童：父亲一直在外打工，母亲带着他回到外公外婆和舅舅家居住。两年前，小林父母离异后，母亲也出去打工，并且父母都已经分别组建新的家庭，父亲甚至又有了一个孩子。小林在父母离异时被判给母亲抚养，由于母亲重新组建了家庭，他跟外公外婆一起生活。小林就读的华阳镇中心学校杨校长说，小林在学校比大多数孩子要听话得多，"他也知道，自己爸妈离婚了，又都有新家了，没人护着他。其他留守儿童的爸妈都会常常打电话给孩子，也会跟老师联系，所以孩子能感受到亲情。但是小林都没有。"②

2010年7月2日，陕西省扶风县杏林镇5名小学六年级学生相约到一古庙前喝农药自杀。幸亏被路过的村民发现，送往医院。2名学生经抢救后脱离危险。其他3人检查无恙后回

---

① 《什么是压垮毕节四兄妹的最后一根稻草》，http://news.ifeng.com/a/20150616/43982508_0.shtml? wratingModule=1_9_1.2015—06—30。
② 《9岁留守儿童自缢续：父亲拒绝为其守灵》，http://news.sina.com.cn/s/2014—01—25/105629342711.shtml.2014—06—13。

家。其中，5名小学生中有4名是留守儿童。①

2010年5月19日，湖北忠县石宝镇小旭（化名）服毒自杀，原因是父亲不同意他留级复读。当在外打工的父亲风尘仆仆地赶回家欲说服儿子不要复读时，却看到了儿子留给他的遗书，"当你们看到这封信时，我已经到了另一个世界。很感谢爷爷奶奶给我的爱，这种爱甚至多于我父母……如果有来世，我愿意做爷爷奶奶的好孙子，爸爸妈妈的好儿子……如果你们不逼我，也许是另外一种情况。"②

2010年7月26日下午，刚从安徽老家来厦和父母团聚没几天的14岁少年陶志从出租屋内跳楼自杀，是什么原因让他跳得这么义无反顾呢？记者在随后的调查中发现，这些留守儿童中多数孩子与父母聚少离多，只有不到三成孩子一直跟在父母身边，而且有近半父母不知孩子需要什么，超九成家长认为孩子太叛逆。骨肉难得相聚却又上演人间悲剧，着实令人唏嘘不已。陶志偷钱买手机的真正原因是想回乡下后跟父母联系，而不是赶时髦。但是，留守儿童跟父母长期的分离，相互之间缺乏最基本的沟通，导致他们与父母之间成为"熟悉的陌生人"或"陌生的熟悉人"，这种心理隔阂和认同错位，使得极小的问题也容易碰触孩子们那颗容易破碎的心灵。③

……

这些是媒体中报道的诸多留守儿童自杀案例中的五则。从以上案例中，我们分明能够强烈地感受到这些留守儿童对自己生命的漠然，而导致他们走向自杀的直接原因在于父母外出打工，造成他们跟父母之间心灵上的沟通和交流的匮乏，他们难以从父母那里获得心灵上的理解和支持，体验不到生活的乐趣和希望。社会学家迪尔

---

① 《陕西扶风5名小学生相约喝药自杀 多为留守儿童》，载《华商报》2010年7月5日。

② 《初中男生留下遗书服毒自杀 因想留级遭家人反对》，http://news.sohu.com/20100601/n272488080.shtml，2010—07—15。

③ 《二元体制是留守儿童自杀的元凶》，http://www.fjsen.com/r/2010—08/02/content_3573884.htm，2011—01—22。

凯姆在《自杀论》一书中认为，"任何由死者自己所采取的积极的或消极的行动直接或间接地引起的死亡都叫作自杀。"① 而且，"通俗地讲，自杀首先是一个再也活不下去的人在绝望时所采取的行动。"② 自杀是一种行为，它是死者本人选择的结束自己生命的行动。而人为什么要选择自杀呢？原因在于人对生活的绝望。一个对生命和生活满怀着希望和信心的人是不可能去自杀的，因为他还有认定的事情去做，有活着的理由和根据。自杀本身就是个人的生命和生活意义缺失的表现，是对生活绝望的体现。迪尔凯姆还认为，自杀既不是心理因素导致的，也不是自然因素导致的，而是由社会因素导致的。他把自杀分为利己主义自杀、利他主义自杀和反常型自杀三类。前两种自杀行为分别是在社会发展为个人主义和集体主义阶段出现，第三种自杀行为是在"当社会对个人感情和活动的调节失衡时……当社会的稳定状态被打破时，个人的感情和活动的稳定性就会受到很大的冲击，欲望得到满足的预期和欲望实际被满足的情况不相符，最终将导致自杀率的上升"③。当前，我国正处于社会转型时期，随着改革开放的深入推进，全球化步伐的加快，西方的文化价值理念也渗透进来，对我们造成了一定的冲击，原来的社会生活模式、价值观念等还没有完全消失，而新的社会价值理念也没有建立起来，文化多元、价值多元等成了当下中国社会转型时期的独特特征。社会的稳定性被打破，人们的行为选择失去了参照，精神没有归属感，社会对人们的情感和需求也很难调节，因此，反常型自杀更容易发生。

事实上，自杀既是社会因素使然，也是个人因素使然。一方面，社会是个人生活其中的环境条件，限定了人们生活的物质、精神和文化条件，对人们的行为选择也给出了一定的规约和限制。另一方面，个人生活于社会环境条件之下，他在社会环境的际遇中可以有多种选择，这完全取决于他自身对生活遭遇本身的理解，以及

---

①② ［法］埃米尔·迪尔凯姆著，冯韵文译：《自杀论》，商务印书馆 1996 年版，第 8、9 页。
③ 孔文玉：《〈自杀论〉的内在逻辑与现实意义》，载《重庆科技学院学报（社会科学版）》2010 年第 6 期。

对自己生命和生活的意义和价值的认定。因此,在同一种社会环境际遇之下,不同的人可能有不同的行为选择。正如迪尔凯姆所言,自杀首先是人们对生活绝望时所采取的行动。而对生命和生活的价值的认定,对个人的生命和生活意义的追求则是杜绝自杀行为产生的根本基础。

留守儿童父母双方或一方的离开,使得他们原有的完整的家庭生活被肢解,留守儿童本应该享有的父爱或母爱缺失,亲情需要得不到满足,他们的精神和情感世界倒塌,而且,伴随城市化进程的迅速推进,城乡文化之间的冲突显性化,留守儿童受到多重文化的冲击,部分留守儿童的情感世界和精神世界归属感更容易出现危机,在危机不能得到及时化解时则会导致他们走向自杀。确切地讲,留守儿童的自杀行为也是留守儿童对生活"绝望"时的一种行为选择,而在绝望背后是他们的精神世界的脆弱和虚空。留守儿童父母和教师给予留守儿童心灵和精神世界的关怀,帮助他们重建精神世界,让他们发现和体验到生活的乐趣和希望,是避免他们走向自杀的根本选择。

(二)犯罪

2004年公安部的调查显示了两个"大多数":全国未成年人受侵害及自身犯罪的案例大多数在农村,其中大多数又是留守儿童。① 留守儿童犯罪问题从而引起了全社会的广泛关注。犯罪是以身试法,是对国家法律的公然对抗,也会得到法律的相应制裁。那么,这些留守儿童为什么会走上犯罪道路呢?犯罪学家李斯特指出,犯罪"无论哪种情况,从最轻微的到最残忍的,都不外乎是犯罪者的生理状态,其所处的自然条件和其出生、生活或工作于其中的社会环境三种因素相互作用的结果"②。因此,我们可以从生理条件、家庭环境、学校环境、社会环境等方面来对留守儿童的犯罪现象进行分析。

---

① 《留守儿童:农村未成年人犯罪问题之警钟》,http://www.isinolaw.com/CMS/forum/Posted_ch.jsp? forumid=100069.2010-07-16。

② 骆裴娅:《"留守儿童"犯罪问题研究》,载《重庆工学院学报(社会科学版)》2009年第8期。

从年龄方面来讲，留守儿童属于未成年人群体，身心发展还未成熟，尤其是他们的人生观、价值观、世界观等还处在形成之中，对外界事务的辨别和判断能力、意志力等都还比较弱，容易受不良暗示的影响和走向犯罪道路。研究还发现，留守儿童犯罪年龄呈现出低龄化倾向。① 从家庭环境方面来讲，父母无力把子女带到城市生活的留守儿童家庭经济条件都相对比较差。这些留守儿童长年跟爷爷奶奶一起生活或在亲戚朋友的照顾下生活，缺少父母亲的亲情和关爱，祖辈跟孙辈之间由于年龄差距，在心理沟通上存在障碍，也由于大多数祖辈对孙辈的溺爱心理，使得祖辈难以履行家庭教育的责任，受亲戚照顾的留守儿童也往往由于亲戚忙于自身事务而不能够给予他们足够的关心和爱护。因此，从总体上来讲，犯罪留守儿童的家庭教育方面是极度缺失和缺位的。从学校环境方面来讲，犯罪留守儿童在学校里的表现往往比较差，学习成绩差，行为习惯差，因此这些留守儿童在学校教育体制里是很难体验到成功感和成就感的。20世纪50—60年代，美国著名犯罪学家特拉维斯·赫希研究发现，青少年犯罪大都具有"学习能力差—学习成绩差—不喜欢学校—抵制学校权威—发生青少年犯罪行为"这样一个行为链条。② 犯罪留守儿童往往是学校教育中的失败者，是被教师和同学看不起或忽视的角色。由于他们在学校里无法获得成就感，他们自然会经常违反学校纪律。而且，青少年正是处于精力相当旺盛的年龄阶段，内在的精力要得到一个释放的途径和渠道。当这部分留守儿童不能在学校获得精力释放的合理途径时，往往就会把注意力转移到学习以外的事情上，比如结交江湖朋友、沉迷网络游戏、参与不正当团伙等歪门邪道事情上去。从社会环境方面来讲，当前中国正处于社会转型时期，传统元素、现代元素和后现代元素交织混杂在一起，旧的价值体系基本瓦解，而新的价值体系还没有建立起来，容易导致人们自身价值选择的混乱、错位，甚至陷入价值相对

---

① 《农村留守儿童"团伙犯罪"不容忽视》，载《中国教育报》2009年7月1日。
② [美] 特拉维斯·赫希著，吴宗宪译：《少年犯罪原因探讨》，中国国际广播出版社1997年版，第115页。

主义的泥沼,也难以有助于留守儿童健康价值观的形成和树立。而且,电子媒介技术的迅速发展,信息传播的渠道和速度加快,尤其是影视、网络等电子媒介所渲染的色情、暴力等情节,更给留守儿童产生犯罪念头留下了丰富的想象空间。由于留守儿童的家庭监管通常缺失或空缺,很多留守儿童的课余时间就沉迷于电视、网络之中。2005年11月,浙江苍南县破获了一个由农村未成年人组成的"七匹狼"犯罪团伙,这个团伙涉案300余起,其中包括收保护费、绑架、抢劫、强奸、盗窃、寻衅滋事、故意伤害等违法犯罪活动。令人震惊的是,7人中就有6个是留守儿童,当年他们的年龄在十四五岁。而且,他们所做的这些事都是从电视、网络上学的。① 从犯罪留守儿童自身来讲,他们走向犯罪道路正是他们的思想观念、价值观念扭曲和变态的体现,他们基本没有形成正确的善、恶观念,没有对生命的尊重意识。在根本的意义上,农村留守儿童犯罪是留守儿童自身的精神价值世界虚空和无意义的体现,他们对生活和生命意义的迷失是其走向犯罪道路的根本原因。

犯罪学学者娜丽·J.西格尔在《青少年犯罪》一书中指出,"由于学校之宗旨在于陶冶人的情操,又由于青少年大部分时间在学校度过,青少年犯罪和学校之间存在某种关系看来是符合逻辑的。"② 犯罪留守儿童基本都处于学龄期,我们必然要从学校教育的角度来思考和分析留守儿童犯罪问题。在当前中国城乡二元体制的现实国情之下,城乡发展极为不均衡,农村总体上处于劣势和不利境地。这导致农村学校本身的发展困难重重,教育经费紧缺、师资力量薄弱,加上中小学还是以"应试教育"为主导的教育氛围,教师关注的主要还是学业成绩,使得留守儿童在学校教育中难以得到特殊的精神和情感上的关怀与爱护,尤其缺少对留守儿童如何面对留守生活时在思想、心理等方面的教育和引导。一位农村教师这样讲道:"中小学教师是人,不是神,在对待留守儿童教育问题方

---

① 聂茂、厉雷、李华军著:《伤村》,人民日报出版社2008年版,第74—78页。
② 骆裴娅:《"留守儿童"犯罪问题研究》,载《重庆工学院学报(社会科学版)》2009年第8期。

面，难免有这样那样的遗憾。比如，有的教师奉献精神不够，对学生关心不足；有的教师片面追求学习成绩，对留守儿童品德培养和心理健康不够重视；有的教师不思进取，得过且过，对留守儿童无计可施。最令人担心的是，一些教师对留守儿童抱怨得多，关爱得少。"① 可见，诸多留守儿童在家庭亲情缺失的情况下，在学校教育中也是很难获得一定的心理上的抚慰和关爱的，这种双重性的教育缺位，造成了他们精神世界引领上的缺失和缺位，在很大程度上，这也是导致留守儿童犯罪的重要原因。因此，农村学校作为专门化的公共教育机构，学校教育是留守儿童教育的重要组成部分，农村学校和教师要勇于肩负起促进留守儿童精神世界丰满和生命意义生成的责任。

(三) 生活中的"无聊"感

"无聊"一词时下已经成为青少年学生中的一句口头语，他们外在的表现就是对学习没有兴趣，无所事事，爱玩等。赖升洋、林宪等学者将青少年这一发展问题命名为"无聊症候群"，它指的是一个人显出倦怠感、没力气、无聊、空虚等心理特征，在一定时期内呈现逃避现实、无精打采、对课业或工作不关心、无法发现自己的存在价值而为认同问题感到苦恼、社会退缩、对异性保持距离等症状。② 那么，究竟什么是无聊？心理学研究从唤醒水平、认知加工水平和意义水平对其进行了界定。从唤醒水平来看，米库拉斯和约旦威治（1993）认为，无聊就是一种低唤醒和不满意的状态，它是由于不充分刺激环境引起的；从认知加工水平来看，费希尔（1993）把无聊定义为一种不愉快、短暂的情感体验，个体对当前活动感到缺乏兴趣和不能集中注意力；从意义水平来看，巴巴莱特（1999）认为，无聊是对活动和生活缺乏意义的焦虑状态。心理学研究还发现，无聊跟成瘾行为呈正相关，经常感到无聊的人容易养

---

① 任运昌著：《空巢乡村的守望》，中国社会科学出版社2009年版，第237—238页。

② 杨波等：《青少年"无聊症候群"问题探讨》，载《心理与行为研究》2005年第3期。

成嗜酒、网络成瘾等行为习惯。①由此可见，无聊不仅表现为一种生理、心理现象，而且还与一个人自身的价值、精神世界相关联，表现为个人生活意义缺乏的状态。青少年学生中的无聊感根本上也是他们对自己的生活和生命意义感匮乏的表现。

面对没有父母照顾的留守生活，部分留守儿童身上也弥漫着浓浓的无聊感，感觉生活很空虚，找不到生活的乐趣、意义和价值。Y中学初二留守儿童S3是一名寡言少语的女生，她的母亲在她尚不记事时就离家出走了，父亲长年在外打工，后来再婚，一直托付二伯照管她，二伯一直单身，没有教育孩子的经验，平时对S3管理严格，关爱不足。以下是S3对家庭和学校生活体验的描述。

> 对于学校生活，我没有什么可说的，和别的同学一样，没有什么特别的事，只是心里总是觉得这样的日子很无聊，很想早点解放。可是周末在家，心里却无比怀念在学校的日子，这令我十分难解。在家里想着学校，但却不知道学校里有什么吸引我。在学校时，却又想着家里，所以，我就在思考，是什么吸引着我？除了我以外，别的学生也有这样的状况吗？老师，我这么说，也许您会觉得我很无聊。但是，为此问题，我还特意在学校和家里做了个比较，在学校，总觉得学校生活很无聊，很想回家；反之，在家里，我会感觉很无聊，很怀念学校的生活。
>
> 对于生活，我很随意，对于自己，很喜欢玩的游戏，我会忘我地玩下去，几乎达到饭可吃可不吃，觉可睡可不睡的地步。为此，我爸没少训我话，严重时还会发几句狠话，说什么砸电脑之类的话。唉，可我就是这样，我也想改啊。可是要如何改，我无从下手。

无聊感充斥在这个留守儿童家庭生活和学校生活之中，使她不知道究竟哪个环境她更喜欢，她应该更向往哪里？在家和学校之间，她无数次地比较，无数次地逃离，却始终没有逃脱。无聊的她只有沉溺于网络游戏之中，在游戏中忘却自我。事实上，在留守儿

---

① 郑美娟：《"无聊"的研究综述》，载《湖北第二师范学院学报》2008年第11期。

童中，与S3情况类似的大有人在。家庭和学校本身是他们的两个重要的生活场域，然而，在家里，父母的离开，跟父母之间缺乏充分的心理和情感上的沟通，致使家庭教育缺位；在学校，由于"应试教育"的盛行，教师往往忙于提高学生的学业成绩而无暇顾及对他们的心灵世界和价值世界的关注，致使留守儿童的心灵关怀需要得不到满足。正是父母和教师对这些留守儿童在心灵和精神生活方面的引领角色的双重缺失，使得他们不知道如何过，如何活，生活陷入无意义状态，深感生活无聊，之后，他们往往会形成沉迷网络、学会抽烟、喝酒等不良习气。也正是在这个意义上，走进留守儿童的内心世界，关注他们的心灵成长和意义世界的构筑，是农村学校德育理应承担的教育责任。

（四）厌学、逃学、辍学现象

从留守儿童的年龄结构来看，大多数留守儿童正处于义务教育阶段，学习是他们主要的生活方式。特别是对于农村学生而言，由于家庭所拥有的文化资源和社会资源比较匮乏，读书不仅可以让他们获得知识，还是他们"跳出农门"的最可靠的途径。

然而，在实际中，留守儿童群体中却存在着普遍的厌学、逃学、辍学现象。Y中学初二留守儿童S6告诉笔者，每天面对各科那么多作业，她经常会感觉自己的头要爆炸了，不知从何下手，就常抄写别人的答案。她说，她讨厌学校，在学校里她什么都得忍着，只有回到家里，她才感到很放松。教师T3讲到，Y中学附近有两家网吧，学校曾突击进网吧检查，结果发现逃学外出上网的学生绝大多数是留守儿童，他们的学习成绩普遍较差，在学校里不受重视，只好在网络游戏中去体验成功。2014年笔者在陕西省凤翔县柳林镇中学调研中了解到，全校每年都会流失十几名学生，而且，辍学学生基本上都是留守儿童，他们辍学后要么跟父母外出打工，要么变成社会小混混，不务正业，整天闲逛。有学者对重庆市开县X村的调研发现，"对于X村留守儿童而言，除了极少数继续读书和参军以外，他们的未来主要为四个走向：在家务农、外出打工、色情服务和灰色混混"，"根据镇中学黎老师介绍，在他所教的几届学生中，X村就已近80名女生出去打工，除了少部分是正常职业以外，其余的几乎都是在不正规场所就业。潜台词很明白，那就是从事色情服务。2006年5月就有三个外出打工的妇女从广东赶回来，把正读初二的女儿带到发廊里打工去了，另一个女生马上就要参加中考，家长说做事来钱快，读书还要交钱，反正也考不上大学，结果硬是不让孩子参加毕业考试就带走了"。①

《义务教育法》明确规定，义务教育是由父母、学校和社会为每个适龄儿童保障实施的教育。绝大部分留守儿童正处在义务教育阶段，因此，家庭、学校和社会都对留守儿童辍学现象的发生负有难以推卸的法律责任。在这里我们暂且不对家庭、学校和社会对在义务教育阶段的留守儿童流失现象应承担的法律责任做具体分析，而是想从留守儿童自身的角度来分析他们为什么会厌学、逃学和辍学。假如他们生活在一个完整的家庭里，享有完整的家庭生活，以及父母的细心的监管、关爱和呵护，当他们有厌学的情绪、逃学的举动和辍学的倾向时，父母能够给予及时的询问和教导的话，他们显然就不会辍学；假如学校教师能够一视同仁地对待每个学生，能够让每个学生在学生里获得成功的体验，特别是能够考虑到留守儿童父母不在身边的情况，给予留守儿童一些特别的关照和爱护，让他们能够感受到教师给予的情感和心理上的慰藉和温暖的话，他们显然也不会辍学。事实上，导致义务教育阶段留守儿童流失的主要原因在于他们心灵关怀的缺失，也就是说感受不到来自父母和教师给予他们的关爱和支持，这才是促使他们厌学、逃学和辍学的真正原因。

三、心灵关怀：农村学校德育的应然取向

2004年，俄罗斯联邦教育部针对俄罗斯社会转型时期出现的大量处境不利儿童群体问题颁布了《处境不利儿童精神、道德、智慧发展规划》。从总体上来看，俄罗斯不仅重视对处境不利儿童的物质关怀，还非常重视对他们的精神关怀，而且特别强调学校在关怀处境不利儿童心灵成长中的重要地位。俄罗斯本身具有人道主义

---

① 赵建：《西部农村"留守儿童"厌学现状成因分析与对策探讨》，载《青年探索》2009年第3期。

的优良传统,在关怀处境不利儿童教育方面体现得很明显。在俄罗斯,有按照不同处境不利儿童群体设立的独立群体的社会收容教学——教养学校、融磁学校、心灵康复学校、普通寄宿学校等来接纳这些处境不利儿童。教育机构中用于处境不利儿童的生活和学习费用完全由国家承担。而且,俄罗斯还非常重视处境不利儿童的补偿教育问题,在补偿教育机构里这些儿童的天赋可以得到发展。俄罗斯伦理学家恰尔科夫就认为,"学校是关怀处境不利儿童的重要情感场域,强调关怀体系的相互理解和尊重,突出学校关怀的具体性和个体性,以此彰显学校关怀的价值和意义,只有重视学校关怀,才能实现处境不利儿童的多种生存可能性。"[1] 可见,重视和珍视学校教育中给予处境不利儿童的关怀是俄罗斯解决处境不利儿童问题的根本思路。

俄罗斯在解决处境不利儿童问题方面的做法,对我们解决留守儿童问题具有重要的启迪及借鉴意义和价值。对于留守儿童来讲,留守生活是他们所面对的一种现实的处境和遭遇,父母的离开、亲情的缺失、家庭教育的缺位等给他们带来了许多的不安、苦恼和困惑。我们都明白,留守儿童问题是农民工问题的衍生物,而农民工问题是中国城市化进程中特殊的产物,根源在于中国城乡二元社会结构体制。然而,尽管目前城乡二元社会结构体制已经有所松动,但是,这种体制的彻底瓦解还路途遥远。这就意味着农民工问题在很短时间内不会得到彻底解决,也就意味着留守儿童问题也将长期存在,这是由中国当前的具体国情所决定的。从前面的分析中我们已经知道,本来应该由家庭、社区和学校共同来承担的留守儿童的教育责任,现在已经基本上完全向学校让渡,"使得学校教育往往承担着儿童教育的全部责任,对教师的教育责任和期待也被空前提高。"[2] 留守儿童中绝大多数正处于九年义务教育年龄段内,尤其是在农村学校寄宿的留守儿童,他们除过周末外的所有时间,基本

---

[1] 乌云特娜:《俄罗斯针对处境不利儿童实施学校关怀的分析》,载《当代教育科学》2009年第4期。

[2] 葛春:《变革背景下的农村教师"体制内生存"与日常反抗》,南京师范大学2010年博士学位论文。

上都是在学校度过的,学校生活是他们生命成长的重要组成部分。正是在这个意义上,我们要充分估计和重视农村学校教育对留守儿童健康成长和发展的意义和价值,从农村学校对留守儿童教育责任担当角度来探讨留守儿童教育问题解决的应有出路。

近些年来,留守儿童自杀、犯罪的现象增多,以及弥漫在他们日常生活中的"无聊"感,厌学、逃学和辍学现象等都是留守儿童心灵关怀缺失的极端表现和日常表现。然而,在当前中小学盛行"应试教育"的现实情况下,学校和教师往往注重的是学生的考试成绩,忽视了对学生心理、情感和心灵的真正关怀。而且,由于人的心理、精神和情感属于人的内在性向,留守儿童心灵关怀缺失问题是以隐性方式存在着的。在实际中,留守儿童心灵关怀缺失的问题往往也难以引起学校和教师的足够的注意和重视,留守儿童心灵关怀的需要在学校里也难以得到满足。但是,心灵关怀缺失是当前表现在诸多留守儿童身上的一个显著的现象,这将直接关涉留守儿童幸福生活的达成和实现。"德育是要给人生活的信心,给人生活的尊严,让人体会到生活的意义和价值,活着是有用的,当然不是一个人单独活着,而是和他人一起活着,大家共同成长。"① 当代关怀伦理学大师内尔·诺丁斯认为,"关怀是人类生活中的一个基本要素,不可以被视为可有可无的——确实所有的人都需要关怀。"② 关注留守儿童的精神世界、关注他们的生活意义和价值的生成问题是当前留守儿童学校德育的一种应有的价值取向。我们要致力于唤醒留守儿童的心灵,激发他们生存和生命的潜能,引导他们理解和探寻生命与生活的意义和价值,奠定生存和生命可持续发展的坚实基础。对于教师来讲,他们如何理解人、如何理解人性、如何在日常的学校生活之中给予留守儿童以充分的尊重和理解、如何关注他们的内心体验和感受、如何激发他们内在的生命意志,以及如何引导留守儿童理解他们的留守生活和生成生活意义等是留守

---

① 朱小蔓教授在 2009 年 6 月 14 日电话授课内容。
② [美] 内尔·诺丁斯著,候晶晶译:《始于家庭:关怀与社会政策》,教育科学出版社 2006 年版,第 11 页。

儿童学校德育是否能够取得成功的关键所在。人不仅是一种生理性存在,在根本上是一种意义性存在。"人的存在从来就不是纯粹的存在;它总是牵涉到意义。意义的向度(dimension)是做人所固有的,正如空间的向度对于恒星和石头来说是固有的一样。"① 意义是人存在的根据和动力。只有当留守儿童感悟和体验到生命和生活的意义和价值时,他们才能够勇敢地、积极地去迎接留守生活,体验到生活的乐趣,从而获得生活幸福。正是在这层意义上,我们认为,心灵关怀是农村学校德育的应有取向。

---

① [美]赫舍尔著,隗仁莲译,陈维正校:《人是谁》,贵州人民出版社1994年版,第46页。

第二章　心灵关怀取向的农村学校德育解读

　　心灵关怀缺失是留守儿童的特殊表现，在留守儿童家庭教育普遍缺位和农村社区教育还很不完善的情况下，农村学校则肩负着更大的教育责任，更为重要的是，给予留守儿童心灵关怀成为农村学校德育的一种必然的伦理诉求。"实践证明，对弱势儿童群体而言，心灵的抚慰和关怀、精神扶贫比物质扶贫更重要，更有现实价值。帮助他们建立积极的精神状态，确立自信、自立、自强的信念，激发和培养他们自尊自强，树立他们远大的人生理想，使其有动力、有能力实现自我发展，效果要比单纯的物质资助强得多。"① 心灵本身是一种内在的、精神性的现象，给予留守儿童心灵关怀就是要让他们的精神世界充满阳光和希望，获得精神愉悦和生活的乐趣。当我们立足农村学校德育的视角来探讨留守儿童的心灵关怀问题时，就需要对心灵关怀的内涵做出界定，清楚在农村学校里教师对留守儿童心灵关怀行动的基本特征和留守儿童心灵关怀缺失问题的特征，并要分析对留守儿童心灵关怀德育意蕴的体现。在本章中，我们将对这些基本问题进行探讨，为对留守儿童心灵关怀德育问题的进一步分析奠定理论基础。

---

① 涂艳国主编：《中国儿童教育 30 年：1978—2008》，湖南师范大学出版社 2008 年版，第 135 页。

第一节　心灵关怀概念辨析

一、对心灵和关怀的理解

（一）什么是心灵

究竟何谓心灵？要对此有所了解，必不能脱离对身心关系的认识。总体上讲，人是由身体与心灵两部分构成的，身体是可以触摸得到的一种物质状态，心灵则是不能触摸得到，但却是确实存在的一种物质状态，它是"潜能，是精神，也是一种物质，一种看不见的潜在物质，一种虚空的客观存在"①。可以这样讲，心灵是与身体的、肉身的、物质的相对应的一种精神层面的存在物，它是人之为人之所在。从人的存在状态来讲，人的存在就是现实存在和精神存在的双重性存在，人的现实存在是指人的身体的、肉身的、物质的存在，而人的精神存在是指人的心灵的存在。毫无疑问，身体和心灵是每个人的组成部分，而且，"人之所以为人，独在此心，不其然乎"②。鲁迅的诗《有的人》中也讲道："有的人活着，他已经死了；有的人死了，他还活着。"这里讲到了两种人，前者是身体虽然活着，但是精神已经死去的人，而后者是身体虽然死了，但是精神还活着的人，深刻地指出人的精神、心灵的存在是人之所以为人之根本。

事实上，对心灵的理解通常还包含哲学的理解和宗教的理解。哲学主要把心灵理解为理性、理智，世界的观念基础，心灵是超感性世界的理性认识和观念。宗教则是从神学角度把心灵理解为上帝赋予人的最高生命力量，是来自另一个世界的神对人的恩典，带有强烈的神秘色彩。的确，"心灵虽无形而常在，无象而常有。极而言之，心灵是具有高度灵活性和敏捷性、随事物的变化而变化、应

---

① 马建勋著：《心灵哲学》，作家出版社2003年版，第18页。
② 梁漱溟著：《人心与人生》，上海人民出版社2005年版，第15页。

外界的动静而动静的精神本体,是高层次、能量性的物质状态。"①总而言之,心灵是超越于自然生命的灵性之气,是人的生命根基,它来源于生命,与生命交相感应,互为影响,是一个人的内在的精神世界。

那么,概括地讲,心灵具有哪些特性呢?梁漱溟在《人心与人生》一书中指出:"扼要地问一句:何谓心?心非一物也;其义则主宰之义也。主谓主动;宰谓宰制;从自体言之,则曰主动;其实一义也。"②梁漱溟认为人心的最重要特征是自觉的能动性,人生也是践行人心之理的过程。美国当代哲学家塞尔对心灵的认识与其似有相通之处,在他看来,"心灵的首要的和最根本的特征是意识性",而意识性就是人的知觉的或清醒的状态,人的意识状态具有三个基本特征,即内在的、质的和主观的。③在他看来,意识是人类特定存在的中心事实,在意识存在的基础上,我们人类的语言、爱、幽默等才得以存在。可见,塞尔也强调心灵自身的能动性。俄罗斯伦理学家恰尔科夫在谈到对俄罗斯留守儿童的心灵关怀问题时认为,"心灵不是物质或自然界,不是死板的、固定的、毫无生气的东西,而是主动的、能动的活动。"④综而观之,不论是梁漱溟所讲的人心的自觉能动性,还是塞尔所讲的心灵的意识性,以及恰尔科夫所讲的心灵的主动性和能动性,都强调的是心灵的根本特征是一种主体性或主动性,即心灵具有自觉地应对外界变化的灵动性和能动性,这也正是人之存在的根本所在。

(二)什么是关怀

美国当代关怀伦理学家诺丁斯认为:"我们一方面觉得可以自由做决定,一方面我们仍知道我们和亲密他人是不可取消地联系在

---

① ④ 朱小蔓等主编:《当代俄罗斯教育理论思潮》,教育科学出版社2009年版,第222页。

② 梁漱溟著:《人心与人生》,上海人民出版社2005年版,第26—27页。

③ [美]约翰·塞尔著,李步楼译:《心灵、语言和社会》,上海译文出版社2001年版,第40页。

一起的。这种联系，这种基本的关系，是我们存在的核心。"① 她还指出，人自出生甚至受孕开始就处于一种受保护的关系之中，胎儿与母亲之间的关系是最初的人际关系，随着年龄增长和生活范围的扩大，生活关系更加丰富和广泛，关系性存在是人的根本的存在方式。诺丁斯还指出，人不仅是以关系的形式存在着，而且，维系关系的是关怀，这是因为"关怀是人类生活中的一个基本要素，不可以被视为可有可无的——确实所有的人都希望得到关怀"②。那么，何谓关怀呢？关怀是一种情感表达，也是人类的一种基本情感，它更是人类与生俱来的情感能力，是人与人之间的心灵上的共鸣，是一种情感交换能力。在人与人的相处和交往中，关怀是维持良好的人际关系的基本要素。关怀通常是一种"投注或全身心投入"的状态，"即在精神上有某种责任感，对某事或某人抱有担心和牵挂感"，关怀意味着对某事或某人负责，保护其利益、促进其发展。③ 而且，"关怀他人，最有意义的，就是助他成长和自我实现"④。因此，助人成长是关怀的根本价值所在。

关怀是每个人所需要的，被关怀是每个人的愿望。在人际交往和互动中，在一定程度上来讲，关怀也是对个体存在价值的关注和承认。虽然人人都需要关怀，但是，在实际中，人们对关怀的需要和渴望的表现有时是显性的需要，有时是隐性的需要。关怀性人际关系是满足个体关怀需要的保障。一般来讲，关怀性关系是双向的，不是单向的，它要求双方的相遇，要求他们在社会情境中沟通与交往，构成相互的心灵唤醒体系。存在主义哲学家布贝尔深刻地指出，关怀性关系中人与人之间不是"我"与"他"的关系，而是"我"与"你"的关系，而且"凡真实的人生皆是相遇"，"我实现

---

① Noddings, N., *Caring a Feminine Approach to Ethics and Moral Education*, University of California Press, 1984, p.51.

② ［美］内尔·诺丁斯著，侯晶晶译：《始于家庭：关怀与社会政策》，教育科学出版社2006年版，第11页。

③ 侯晶晶著：《关怀德育论》，人民教育出版社2005年版，第65页。

④ Mayeroff, M., *On Caring*, Harper Perennial, A Division of Harper Collins Publishers, 1990, p.1.

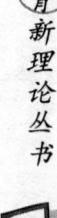

'我'而接近'你';在实现'我'的过程中讲出了'你'"。① 关怀性关系是双方在相遇中都达到自我价值实现的过程和结果。诺丁斯认为,在人际交往和互动过程中,一个关怀性相遇关系的形成通常要经历这样三个阶段:

① A 关怀 B,即 A 的意识特征是关注与动机移置,而且

② A 做出与①相符的行为,而且

③ B 承认 A 关怀 B。②

在这个过程中,关怀者对被关怀者的关怀在其意识上表现为关注和动机移置,而被关怀者对关怀者对其的关怀的回应在其意识上表现为承认和接受。如果没有被关怀者对关怀者的回应,关怀者通常会感到失望、疲惫和力不从心。因此,关怀者在关怀被关怀者的过程中获得对方的承认,对关怀关系的形成发挥着重要和关键的作用。实际中,在许多成熟的关系中,关怀关系往往是相互性的,A 关怀 B,并被 B 所承认和接受,反过来,B 也会关怀 A,A 也会承认和接受 B 对其的关怀,这样,关怀性关系才能够建立和维系。需要指出的是,在一些特殊的社会情境中,这种相互性是不可能的。例如,在父母和年幼的子女之间、在师生之间、在医患之间,所有这些关系必然是不对称的,主要表现为父母对子女的关怀、教师对学生的关怀、医生对患者的关怀。但是,不可否认,其中也会有一定的相互性,被关怀者对关怀关系也会有重要的贡献。当然,在本研究中留守儿童属于未成年人,这就决定了在指向留守儿童心灵关怀的学校德育中,教师和留守儿童之间也必然在更大程度上是一种单向性的、不对称的关怀关系,强调的是教师对留守儿童的关怀。

诺丁斯认为,在道德教育中,教师培养学生的关怀意识和能力时要重视以下四个要素。一是榜样,即教师以身作则让学生了解什

---

① [德] 马丁·布伯著,陈维刚译:《我与你》,生活·读书·新知三联书店 1986 年版,第 27 页。

② [美] 内尔·诺丁斯著,侯晶晶译:《始于家庭:关怀与社会政策》,教育科学出版社 2006 年版,第 16 页。

么是关怀，为学生做好楷模和榜样；二是对话，即教师通过对话更深入地设身处地地了解对方，才能更好地关怀对方，而且，她非常强调日常生活中的对话在了解被关怀者过程中的作用；三是实践，即教师要让学生参加关怀他人的实践，让学生在实践中增强对关怀的认识和提升关怀能力；四是肯定。马丁·布伯将肯定描述为一种对他人的确认和鼓励，也就是说教师要善于发现学生身上存在的优点和闪光点。诺丁斯还指出，在关怀过程中还必须注意做到以下几点。第一，关怀者需要对对方有相当的了解；第二，不能用单一的标准要求每一个人；第三，必须认定是值得推崇的优点，然后才加以发掘、倡扬；第四，同意德里达的"让他者成为他者"的观点，即帮助他人是把他人当作他者，帮助他人是为了让他者做得更好。

诺丁斯还把关怀分为两类：一是自然关怀，二是道德关怀。自然关怀是指伴随人的感受力活动而产生的自然情感，是任何人都具有的一种情感，虽非德性深厚、秉性仁慈的人所特有的，但它是道德关怀的生物基础。比如，对弱势儿童或处境不利儿童的关怀，如果人们仅仅是借助自身的感受力，站在他们的立场，考察他们的境遇时自然而然产生的关怀性情感，就属于自然关怀。这是任何一个人与生俱来就具有的情感能力。这与孟子所讲的"四端"一样是天赋的。"恻隐之心，人皆有之；羞恶之心，人皆有之；恭敬之心，人皆有之；是非之心，人皆有之。恻隐之心，仁也；羞恶之心，义也；恭敬之心，礼也；是非之心，智也。仁义礼智，非由外铄我也，我固有之也，弗思耳矣。"（《告子上》）"人之有是四端也，犹其有四体也。"（《公孙丑上》）因此，自然关怀是每个人天生就具有的。

道德关怀是指需要经过道德努力而做出的关怀行为，它与关怀行为产生的具体情境密切相关。俄罗斯伦理学家恰尔科夫认为："关怀是人类与生俱来的一种情感能力，但是离开了各种各样的情境，我们无法判断关怀的道德性，也就是说，一个人的关怀之心如

果要与道德性挂钩，就必须放在某种社会情境中才能实现。"① 恰尔科夫非常强调情境在判断一种关怀是自然关怀抑或是道德关怀中的重要性。如果人们出于道德的考虑，并通过道德努力表达的关怀肯定就属于道德关怀，这说明了人们要具备道德关怀能力是需要克服一定困难的，道德关怀是与困难相联系的。我们可以以给乞丐施舍为例来讨论自然关怀和道德关怀的区别。看到乞丐的困窘的生活处境，人们都会油然而生一种关怀之情，给他们一些钱物表达关怀，这是自然关怀；如果有一个人自身的经济就很拮据，但是仍然能够给予乞丐钱物，这就属于道德关怀。具体到留守儿童教育中来讲，由于中国城乡发展不均衡，农村教师处境相对比较差，再加上"应试教育"导致教师普遍对学生心理、情感等方面的忽视，在这种境遇下教师需要克服更多的困难才可能满足留守儿童心灵关怀的需要，正因为如此，教师对留守儿童的心灵关怀更多的应是道德关怀。

二、心灵关怀的内涵和特征

俄罗斯伦理学家恰尔科夫在谈到对俄罗斯处境不利儿童的心灵关怀时认为："心灵关怀就是要求关怀者将意识指向意义，用情感去体验，以思维去反思心灵活动，护卫心灵，安抚心灵，提升心灵境界，进而让被关怀者感受到生命的意义价值，从而建构认识主体，纯化自己的心灵。"② 可见，心灵关怀的目标在于唤醒和激发处境不利儿童的心灵，调动他们的"自觉能动性"，在其生活环境中创造出新的生命个体，"帮助他成长并实现自我"。③ 实际上，心灵关怀必须以情感为媒介，作为关怀者的成人要对处境不利儿童的具体的生活境遇予以积极的情感投入和反应，能够设身处地去体验他们的生存境遇，如果缺乏关怀者自身的情感投入和反应的话，一切关怀都会变成死板的、感情贫乏的、无效的关怀。

---

①② 朱小蔓等主编：《当代俄罗斯教育理论思潮》，教育科学出版社 2009 年版，第 222、222—223 页。

③ [美] 内尔·诺丁斯著，侯晶晶译：《始于家庭：关怀与社会政策》，教育科学出版社 2006 年版，第 19 页。

恰尔科夫对处境不利儿童的心灵关怀的定义，对我们界定在农村学校里教师对留守儿童心灵关怀的内涵有一定的参考和借鉴价值。我们可以把在农村学校里教师对留守儿童的心灵关怀理解为是教师在对留守儿童的留守生活处境关注的基础上，对他们投注积极的情感反应，使他们感受到情感的慰藉，唤醒他们的心灵，激发他们自身的心灵的"自觉能动性"，形成健康的积极心态，使他们自信、自强，从而积极面对和顺利度过留守生活，获得健康成长和发展。也就是说，对留守儿童心灵关怀的目的在于教师要唤醒和激发他们内在的主动性和积极性，充分发挥关怀的助人性价值，帮助留守儿童健康成长并获得自我实现。

由于留守儿童教育本身的特殊性，教师对留守儿童的心灵关怀呈现出以下六种基本特征。

第一，从关怀的方向上来讲，教师对留守儿童的心灵关怀更多地呈现出单向性和不对称性。一般来讲，关怀性关系是双向性的，是双方都向对方施以关怀，关怀性关系才能够建立、维持和发展。但是，由于留守儿童是未成年群体，他们本身需要来自成人的照顾，而关怀他人的能力还未形成或正在形成之中，这样，在教师与留守儿童的心灵关怀关系中，它更多地表现为一种单向性和不对称性，即教师对留守儿童的心灵关怀，而缺少相互性。然而，这也并不意味着教师和留守儿童之间不存在相互性的心灵关怀关系的可能性，对于心理比较成熟的留守儿童来说，他们也会以自己的独特的方式向教师表达自己对教师的关怀。

第二，从关怀的类别上来讲，教师对留守儿童的心灵关怀更多的是道德关怀。个体对他人的关怀包括自然关怀和道德关怀两种类型。当我们从农村学校德育的视角来审视教师对留守儿童的心灵关怀问题时，更多强调的是道德关怀。这是因为，教师对留守儿童的心灵关怀在根本意义上来讲，它是教师职业本身所理应肩负的一种道德责任。这跟自然关怀有着很大的区别，自然关怀是不负有道德责任的，是可有可无的，作为道德责任的心灵关怀是必需的，强调的是应该克服困难做到的，否则，会受到教育良心的谴责和来自外界舆论的斥责。尤其是在当前农村教师的生存处境还相对比较窘迫的现实境遇之下，他们对于留守儿童的心灵关怀更需要付出种种道德上的努力才能实现。但不可否认的是，教师对留守儿童的这种道德关怀仍然是基于人类与生俱来的自然关怀的情感之上的，离开自然关怀的情感基础，就不可能形成道德关怀。

第三，从关怀的对象上来讲，教师对留守儿童的心灵关怀更多的是具体性和个体性关怀。正如世间没有两片完全相同的树叶一样，世界上也没有两个完全相同的人，即便是孪生兄弟或姐妹，相同的基因遗传也因后天生活环境、教育、实践活动的不同，而出现不同的发展，形成不同的个性。每个人都是一个个独特性的存在物，个体性或独特性是生命存在的根本特性，正如有学者所说的，"在时间和空间的纵横扩展中，每个人都以其独立的个性存在着"，"都是作为无可替代的独立个体存在着"。① 杜威也曾明确指出："教师必须个别地来对待这些儿童。这些儿童虽然可以被分成一些笼统的类别，但是没有两个人是完全一样的。"② 承认人的个体性或独特性是人性的一种解放，也是社会发展和进步的一种标志。所以说，"真正的关怀总是对个体事物和具体事物的关注及关爱。不能关怀普遍的和抽象的事物。关怀总是对个体的关怀，就是在上帝中看到这个个体，并通过所释放的能量肯定这个个体的永恒生命"。③ 每个留守儿童也都是独特性的存在，他们的具体的生活处境也是不同的，这也决定了他们对留守生活的感受和体验也会不同。这意味着教师要深入了解和体察每个留守儿童的家庭背景和生活经历，针对他们的具体情况，满足他们不同的心灵关怀的需求。正是在这层意义上，我们认为教师对留守儿童心灵关怀更多的是具体性和个体性关怀。

第四，从关怀的时间上来讲，教师对留守儿童的心灵关怀要具

---

① ［日］香山健一著，刘晓民译：《为了自由的教育改革——从划一主义到多样化的选择》，高等教育出版社1990年版，第16、100页。

② ［美］约翰·杜威著，姜文闵译：《我们怎样思维·经验与教育》，人民教育出版社2005年版，第271页。

③ 朱小蔓等主编：《当代俄罗斯教育理论思潮》，教育科学出版社2009年版，第220页。

有持续性。我们之所以强调教师对留守儿童心灵关怀的持续性特征，这是因为，一方面，教师的职业道德规范规定了教师关怀儿童是一种职业道德要求，只要在受教育的年龄段内，教师就应当肩负起关怀儿童成长的道德责任。留守儿童成长和发展是一个持续性过程，那么，教师对留守儿童的心灵关怀也应该是持续性的。另一方面，留守儿童属于未成年人，"这个年龄的基本功能、自然分派给它的角色和目的，都可以用一个词来概括：这是一个成长时期，也就是说，这是一个生理上和道德上个体都尚未形成的时期，这是一个人形成、发展和塑造的时期"①。儿童的成长性特征意味着他们是未成熟的个体，他们的成长和发展需要成人的支持和帮助。同样，这也决定了留守儿童需要来自教师的持续性的引导和关怀，才能够获得健康成长和发展。

第五，从关怀的效果上来讲，教师对留守儿童的心灵关怀具有迟效性。教师对留守儿童的心灵关怀，从效果上来看，有时会很快显现出效果，留守儿童的成长和进步很明显；但是，有时候则不会立刻看到效果，而是经过一段时间后，教师给他们的心灵关怀的效果才能够展现出来。之所以心灵关怀具有迟效性，是因为心灵关怀关涉的是人的精神成长，其本身是一个复杂、多变和反复的过程，需要教师对自己的教育对象和劳动付出充满信心。教师要充分地认识到心灵关怀的迟效性特征，这对于他们对自己的关怀行为持有信心很重要。

第六，从关怀的风险上来讲，教师对留守儿童的心灵关怀要具有坚定性。一般来讲，人际关系中的关怀是具有风险性的。也就是说，一个人对他人付出关怀，并不意味着会获得预期的成效。出于风险性的考虑，人们在关怀他人时会产生犹豫心理。但是，由于教育是指向明天的，是为学生的未来负责的，这决定了教育活动中教师要有耐心和恒心，教师对学生的关怀不能考虑风险，而是必须坚定地给予他们关怀。特别是对于留守儿童来讲，由于他们自身在亲

---

① ［法］爱弥儿·涂尔干著，陈光金等译，渠东校：《道德教育》，上海人民出版社2006年版，第310页。

情和精神方面的关怀缺失，教师成为其在学校生活中的重要他人，是他们心灵成长的引路人，教师给予他们的心灵关怀和慰藉弥足珍贵。因此，教师一定不能患得患失，而是要坚定地满足留守儿童心灵关怀的需要。

第二节 留守儿童心灵关怀缺失问题的特征

我们知道，人的情感、心灵、精神等现象都属于人的内在性向，具有很大的内隐性。正因为如此，留守儿童心灵关怀缺失问题也往往是以隐性方式存在着的，不容易被人察觉到。更为需要引起关注的是，在当前深受实证主义和科学主义影响的学校教育实践中，对学生的情感发展、精神成长、人文素养提升的重视和关注程度还远远不够，留守儿童心灵关怀缺失问题进一步被掩盖和淹没了。在这种情况下，只有教师真正地走进留守儿童的心灵世界，才能够感受到他们身上存在的心灵关怀缺失问题，以及他们对心灵关怀的渴望和期盼。在实地调研中，笔者通过跟许多留守儿童的深度访谈后发现，由于留守儿童心灵关怀缺失问题是以隐性方式存在着的，这使得留守儿童心灵关怀缺失问题呈现出几种特征，即物质需要满足≠精神需要满足、外在行为规范≠内在心灵健康，以及留守儿童心灵关怀缺失问题具有迟效性特征。

一、物质需要满足≠精神需要满足

笔者在调研中发现，留守儿童父母通常缺乏对孩子心灵关怀的意识，他们往往只关注孩子物质生活需要的满足，而忽视跟孩子之间进行精神上和心理上的沟通和交流，以及满足他们的精神生活需要。但是，人是物质性存在和精神性存在的双重性存在，精神需要的满足是人的存在的根本特性。对留守儿童来讲，物质需要满足并不能代替精神需要满足。那么，留守儿童父母为什么缺乏对孩子心灵关怀的意识呢？事实上，这与他们自身的生存处境直接相关。

对于农民究竟为什么要外出务工的理解，已有社会学研究主要

存在两种观点。一是黄平提出的"生存理性",认为农民外出务工是为了寻求生存甚至维持养家糊口,而不是在市场中追求利润的最大化。① 二是文军提出的理性的三个层次。他根据人们追求的目标的不同假设,把人的理性行为分为三个层次,即生存理性、经济理性和社会理性。他认为在农民外出就业初期,更多表现的是生存理性,但是随着外出寻求就业次数的增多和时间的拉长,社会理性和经济理性选择将表现得越来越突出。② 也就是说,农民外出务工除了为满足生存需要外,还为了满足财富积累和社会地位提升等需要。

据笔者在 Y 乡几个村的调研发现,对于绝大部分农民来讲,他们外出务工的直接动因是谋生。一方面,随着家庭联产承包责任制的实施,以及农业机械化操作的普遍化,农村出现了剩余劳动力。另一方面,在当前农产品价格普遍较低,农业种植费用持续上涨的情况之下,农民处于"种田不挣钱"的尴尬境遇之中,他们要求得生存,就必须外出打工赚钱。所以,从更大的意义上来讲,农民外出务工是出于生存理性的选择。相对于其他能够把孩子带入城市学习和生活的农民工来说,留守儿童父母在经济上的压力和需求则表现得更为迫切。斯科特也指出,农民经济是一种"安全第一"的生存伦理,是较低的风险分配与较高的生存保障。③ 因此,对于留守儿童父母来讲,他们外出打工的主要动因是生存理性,这也说明他们的生活还主要处于生存性需要的挣扎之中。

马斯洛把人的需求分为五个层级,从低到高依次为生理需要、安全需要、归属和爱的需要、尊重需要和自我实现需要。他认为,一般来讲,高一级需要的产生是建立在低一级需要满足的基础之上的。那么,对于大多数处于生存边缘的留守儿童父母来讲,维持一

---

① 黄平著:《寻求生存——当代中国农村外出人口的社会学研究》,云南人民出版社 1997 年版,第 78 页。
② 文军:《从生存理性到社会理性选择:当代中国农民外出就业动因的社会学分析》,载《社会学研究》2001 年第 6 期。
③ [美] 詹姆斯·C. 斯科特著,刘立显等译:《农民的道义经济学——东南亚的反叛与生存》,译林出版社 2001 年版,第 16—43 页。

家人的温饱和供养子女上学是他们最大的人生事务和追求。当他们处于满足自身这些低层次需要的境况下时，他们也就难以产生精神层面的高层次的需要了。当我们在新闻报道中看到，背着沉重行李的农民工露宿街头、拥挤在火车道里，或看到他们住在破旧不堪的工房等情景时，我们不难做出这样的判断，求得生存就是他们的第一需要和选择。农民工的这一处境决定了他们对精神层面需要的忽视，换句话说，他们没有闲情逸致去关注他们精神层面的需要。也正因为如此，留守儿童父母也往往缺乏对子女心灵关怀的意识，他们对子女的关心也仅仅停留在满足他们的物质生活需要方面。

从已有研究结果来看，留守儿童父母外出务工的确使得留守儿童在物质生活方面有了显著的改善和保障。虽然少数留守儿童的教育生活存在物质困难，但是多数留守儿童表示，父母外出挣钱就是为了他们上学，所以，学习、生活条件得到了相应改善。① 事实上，诸多留守儿童父母也普遍存在对子女的亏欠心理，通常想以物质满足来弥补自己不能在孩子身边的欠缺，而尽其所能地满足孩子各方面的物质要求。但是，对于留守儿童来讲，物质需要满足并不能代替他们的精神需要满足，他们对亲情的渴盼并不会因为物质上的满足而减弱。亲情是子女永远的渴盼，亲子之间的沟通和理解是孩子快乐、健康成长的必要的养料。另外，对于许多留守儿童父母来讲，他们对子女的学业成绩方面的过多关心，也容易成为孩子心理上的压力和负担。笔者在调研中邀请了部分留守儿童写出对父母最想说的话，我们可以从下面的文字中感受到留守儿童从内心深处对父母给予他们情感、心灵和精神上理解和关怀的深沉的期待和渴望。

——我希望家长能够对我更加关心，不仅仅关心我的物质生活，也要关心我的精神生活，让我的生活更加丰富充实，在以后的日子里能常常和我聊天，能倾听我的烦恼与困惑。

——希望他们多多关心我各方面的事情，而不是只关心学习，平时能有更多的时间来和我们沟通，而不是让我们吃好穿

---

① 任运昌著：《空巢乡村的守望》，中国社会科学出版社2009年版，第30页。

好就行。

——没有理解，没有希望。

——希望他们能多多了解我在学校的情况，不要只忙着挣钱，我知道挣钱是为了我，但是他们也要多休息。

——我的父母长年在外打工，我希望他们能经常回来，能够与他们谈心事。

——可能是青春期的缘故，自己不想和父母聊天，谈自己的心事，我的父母也很少问我有关心理上的事情，我希望他们不要总是关注我的学习，他们一点儿不了解我。

——能够多抽出一些时间陪陪我，我喜欢和父母待在一起，那种感觉很幸福，很温馨。

——每当我考得不好时，不要对我大喊大叫，应该和蔼可亲地跟我说话，还有应该鼓励我"考不好没关系，只要你努力就行了"，这样，我不会感觉非常伤心，反而使我重新振作起来，对自己有信心。

——我希望家长不仅在物质上满足我，也要关心我的内心，没事的时候跟我谈谈，不要老是用亲戚家成绩好的哥哥姐姐们来说我，骂我，我知道骂是希望我长进，但是也不能说得太过分。

——希望他们多关心我一点，不要总是说："你要什么东西我都给你，但你要好好学习。"但他们从来不知道我要的不是这些。还有妈妈叫我不要和男生玩，其实我有分寸，我不会辜负他们的期望的。

——我希望爸爸妈妈能够经常陪我，听我讲述心里话。

——希望他们不仅是在学习上、物质生活上关心我，更要在精神生活上关心我，鼓励我，给我前进的动力。

——我希望我的爸爸多与我沟通，我不只是需要物质上的生活，我也需要精神上的生活。

……

我们还可以从下面 Y 中学初一留守儿童 S4 的一段自述中同样强烈地感受到，对于留守儿童来讲，物质上的满足并不能代替他们

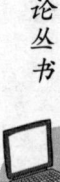

在精神上对亲情的渴盼和呼唤。值得一提的是，在许多任课教师眼里，S4很调皮和好动，但在书写这段话时却表现得极其认真和仔细，我留意到了他眼神中的凝重，相信这是他内心的真实的想法和感受的表达。

  我现在在家里生活很好，我要我的妈妈回来。我的爸爸他现在在上海卖鱼，不过他对我还可以！每年回来一次，可是他经常打电话回来，我现在在家里吃得好穿得也很好。不过每年放暑假他都带我去上海玩，回来也给我买吃的买穿的。我的妈妈她走了8年了，我好想她呀，可是她不在家。他经常把我送到他那里去玩，我的爸爸我经常也想他。不过我的姐姐她也对我好，她经常回来给我带吃的和穿的。

  我在小学上学的时候，我爸爸3年没有回来看看我。然后我打电话给我爸爸，叫我爸爸回来看看我！我那时候很小，我妈妈走了。我的妈妈她现在生了一个男孩子，他今年5岁，上了幼儿园，他的名字叫彭海洋。

  我上幼儿园的时候，我的姑姑她每天早上都做饭给我吃。她对我很好，给我穿得好吃得好！她经常在家里煮肉给我吃，也烧鸡子给我吃，也烧鱼给我吃。

  从字里行间，我们能够感受到留守儿童是多么渴望亲情，渴望父母的关爱，渴望家庭的温暖。这种心灵关怀的需要是多么的迫切和强烈。然而，对于这些留守儿童来讲，他们无法从父母那里满足这种需要，他们大多数能够从父母那里获得的仅仅是物质生活需要的满足。但是，父母能够给予他们的物质方面的满足远远不能代替他们在精神上关怀需要的满足。一般来讲，大部分留守儿童父母忽视给予孩子心灵关怀是由于他们出于经济生活压力和压迫无法顾及对孩子精神层面需要的满足，缺乏给予孩子心灵关怀的意识。事实上，伴随中国城市化的深入发展，留守儿童教育问题已经复杂化。这是因为农村婚姻伦理观念已经发生重大嬗变，离异、单亲家庭的留守儿童增多，这些父母中有些人根本就没有尽到做父母的基本责任和义务，有意地推卸了自己应该承担和履行的教育责任，把孩子留给老人或亲戚照管，致使孩子的心理、精神成长困难重重。上述例子中的 S4 就属于离异、单亲家庭的留守儿童,从他对自己生活的描述中,我们可以强烈地体会和感受到虽然他的日常生活照顾获得了基本保障,但是父母的长期缺席使他内心充满了对亲情的强烈的渴盼和期待。

从根本上来说,人的存在是有形存在和无形存在的双重性存在,即实体存在和意义—价值存在。实体存在又称为有形存在,意义存在又称为无形存在。而且,"人之为'人'的本质,应该说就是一种意义性存在、价值性实体。人的生存和生活如果失去意义的引导,成为'无意义的存在',那就与动物的生存没有两样,这是人们不堪忍受的。所以,动物不会在食物旁饿死,而人则有'廉者不受嗟来之食'之举"。① 这是我国学者高清海先生在通读西方哲学史里关于人学问题的界说之后,从生命存在的两重性维度对人的存在本质的一种分析,认为精神和价值是人存在的本质特性。人的有形存在,即实体存在或生理性存在仅仅是人的生存,而人的无形存在,即精神和意义存在才是人的生活。人不仅需要生存,更需要生活。法国文学家雨果曾经说过,"人有了物质才能生存,人有了理想才谈得上生活。你要了解生存与生活的不同吗?动物生存,而人则生活。"生存是生活的前提和基础,有生存才能有生活,但生活却是人之为人的根本所在,是人所独有的,是人区别于动物的本质所在。

正因为人是一种意义和精神性的存在物,这才决定了人的心灵和精神需要对人的存在具有重要的意义和价值。20 世纪中叶,西方心理学领域勃然兴起了继精神分析心理学和行为主义心理学之后的第三大思潮,即人本主义心理学,其代表人物主要有马斯洛(Abraham Harald Maslow, 1908—1970)和罗杰斯(Carl R. Rogers, 1902—1987)。人本主义心理学的研究对象主要包括:(1)强调研究整体的人或人的整体(人格);(2)强调研究健康人的心理或健康人格;(3)强调研究人类出类拔萃者或精英;(4)强

---

① 高清海:《有这样一个世界》,见秦光涛著:《意义世界》,吉林教育出版社 1998 年版,"序"第Ⅲ页。

调研究人的本性、潜能、价值和经验。① 总体上讲，人本主义心理学高扬了人文主义精神，把研究具有健康、完整的人的特性作为己任，强调了人的潜能、体验的价值等。相应地，"第三思潮心理学理论要求一种新的教育。这种教育将更强调人的潜力之发展，尤其是那种成为一个真正的人的潜力；强调理解自己和他人并与他人很好地相处；强调满足人的基本需要；强调向自我实现的发展。这种教育将帮助'人尽其所能成为最好的人'。"② 人本主义心理学关注的是人的整体性发展和成长，看到了人的"成长价值"（growth values），认为生存价值只是一个方面，对于个体来讲，努力发展完美人性，使人的潜力得到发挥，追求更大的幸福、更深的宁静以及高峰体验，走向超越，获得对现实更丰富和更准确的认识等，也是有益的。马斯洛的需要层次图把高级的精神需要建立在低级的物质需要基础之上，强调获取尊重和自我实现等精神层面的需要对个体成长和发展具有重要的意义和价值。因此，关注和促进个体的精神世界的完善是教育的终极目的。

尤其需要特别指出的是，马斯洛还提出了"满足健康"概念，认为"需要满足的程度与心理健康有确定的联系"③。朱小蔓也认为，"学生正当的安全感、归属感、自尊感和自然情趣必须得到满足，它们是健康自我形象的重要内容。一个拥有健康自我形象的人，在人际交往中常常表现出积极、主动、开放的态度。"④ 既然一个人的基本需要的满足能够促进其形成健康的人格，那么，儿童阶段关怀需要的满足与成年后健康人格的形成肯定有完整的联系。对于留守儿童来讲，他们普遍存在的心灵关怀缺失问题直接与他们的人格健全发展是密切相关的，也就是说，满足他们的心灵关怀需要，就能够促进他们人格的健康发展。特别需要指出的是，留守儿童是处于正在成长中的个体，这就决定了满足他们的心灵关怀需要

---

① 车文博著：《西方心理学史》，浙江教育出版社1998年版，第550—551页。
② ［美］弗兰克·戈布尔著，吕明等译：《第三思潮：马斯洛心理学》，上海译文出版社1987年版，第76页。
③ ［美］马斯洛著，许金声等译：《动机与人格》，华夏出版社1987年版，第77页。
④ 朱小蔓著：《情感德育论》，人民教育出版社2005年版，第140页。

是迫不及待的。正如智利诗人加布里拉·米斯特拉尔（Gabriela Mistral）所说的："我们所需要的很多东西都可以等待，但孩子所需要的东西不能等待。他的骨骼正在成形，他的血液正在生成，他的心灵正在发展。我们不能对他说明天，他的名字叫今天。"① 不论社会发生何种重大的变化，儿童的这种发展特性永远都不会改变。在当前我国快速城市化的社会背景下，诸多留守儿童的生存、生活处境基本上是很令人担忧的。由于父母的远离，他们在精神和心灵层面关爱缺失，他们的智慧要增长，心灵要变得强大，德性要生成等，这些都需要来自教师的支持和帮助，特别需要教师给予他们信任、理解、关爱、期望等。而且，教师给予他们这些心灵和精神方面的支持应是毫不犹豫、没有半点迟疑的，否则，错过了他们的成长时机，其人格的发展可能会不健全，或许还会因此走向歧途，酿成不可挽回的后果。例如，频频出现在媒体上的关于留守儿童自杀、犯罪等事实，令人触目惊心。因此，教师必须关注留守儿童当下发展的需要，给予他们心灵上和精神上的理解、关爱、关怀、爱护等，为他们营造一个充满阳光、乐趣、关怀的生活世界，让留守儿童渴望温暖、理解的心灵不轻易失望、失落，从而促进他们精神、心灵的健康成长和发展。

二、外在行为规范≠内在心灵健康

心灵关怀需要的内隐性特征，决定了我们对个体发展状况不能仅仅依照他们外在的行为表现来判断，因为外在行为表现规范的留守儿童，他们内在的心灵并不一定是健康的。笔者在Y中学调研中发现，留守儿童心灵关怀缺失问题还呈现出另一种特征，即一些在外在行为方面表现很规范的学生，他们内在的心灵并不健康，有些甚至是处于危险的边缘。如果不能及时给予他们心理上的疏导、精神上的鼓励的话，可能会导致不堪设想的后果。Y中学初二留守儿童S3就属于这种情况。如果从学校常规管理的角度来看，她每

---

① ［美］欧内斯特·L.博耶著，涂艳国、方彤译：《关于美国教育改革的演讲》，教育科学出版社2002年版，第33页。

天都按时进教室早读、上课、自习、完成各科作业、回宿舍休息等，没有出现过任何违规行为，许多科任教师认为她是一个不惹事的"乖"学生。然而，这个外在表现很"规范"的留守儿童的内心世界却处于痛苦和挣扎之中，长期的留守生活使其陷入精神极度压抑的状态，在迷茫之中，她甚至有了轻生的念头："我觉得活着没有意思，还不如死了。"

S3 是 Y 中学初二的一名留守儿童。我作为研究者进入 Y 中学后，即被安排到她所在的班级跟随听课，我们因而熟识起来。又由于我住在学生公寓里，S3 与班上其他住校的女生晚自习后也常常喜欢到我宿舍来聊天。每次一起聊天时，S3 都不怎么讲话，而且总是喜欢坐在不起眼的小角落里。她的沉默引起了我的注意。我始终认为，教师的真诚一定能够赢得学生的信任。接触几天之后，从孩子们对我的言谈举止中，我能够感受到我们心灵之间的距离在渐渐拉近。

一次午饭过后，天下起了大雨。我站在食堂门口正琢磨怎么才能回去时，S3 恰好走过来了，她默默地给我撑起了伞。对我来说，这正是一次跟 S3 单独交流的机会。我提出让她陪我回宿舍，她欣然应许。一路上，我问她有什么爱好。她说她喜欢玩游戏，而且喜欢玩很长的游戏，一关一关地往下闯，很有意思。她说她觉得生活很无聊，她的学习成绩又不好，玩游戏能够让她找到自信。她还告诉我她在家养兔子，但是二大（他爸爸的弟弟，即二叔）说要把它杀掉。说到这里，我发现她声音哽咽，泪光盈盈，她又一次说她觉得活着没有意思，还不如死了。她的这些念头令我很震惊，恰好走到了宿舍门口，我赶紧把她领进了宿舍。

坐在我的床边，她一边哭一边诉说着她的遭遇。原来，她自己的亲生母亲在她五六岁的时候就离家出走了，之后时不时回家来看看她。但是在她 10 岁生日时，母亲回来给她过完生日后，就再也没有回来过。她父亲又给她娶了个后妈，后妈在南京打工，她父亲在扬州打工。她父亲一两个月才回家来看望她一次，所以，平时她家里就没有人。她平常住校，周末通常

是去她二叔家。虽然，二叔家里有哥哥，但他们都把她当小孩，讲话时不让她插嘴，所以，她很胆小，常常坐在房间里看电视，别人还以为她喜欢看电视。因为没有人理她，没人把她当回事，她只能看电视。过年时，她父亲会把她叫回家，后妈的亲生儿子也回来了，但她不敢和他们讲话，她觉得那个家不是她的家了，她很想逃出来，她害怕回家。而她父亲也不和她谈心，有时还会对她发脾气，她想念她的母亲，但又不知道她在哪儿。而她二叔家的情况也不乐观，二叔也是一个人，二妈离家出走了，二叔家比她家离学校近一些，所以，她父亲叫她周末去二叔家。她认为她父亲和二叔只管她物质，从来不管她心里的感受。因为没有人跟她聊天，所以，她喜欢上网，养小动物。虽然兔子、狗在很多人眼里仅是动物，但她可以和它们聊天。另外，在玩游戏时，一关一关地往下闯也让她觉得很有意思，因为能增加她自己的信心。但是，有一次脾气很暴躁的二叔，竟然扬言要杀兔子和狗，不让她养动物，因此她很担心二叔会不会把兔子和狗杀掉。其实，她上小学时成绩很好，但到了初中就开始退步了。英语和数学渐渐地就跟不上了，数学老师讲得太快了，好多都来不及消化；英语老师则太凶，爱骂人，经常骂学生是猪、死人之类的，还有比这更厉害的言辞，所以她一看到英语老师就反感，不想学英语，即使英语老师从来还没有骂过她。

我怀着无比焦虑和担心的心情，倾听着 S3 的哭诉。当她把压在内心的苦闷全都宣泄出来之后，她慢慢地平静下来，说感觉自己轻松了很多。我心里清楚，S3 能够把自己的心里话讲给我，是对我的信任。当她说让我千万不要给学校里别的老师讲她的事时，我深深地点了点头。

我回到南京后，S3 还时不时地发短信给我，诉说她的心情。每次我都会耐心回复，我知道我面对的是一颗受伤的心灵、一颗渴望关怀和理解的心灵。

我会一直鼓励她，开导她。

在现代社会里，学校是一种组织机构，作为组织机构的学校是

高度制度化的，学校的一切工作运行要通过制度来规约，而规范管理、量化管理等理念也已经深入到学校管理实践之中。但在制度化的学校环境中，"学校推行的量化管理、规范管理是为了完成一定的任务，而不是考虑学生的感受和需要；即便是为人服务的制度，很多也是为教师服务的，而不是为学生服务的。"① 而且，学校规范管理和量化管理仅仅是按照学生的外在行为表现是否规范来衡量其整体发展状况的。事实上，只有当学生的外在行为表现跟内在心灵状态一致时，才能够获得学生真实的发展状况方面的资料。然而，由于人的精神和心灵属于人的内在性向，具有内隐性，这会使得学生的行为表现有时跟内在心理是不一致的，这时，规范管理和量化管理方式就难以测量到他们心灵和精神世界的真实状态，呈现出行为表现好的学生并不意味着他们的心理就一定健康的现象。类似 S3 的例子，在 Y 中学还有很多。按照常规管理的要求来审视的话，他们的行为举止都很正常，我们很难看出他们的异常之处。但是，就是在按照常规管理要求是正常的行为表现之后，这些留守儿童的心理却是异常的，他们内心渴望被关怀和被关爱，他们希望有宣泄自己内心苦闷的渠道，希望有人能够跟他们沟通，希望能够得到别人的同情、理解和支持。如果这些需求得不到及时的满足，或他们心灵上的创伤得不到及时治愈的话，很可能会导致悲剧性的事情发生。

在当前高度制度化的农村学校环境之下，对于大部分教师来讲，因受到"应试教育"的深刻影响，他们把时间和精力主要用到了文化课教学方面，关注的是学生的考试成绩，以及自己的教学奖金和津贴待遇，无暇顾及学生的心灵和精神成长问题。究其原因，一方面，德育的成效是很难测量的，尤其在"应试教育"环境之下，德育成效的大小对教师的待遇基本没有什么影响。另外，由于德育比较费时间和精力，效果显现有时也不明显。所以，很多教师就不怎么重视德育，也就不怎么关心留守儿童的心灵成长的事情了。另一方面，教师对于留守儿童心灵关怀的需要是无暇顾及的，

---

① 冯建军：《论生命视野中的学校文化》，载《现代教育论丛》2006 年第 3 期。

即使有时会跟个别留守儿童交谈，也是围绕着学习问题展开的，纯粹从关注留守儿童心灵成长角度来给予他们心灵关怀的现象相当少。笔者通过在Y中学调研发现，大体来说，除了班主任出于工作需要对留守儿童的家庭状况有所了解之外，其他任课教师基本上不会主动地、积极地去了解他们的生活背景和生活处境。留守儿童的生活处境很少能够引起学校和教师特别的关注，他们基本上处于被忽视的状态。而且，由于考试考评的压力，教师和学生之间有时会产生某种对抗情绪，比如S3所讲到的英语老师经常训斥学生。所以，有时师生之间关系就会比较紧张，难以建立起相互信任关系，而信任是师生之间良好、和谐关系建立的基础。正因为如此，留守儿童也不会把自己的遭遇和内心感受如实地向教师诉说，教师也就很难了解他们的真实处境。事实上，教师对留守儿童的教育必须从了解他们的生活经历开始。"教育者在孩子更广阔的生活历史背景中理解孩子的学习和发展。这是教学活动的一个关键的特点。确实，理解这些儿童的生活意义可能会引导我们在与儿童相处的关系中做出恰当的教育行动。"① 如果教师对留守儿童的生活背景和处境一无所知或知之甚少，那么，教师也就很难判断留守儿童的真实的心灵状态，也就难以从他们外在的规范的行为表现之外体会和觉察到他们内在的精神上的异常了。

三、留守儿童心灵关怀缺失具有迟效性特征

已有的关于留守儿童研究大部分属于横向研究，事实上，从发展的角度关注留守儿童心灵关怀缺失问题更为重要。精神分析心理学家弗洛伊德非常重视和强调童年经历在个体人格发展中的重要性，他在《精神分析引论》中指出："我们往往由于注意祖先和成人生活的经验，却完全忽视了儿童期经验的重要，其实儿童期经验更有重视的必要，因为他们发生于尚未完全发展的时候，更容易产

---

① ［加］马克斯·范梅南著，李树英译：《教学机智——教育智慧的意蕴》，教育科学出版社2001年版，第72页。

生重大的结果,正因为这个理由,也就更容易致病。"① 他坚信成人的一些异常行为、变态心理、精神状况不良等都可以追溯到童年时期,认为成人的人格模型从很小的时候就开始形成,并且在童年期就完全定型了,因此,儿童将来的人格发展正常与否、精神和心理状况等,童年期的经历对其具有决定性的意义。留守儿童与父母双方或一方分离,亲情缺失,不仅他们的日常生活得不到足够照料,而且心理和情感等精神关怀需要也得不到满足,这种亲子分离的独特的童年生活经历和体验势必会影响到他们成年后的人格发展以及精神状况。

从已有对留守儿童心理状况的研究成果中我们可以得知,留守儿童往往会存在自卑、焦虑、逆反等心理,甚至会有对父母的怨恨心理等。通常情况下,对于大部分留守儿童来说,这些负面的和不良的心理不会带来即时性的不良后果,或者说不会立刻致使留守儿童出现不良的行为倾向。但是,弗洛伊德的精神分析心理学已经揭示,童年生活的经历会对人的一生产生重要的影响,我们每个人在成年后的行为表现和思想发展等都能够找到童年的影子。一项关于童年亲子分离与成年精神状况的研究发现,留守儿童的早期创伤性经历——长期亲子分离对他们带来的影响不仅体现在童年期的学习、道德、行为、心理等各个方面,还体现为对以后的成年时期整个人格都会产生深远影响,而且,这种长远的影响往往表现为负向的和消极的影响。② 正是基于这个意义上来讲,笔者认为,我们要充分地重视留守儿童由于亲情缺失所造成的心灵关怀缺失问题具有的迟效性特征,以及对他们的成年生活会带来的可能的各种影响。

按照情绪心理学中情感产生及其相互转化的规律,恐惧、害怕容易转化为攻击和仇恨,而安全、信任则容易转化为同情和爱。安全感是个体健康成长的必要心理体验,安全感缺失容易造成不良发

---

① [奥]弗洛伊德著,高觉敷译:《精神分析引论》,商务印书馆1984年版,第289页。

② 韩钰:《童年亲子分离与成年精神状态——以上海市为例》,http://cohd.cau.edu.cn/art/2013/11/26/art_8578_196750.html.2013—12—27。

展。安全感对儿童的成长意义非常重大。儿童的安全感最初都是从家庭中获得的。"在给孩子提供一个安全和呵护的爱的环境的同时，父母亲教给了孩子生活和成长必不可少的东西。父母亲以一种亲情的亲密关系环绕着孩子。在这种氛围里，他们的陪伴给孩子以保护感，使得自我生存的空间和基础得以实现。"① 安全感对儿童来讲，这意味着他们感受到某个人或某些人关怀和爱护着他们，给他们的生活带来了所需要的一定量的保障、可信度和可靠性。一般来讲，在完整、和谐的家庭中的儿童，父母对他们的关心和照顾使他们很有安全感，他们的性格也会趋向开朗、大方、阳光的发展；相反，不完整的家庭中的儿童，则显得胆小、谨慎、不敢冒险。现代社会虽然瞬息万变，但是，儿童的天性不会改变，他们需要的是一个安全、稳定、指导、支持的环境。马克斯·范梅南指出，儿童在安全、保护的环境里才能去冒险，在支持的环境下才能获得独立，在有成人方向指引的环境下，才能找到自己的生活方向。② 相反，当安全、稳定、指导和支持的环境不存在的情况下，儿童的发展就会受到阻碍。对于留守儿童来讲，由于父母的缺席，日常生活中能够切身感受到的与父母之间的亲密接触减少，关怀和爱护减少，所以，他们从家中能够获得的安全感自然会降低。

  留守儿童安全感的缺失会对他们产生深刻的心理体验，这种心理体验甚至会影响到他们成年后的思想认识和行为选择。笔者接触到一位在读研究生，曾经的留守生活和经历给她留下了深刻体验。在下面的叙述中，我们可以发现：她在留守生活期间所遭遇到的安全感缺失体验，影响到了她日后在选择男友时的标准。这也印证了留守儿童心灵关怀缺失具有迟效性特征。

  我属于80后，出生在苏北的一个农民家庭。在20世纪90年代初，中国民工潮刚兴起的时候，我的父母就一起外出打工了，我被托付给爷爷奶奶照管。所以，我从小学二年级就开始了留守生活，直到我考上大学，我的父母仍然在外面

---

①② [加] 马克斯·范梅南著，李树英译：《教学机智——教育智慧的意蕴》，教育科学出版社2001年版，第76—77、75—80页。

打工。

在我读小学、初中期间，我住在家里，每天爷爷奶奶照顾我的日常生活，由于父母在外做生意，很忙也很辛苦。他们每个星期会打电话回家，询问家里的情况和我的学习情况。多数时候也是爷爷奶奶接电话，我和父母之间的沟通和交流比较少，或许是大人认为小孩不懂事吧，如果是我接电话，他们常常简单询问一下我的学习情况之后，就会让我喊爷爷奶奶听电话，并问家里的其他事情。虽然爷爷奶奶把我照顾得很好，但是，没有父母在身边的日子，我总觉得缺少点什么似的，自己也说不清楚。现在回忆起来，其实，我缺少的是亲情，是父母的爱、关心，是一种不可以触摸得到的亲情。那时，当我看到其他孩子有父母陪伴着在一起时，我会特别难受，特想哭，觉得自己的心里空荡荡的。或许是因为父母不在身边，爷爷奶奶年龄大的缘故，我从小感到自己有一种缺乏被保护的感觉，没有安全感，自己的胆子就比较小。记得我上小学三年级时，一次放学路上，我们班一个表现很坏的男同学打我，欺负我，恰好上五年级的一个邻居哥哥经过，把那个打我的男同学揍了一顿，并警告他以后再也不许欺负我。那件事情给我的印象特别深刻，让我感受到了什么是被保护，甚至影响到我以后找男朋友。

上大学后，谈恋爱的同学很多，大家的选择标准大都强调长相、家庭背景、学习成绩等，而我的标准只有一条，那就是他能够给我安全感。所以，一些学习成绩优秀，或者家庭背景很好的男生追我，都因为我跟他们在一起时安全感不强而没有继续下去。我现在找到了一个能够给我安全感的男友，他比我大4岁，个子也比较高，跟他在一起时，我的安全感很强。我不能确定我的这一想法是否跟我小时候的留守经历有直接的联系，但我敢肯定的是，这两者之间肯定是存在关联的。人总是在寻找自己缺失的东西，而我小时候的安全感不强体验也会影响到我现在的选择。

一位有多年留守经历的女大学生在给笔者讲述自己的留守生活

和体验时也讲到安全感缺失问题，以至于她把能否带给她安全感作为择友的首要标准。目前，她的男朋友就是一位正在服役的军人。她认为军人可以带给她更多的安全感。当然，这两个例子中，曾经是留守儿童的研究生和大学生由于安全感缺失问题对日后生活的影响不具有破坏性，对自身基本没有造成过多的负面的和消极的影响。

但是，我们不能不意识到，比如，有研究发现，"少数孩子认为家里穷，父母无能耐，才会出去挣钱，对父母打工不理解，由此而产生怨恨情绪"；① 或者是有些留守儿童在留守生活期间由于得不到父母的照顾和亲情的温暖，如果再加上监护人，以及周围其他人对其不友好，他们自然在内心会产生一股怨恨心理。马克斯·舍勒认为，"怨恨就是人心发生紊乱的一个典型事例。从本质上讲，这种软弱和无能可以是心理的、生理的、智力的或社交上的。"② 对于这些留守儿童来讲，如果这股怨恨情绪得不到及时消解的话，随着时间的推移和逐渐的成长，他们就可能出现由对父母的怨恨转向对他人、社会的怨恨，在一定条件之下，就会出现具有破坏性的行为，成为社会的不稳定因素。犯罪学研究表明，家庭是影响人犯罪动机形成的一个内在因素，不良的家教方式、不良的家庭氛围，以及残缺家庭中成长起来的人犯罪的可能性比较大。③ 对于留守儿童来讲，父母不在身边的留守生活就是一种不完整的家庭生活，如果父母对孩子的管教方式不合理、家庭氛围不好的话，就会成为他们日后走向犯罪道路的潜在诱因。总而言之，我们要从精神分析心理学和犯罪学的研究成果中看到，关注留守儿童心灵关怀缺失问题的迟效性特征是极其重要的。从社会角度来讲，积极创造条件和提供资源，尽力减少留守儿童数量是极其迫切的现实需要；对于留守儿童父母来讲，提高对孩子的心灵关怀意识，尽可能地给予孩子情

---

① 范先佐著：《农村"留守儿童"教育面临的问题及对策》，载《国家教育行政学院学报》2005年第7期。

② ［美］曼弗雷德·S. 弗林斯著，张志平等译：《舍勒的心灵》，上海三联书店2006年版，第145页。

③ 陆时莉等主编：《犯罪心理学》，高等教育出版社2007年版，第44—46页。

感、精神上的关怀，不仅是建立良好亲子关系的需要，也是消除孩子对自己的埋怨、怨恨情绪的需要；对于教育者来讲，重视留守儿童心灵关怀缺失问题和给予他们悉心的心理上的疏导、关心、理解和支持等则是杜绝将来产生不良后果的必要选择。

第三节　对留守儿童心灵关怀德育意蕴的展现

关于德育功能问题已有很丰富的研究成果。国内教育学界两位著名学者鲁洁教授和王逢贤教授主编的《德育新论》一书，专设"德育的个体性及社会性功能"一章来探讨德育功能。该书认为德育具有七大功能，即个体品德发展功能、个体智能发展功能、个体享用功能、经济功能、政治功能、文化功能和生态功能。其中，前三种属于德育的个体性功能，后四种属于德育的社会性功能。① 事实上，德育的个体性功能的核心指向个体精神的发育和成长，儿童精神的发育和发展又直接关系到他们的健康成长和发展。

人的精神、心灵、情感属于人的内在性向，具有很大的内隐性，它们往往受制于情境，会有自我冲突，人在冲突和碰撞中通过反思、体味、省悟与调整，不断循环反复、螺旋式发展。但是，恰恰正是它们，从人的内部影响着一个人的价值取向与生活态度，支撑着人的整个精神世界。儿童作为受教育者，他们自身的精神状态会直接影响到他们的健康成长和发展，对于教育者来讲，就必须关注他们的精神发展状况，给予适当的引导，使他们在与教育者的沟通和交流中获得尊重感、平等感、安全感等，从而增强他们自身的自信、自强等积极性精神素质，使他们能够积极面对生活中的挑战，获得健康成长和发展。留守儿童是我们的研究对象，他们作为农村学校里的特殊群体，身上普遍存在心灵关怀缺失问题。我们立足农村学校德育视角来探讨对留守儿童心灵关怀德育时，强调的正是德育的个体性功能。这样做的目的是想要教师关注留守儿童的生

---

① 鲁洁、王逢贤主编：《德育新论》，江苏教育出版社2002年版，第236—331页。

活处境，给予留守儿童人文关怀，积极和主动地担当留守儿童的教育发展责任，能够跟他们对话和交流，使其从学校里获得理解、尊重、自信、自强等，增强他们内在的精神动力和精神生命力，顺利地度过留守生活，成长为合格公民。

那么，教师对留守儿童心灵关怀会促使留守儿童的精神状态产生怎样的变化过程呢？笔者在调研中跟一些留守儿童和教师访谈后发现，一般来讲，留守儿童的精神状态的发展变化会经历一个由低到高的层级性的发展变化过程：闭锁心扉的打开→尊重感、平等感的获得→感受到生活的乐趣和希望。

一、闭锁心扉的打开

已有研究发现，心理健康和人格发展问题是留守儿童最容易出现的问题，也是表现最为突出的问题。这些孩子缺少家庭的亲情关怀，与父母团圆机会极少，有的孩子甚至五六年未见过父母回家，寄养在亲戚家里或由他人代管，或同爷爷、奶奶等长辈生活在一起，有的甚至由于托管的亲戚又外出，出现二次托管的现象。因此，这些孩子一般会出现柔弱无助、自卑闭锁、寂寞空虚等心理。① 常青的研究表明，从人格特征上看，留守儿童常常会表现为两种倾向：要么内向、孤僻、不合群、不善与人交流；要么脾气暴躁、冲动易怒，或者过分淘气。② 笔者在Y中学的调研中观察到，在留守儿童群体中，尤其是父母双方均外出务工的留守儿童，以及离异、单亲家庭里的留守儿童，在日常生活中通常显得很胆小、害怕，目光畏缩，有时眼光显得有些呆滞，言语也很少，不善交际，甚至有些离群索居，做事也缺少热情和自信，同时，有些留守儿童则会无端发火，表现出脾气暴躁和情绪不稳现象。在这些留守儿童中，有些由于长期以来日常生活得不到很好的照顾，营养缺乏，直接影响到他们的生理发育。跟同龄孩子相比，他们的个头、体重等

---

① 范先佐：《农村"留守儿童"教育面临的问题及对策》，载《国家教育行政学院学报》2005年第7期。

② 常青：《农村留守儿童人格特征研究》，华东师范大学2007年硕士学位论文。

方面落差较大，这些也容易造成他们的自卑心理。他们也容易成为同龄人欺负的对象。已有有关留守儿童的研究表明，留守儿童≠成绩差。① 笔者在调研中也发现，有些留守儿童的学习成绩的确很好，然而，从总体上讲，"留守儿童的学业成绩不如非留守儿童的"。② 同时，在当前"应试教育"的学校环境里，学业成绩通常是衡量一个孩子是否优秀的重要指标，由于留守儿童学业成绩普遍不好，他们也就容易成为被教师忽视的对象。所以，对于部分留守儿童来讲，一方面，他们在家庭里得不到亲情的温暖，缺乏亲子之间心灵上的充分的沟通和交流；另一方面，在学校里他们也通常得不到教师的青睐，师生之间的对话相对比较匮乏，因此，对于这些留守儿童来讲，他们的心灵世界通常都是封闭着的，跟外界几乎没有沟通和交流，更多的是孤独和寂寞，也必然是灰暗的、没有阳光的。

　　面对这些留守儿童，教师给予他们心灵关怀的第一步就是要让他们打开闭锁的心扉，让他们敞开自己的心灵世界，向教师倾诉他们在留守生活中的遭遇，以及他们对留守生活的感受和体验。而且，只有留守儿童打开心扉和尽情倾诉，才能够让他们内心的各种不良情感和情绪得到合理的释放和宣泄，才有助于他们心理和情感的正常和健康发展。但是，教师需要明白的是，留守儿童向教师敞开心扉是有条件的，最重要的是教师要获得留守儿童的信任。这是因为，只有在充满信任的环境里，留守儿童才会有安全感，他们真实的感情才会在教师面前得到自然的宣泄。在师生关系的构筑中，尤其是在中小学阶段，教师居于主导地位，教师在师生互动中的主动性和积极性就显得很重要，对于良好师生关系的建立也很关键。笔者在与留守儿童的接触中发现，教师要获得留守儿童的信任，必须要让他们感到教师容易接近和感受到教师是真诚地对待他们的。在现实生活中，很多教师都是以权威者自居，往往都高高在上，从

---

① 徐阳：《农村留守儿童教育问题研究》，华东师范大学2006年博士学位论文。
② 李松：《农村"留守儿童"家庭环境、心理健康及学业成绩的分析》，载《湖北社会科学》2009年第9期。

而使学生产生恐惧和害怕等心理,跟教师产生了较大的心理距离,他们自然也就不会把自己的心里话向教师诉说了。苏霍姆林斯基指出,"至于教师因没有发现自己的做法不妥帖、欠周到而使学生越来越疏远自己的例子,在学校生活就数不胜数了。"① 在学校生活中出现的学生疏远教师的现象,往往是由于教师的做法不够恰当造成的。因此,教师只有蹲下身子,跟学生平等相处、真心相待,才能够赢得学生的信任,也才能够拉近自己跟学生之间的心灵距离。2010年10月,笔者再次到Y中学调研,在与已经上初三的留守儿童S3的交谈中,她明确告诉我,尽管她的班主任曾找她谈过几次话,但是她从未向班主任讲过自己的心里话,这是因为她认为班主任是老师,不容易接近。她之所以愿意把她的心事告诉我,是因为她认为我很和蔼,而且,她把我当作朋友。在笔者看来,教师要拉近跟留守儿童之间的心灵距离并不是很困难的事情,关键是教师要真诚地对待他们,能够设身处地地理解他们的处境,让他们感受到自己受到了重视和关注,这时,留守儿童基本上都会承认和接受教师对他们的关怀,从而也就愿意敞开心扉来向教师倾诉自己的生活感受和遭遇。总之,教师的真诚、善意、期望等积极的情感反应都能够击碎封闭留守儿童心扉的冰块。在Y中学调研期间,很多留守儿童跟我建立了很密切的关系,向我讲述他们的心里话,在我看来,这主要就是因为我是用心在真诚地对待他们,这种用心不仅体现在我的真诚的话语里,更包含在我对他们充满期待、信任的眼神中。

当师生之间的信任关系建立之后,在教师对他们的真诚的关注之下,留守儿童会以各种形式向教师敞开他们闭锁的心扉。一般来讲,会话是最常见的师生对话的方式,师生之间通过面对面的交流,教师倾听留守儿童的心声,传递给他们理解、期待和支持。在这个过程中,教师需要具有足够的耐心,用心倾听留守儿童内心的复杂、微妙的心理和体验,扮演好倾听者的角色。书信也是一种情

---

① [苏]苏霍姆林斯基著,汪彭庚译:《要相信孩子》,教育科学出版社2009年版,第4页。

感表达的方式，对于一些比较羞涩和不善言语的留守儿童来讲，使用书信的方式更有助于他们内在情感的表达。在 Y 中学调研期间，笔者发现一些班主任通过让学生写周记的方式跟学生进行思想沟通，一些比较认真、责任心强的班主任会做到每篇周记有批复，这样，在班主任和学生之间架起了一座"心"桥，班主任通过学生的周记可以对他们的思想状况、情感变化等有比较清楚的了解，还跟学生进行思想、情感上的交流，自然会拉近相互之间的心理距离。事实上，当留守儿童愿意敞开心扉向教师讲述自己的留守生活经历和体验的时候，他们内在的压力、孤独、寂寞等不良情绪在很大程度上会获得合理的释放，感受到来自教师给予他们的理解、关爱和支持。

二、尊重感、平等感的获得

俄罗斯伦理学家恰尔科夫在谈到对处境不利儿童的心灵关怀问题时认为，"平等、理解、尊重、关爱和宽容是心灵关怀的原则，同时也是心灵活动的目标，是基于处境不利儿童特殊需求性做出的判断。……处境不利儿童的特殊需求性包含：自我生存的需求性；尊重和自尊的需求性；精神的需求性。"① 在他看来，自我生存的需求性主要指处境不利儿童的生存权利；尊重和自尊的需求性包括获得信心、能力、本领、成就、独立和自由的愿望等；精神的需求性就是获得生存的精神生命力。他还指出，在实践中，我们对于处境不利儿童的救助往往过多地侧重于物质方面的救助，而忽视了他们在社会变迁过程中所失去的很多东西，比如儿童的尊严感、道德观，对学习、生活前景的期望等。因此，在处境不利儿童的生存权利得到保障的基础上，我们更应该关注的是他们的尊重和自尊需要以及精神需要满足问题。其实，满足处境不利儿童自尊和尊重需要，以及获得精神生命力的精神需要，就是确立他们作为一个个生命个体的主体性，就是使他们成为能够站立起来的，自信的、独立

---

① 朱小蔓等主编：《当代俄罗斯教育理论思潮》，教育科学出版社 2009 年版，第 223 页。

的人。

对留守儿童的心灵关怀德育中，当留守儿童打开了封闭的心锁，向教师倾诉他们的生活遭遇，以及自己内心的困顿、迷茫和烦恼后，他们需要的就是能够获得尊重感和平等感，这对他们成为真正的自我尤其重要。朱小蔓认为，道德范畴中最核心的因素就是尊重和公正，只有在尊重和公正基础上营造的德育氛围，才有助于道德人格的塑造。① 这种尊重感和平等感的获得能够让留守儿童感受到他们作为学生在学校生活中的存在位置和存在价值，是被教师所关注和重视的，并不是可有可无的。这是他们确立自我主体性意识的基础，也是他们获得自信，感受到具有自我精神力量的前提。正如齐普科所说的，"自尊需求的满足导致一种自信的感情，使人觉得自己在这个世界上有价值、有力量、有能力、有位置、有用处和必不可少。然而这些需要一旦受到挫折，就会产生自卑、弱小以及无能的感觉，这些感觉又会使人的精神丧失。"② 所以，对于教师来讲，在师生对话中如何让留守儿童获得尊重感和平等感是心灵关怀德育中的关键一环，这也是留守儿童由自我感觉柔弱无力、自卑走向自信自强、有力量、有动力的关键环节。而且，一般来讲，一个获得了充分的尊重感和平等感体验的人，他往往能够从容和自信地面对任何生活环境，并能够在任何环境条件下创造性地学习和生活。相反，一个严重缺乏尊重感和平等感体验的人，无论身处何种环境，都会感到无力而不能从容应对生活中的各种挑战。

那么，教师如何才能够使留守儿童获得尊重感和平等感呢？笔者认为，教师在跟留守儿童的对话和交流中，需要从以下三个方面做出努力。

第一，教师不能嘲笑留守儿童，而应给予他们以同情、理解、鼓励和期待的情感反应。留守儿童本身的生活处境相对都比较特殊，在这种特殊的生活环境下，他们的心灵会变得极其敏感和脆

---

① 杨韶刚著：《道德教育心理学》，上海教育出版社2007年版，第247页。
② 朱小蔓等主编：《当代俄罗斯教育理论思潮》，教育科学出版社2009年版，第223页。

弱，能够觉察到外界细微的变化，并在内心引起波澜起伏的心涛。作为留守儿童学校生活中的重要他人，教师对他们的态度选择会直接影响到他们的自我感受。苏霍姆林斯基就指出，"随着我对儿童内心世界不断深入的探讨，随着我逐渐学会用他们的思想和感情来生活，我越来越明确了我们从事教育工作的人的一条十分重要的真理：在了解儿童内心世界的时候，不应伤害他们心灵深处最敏感的地方——人的自尊感。不恰当的、没有分寸的关心，如果伤害了儿童的人格、自尊和自豪感，那么也会像直接的侮辱一样刺伤儿童的心灵。"① 因此，教师在与留守儿童相处的过程中，要尽量能够设身处地地为他们着想，给予他们更多的理解和包容，在言行举止上必须特别谨慎和小心，要尽可能地维护他们的自尊心和自信心。然而，在教育实践中，有些教师都会有意无意地嘲笑留守儿童，这会使留守儿童在心理上远离教师。笔者在 Y 中学调研时，与几位教师谈到留守儿童 S4 的处境，他们似乎都是把它作为一种笑料或者谈资、一种与自身无关和相去甚远的事情，却缺少对 S4 的关切、理解和爱护。当留守儿童发现或感受到教师对自己的嘲笑或不屑时，他们敏感的心灵会受到伤害，在心理上和教师拉开距离。事实上，已经身处困境中的留守儿童，他们迫切需要的是来自教师的同情、理解、鼓励和期待，教师的这些积极的情感回应会使他们感受和体验到被尊重、被理解、被关怀，从而才能够获得克服困难的勇气和信心。

第二，教师不能歧视留守儿童，而应平等地对待所有学生。"事实上，学校关怀是指在学校教育教学活动中处境不利儿童受到了公平的对待时产生的各种心灵感悟，是一种对生命价值的感悟，是对自身价值的体认。"② 学生只有获得了公平对待，才能够体悟到自身存在的价值。对于留守儿童来讲，在农村学校里教师的公平对待是他们获得平等感和尊重感的最根本的方式。然而，在当前的

---

① ［苏］苏霍姆林斯基著，汪彭庚译：《要相信孩子》，教育科学出版社 2009 年版，第 3 页。

② 乌云特娜：《俄罗斯针对处境不利儿童实施学校关怀的分析》，载《当代教育科学》2009 年第 4 期。

学校环境下，有些留守儿童却还要受到来自教师的歧视。一般来讲，留守儿童所受到的来自教师的最多和最大的歧视是由学业成绩引起的。在"应试教育"环境下，有些教师因为某些留守儿童的学业成绩差，在座位编排时把他们放在偏僻的角落；有些教师用粗俗的言语来谩骂、讽刺他们；有些教师甚至会把他们跟其他同学隔离开来等。教师对留守儿童的这些歧视性言语和行为往往会使留守儿童对自己更加失望，并对教师的做法产生厌烦心理，产生对抗情绪，甚至对学校生活本身和生命失去信心和希望。因此，教师应该做到不因学业成绩的差异而区别对待学生，而要平等地、一视同仁地对待每一个学生，尤其是要让留守儿童充分地体验到平等感，感受到他作为班级中的一员在班级中存在的价值和意义。

第三，教师不能以否定的眼光看待留守儿童，而应多发现他们身上的优点、闪光点，多肯定他们。在留守儿童群体中，有些会因自己家庭经济困难、学习成绩不好等原因长期处于自卑的心理状态。这需要教师及时发现他们身上的优点、闪光点，并积极给予肯定，这样，留守儿童会因自己被教师赞扬而找到一些自信，看到一点光明和希望，从而帮助他们摆脱极度自卑的心理。对于这一点，苏霍姆林斯基做过非常精辟和深刻的论述："如果儿童不仅知道而且体会到教师和集体对他个人的优点既注意到了，又很赞赏的话，那么他就会尽一切努力变得更好。事实上，教育技巧的全部奥秘也就在于如何爱护儿童这种积极向上的精神和努力提高其道德水平的积极性。反之，如果儿童自己不想学好，那么任何一个教育者也无法硬让好的东西在儿童心里生根。因此，只有在教师和集体都能首先看到儿童身上的优点的地方，才可能出现这种积极要求向上的热忱。"① 正是在这个意义上，教师是否能够给予留守儿童更多的赞赏和肯定是他们对自己未来生活建立信心和获得勇气的关键。

但是，在当前"应试教育"的学校环境下，教师往往会用考试成绩来衡量学生的好坏，对于那些学业成绩不好的留守儿童来讲，

---

① ［苏］苏霍姆林斯基著，汪彭庚译：《要相信孩子》，教育科学出版社 2009 年版，第 9—10 页。

教师自然对他们否定得多，肯定得少，甚至几乎没有肯定。所以，这些留守儿童的学校生活自然是缺少阳光的、灰暗的。笔者在 Y 中学调研中接触到一个初二留守儿童 S6，她就属于长期得不到教师赞扬的、很自卑的孩子。生活在"雨花石之乡"的她，从小喜欢收藏雨花石，而且，想象力极其丰富。她认为每颗雨花石都是有生命的，并能够对着每颗雨花石想象出一大堆丰富的内涵来。当我说她是一个心地善良、聪明、懂事的孩子时，她笑了，露出了两个浅浅的酒窝，很开心，但又略显失望地告诉我，从来没有老师这样夸过她。的确，S6 的学业成绩在班级排名中靠后，在"应试教育"环境下，她难以获得教师的赞扬和肯定也就不难理解。个体心理学创始人阿德勒认为："教师对学校的制度环境不负有责任，但如果他们能以个人的同情和理解缓和一下这个制度的非人性和苛刻的一面，那就最好不过了。因此，教师要考虑到某个孩子的特殊情况，适当对他宽一点；这样，会起到鼓励这个孩子的作用，而不是把他推向绝路。""一句话，一个理想的教师负有一种神圣和激动人心的责任。他铸造孩子的心灵，人类的前途也掌握在他的手里。"① 事实上，教师能否挣脱学校制度的羁绊，坚持以学生为本，把促进学生成长作为自己行动的前提和基础则是衡量教师教育境界高低的重要指标。而在当前的教育现实状况下，要让教师彻底打碎以成绩好坏来评价学生的桎梏还不是很现实，但是对于教师来讲，一定要全面看待学生，尤其是面对留守儿童时，要尽量以肯定的眼光对待他们，教师的赞赏会为他们灰暗的天空划出一抹阳光和希望。总之，留守儿童的尊重感和平等感的获得是对他们心灵关怀德育的一个重要环节，也是他们获得健康成长和发展的重要组成部分。对于教师来讲，需要给予留守儿童积极的情感反应，这是他们在学校生活中获得尊重感和平等感的基础和前提。

三、感受到生活的乐趣和希望

激发和唤醒留守儿童内在的生命力量，让他们感受到自我存在

---

① ［奥］阿德勒著，韦启昌译：《儿童的人格形成及其培养》，河北人民出版社 2002 年版，第 110、114—115 页。

的意义和价值，拥有生活的信心和勇气，顺利度过留守生活，是教师给予留守儿童心灵关怀所追求的目的。实际上，在对留守儿童的心灵关怀德育中，当留守儿童敞开心扉，向教师倾诉生活中的遭遇，并得到了教师的同情、理解、期待等积极情感反应之后，他们就会获得尊重感和平等感，感受到自身存在的价值和意义，从而在内心会产生自信和精神生命力，会重新认识自己的留守生活，看到希望，并感受到生活的乐趣和意义。这也正是对留守儿童的心灵关怀德育要达到的最终目标。以下是Y中学初一留守儿童S5对自己的学校生活的一段描写，我们可以从这段文字中感受到他在班主任老师的关怀下，他的精神世界所发生的变化。这种变化，正是我们这里所讲的心灵关怀德育所要达到的和实现的发生在留守儿童精神世界的层级性的变化过程。

　　我的生活是一个没有温暖、充满了艰辛的过程。我住在一个破旧的矮房子里面，父母因争执而离了婚，爹爹（当地方言，即爷爷）奶奶也先后弃我而去，只剩下年幼的我和爸爸一起生活。爸爸总是抽烟喝酒，还时常对我打骂，让我不仅得不到爱的滋润，还伤了我幼小的心灵。现在他到远处去打工，对我不闻不问，让我伤透了心。

　　上课时，我总是走神，精神不集中，班主任知道了，便把我找到办公室问话。在长时间的问话里，老师知道了我和我家的情况，非常同情我，还安慰我要坚强、要乐观、要勇敢地去面对生活，努力学习。此后，老师对我非常关照，什么事都会为我着想。我能住进学校，就是因为我妈妈晚上打了很多电话求班主任去跟我爸讲，让我住校，伙食费可以少缴一点。而班主任去跟食堂人讲，为我求情少缴一点钱，目的是让我能少干一点活，十几里路可以不用来回跑，因为要一小时呢，住校的时间，我的三餐能够得到保障，不用自己动手煮粥了。此外，我没本子用时，班主任还给我一些本子用，就是让我好好学习。前不久，我的学习跟不上了，心里非常着急，课后让老师给我布置一些题目练习。我一定会努力学习，再苦我也不怕，我绝对不能让那些曾经帮助过我、对我学习抱有希望的人失

望。我一定会努力学习的。我要坚强、乐观地去面对生活,面对学习的挑战。

正如俄罗斯伦理学家恰尔科夫所说的,"事实上,对处境不利儿童的道德关怀,关键是让处境不利儿童感到心灵的关怀和情感的慰藉,努力找到实现自身价值的有效途径,形成健康、向上、奋进的积极心态。"[①] 我们对于留守儿童的心灵关怀德育的最终目标也就是要通过教师给予留守儿童心灵关怀、积极的情感反应,使他们找到自信,看到生活的希望,感受到生活的乐趣,从而激发他们内在的精神生命力和潜在的道德主体意识,使他们成为具有强烈的自我意识和充满希望的人。需要特别强调的是,在这个过程中教师发挥着至关重要的作用,教师给予留守儿童的敏感、关爱、倾听、信任等积极的情感反应都会成为激励他们成长的动力源泉,也只有如此,教师才能真正成为留守儿童心灵成长的引路人。

最后,需要指出的是,在农村学校里教师对留守儿童心灵关怀德育是一个周而复始的、循环反复的、永无止境的过程。从留守儿童的生存视域来看,他们的学校生活里有诸多教师,每天经历着许多生活故事、生活事件和生活情境,也形成了多种多样的复杂的交往关系。发生在留守儿童身上的从打开闭锁的心扉→获得尊重感和平等感→感受到生活的乐趣和希望这个发展变化过程,只是发生在特定情境和特定关系下的一次次生活经历或一个个生活故事中的内在精神层面的发展变化的体现,这些多重效应的叠加共同推动着留守儿童精神的发育和成长。而由于留守儿童的生活本身具有丰富性和复杂性特征,不同教师对不同留守儿童的情感反应和态度选择会不同,每个留守儿童与不同教师之间的心灵距离有远有近,这就决定了并不是他们学校生活中所有的生活经历和生活故事都能够使得他们获得这样正向的和积极的情感体验与精神感受,相反,有些可能会造成对他们精神上的打击或挫伤,导致出现不良的后果。这也说明,留守儿童精神发展的过程本身充满了各种困难。因此,正是

---

① 朱小蔓等主编:《当代俄罗斯教育理论思潮》,教育科学出版社 2009 年版,第 224 页。

在这层意义上，作为公共教育机构的农村学校和教师要尽量提升自身的道德关怀的意识和营造温馨和谐的校园生活氛围，关注和重视留守儿童心灵关怀缺失问题，使教师与留守儿童的每一次相遇都变成留守儿童精神发展的契机，给予他们积极的情感应答，以增强他们的精神生命力，使他们成长为能够积极地、勇敢地去面对和迎接生活挑战的真正的人。

第三章 心灵关怀取向的农村学校德育的现实困境

通过第一、二章的论述和分析，我们已经明确，在中国当前快速城市化背景之下，留守儿童成为农村学校里的特殊群体。存在于这个群体身上的一个需要引起特别重视和关注的问题是，他们身上普遍存在的心灵关怀缺失问题。农村学校作为专门化的公共教育机构，肩负着培养未来公民的责任和义务，教育和培养留守儿童健康成长是其不可推卸的时代使命。那么，满足留守儿童心灵关怀的需要和引导他们积极、健康发展和成长，就是农村学校德育的应然取向，这不仅关涉留守儿童自身及其家庭的幸福，还关涉整个社会的和谐和稳定。当我们立足农村学校德育的视角来探讨留守儿童的心灵关怀德育问题时，我们就必然要聚焦到当前农村学校教育的现实状况上来，对有关在农村学校里落实心灵关怀取向德育的各种要素进行分析，以便确定存在的困难和问题，从而为促进留守儿童教育发展的相关政策、法规、措施的制定提供一些事实上的依据。

当然，在农村学校里，关涉对留守儿童实施心灵关怀德育的要素有很多。可以说，农村学校里所有要素都与其相关，包括可见的，如学校设施等，和不可见的，如学校制度文化、学校精神文化等；在场的，如教师、同学等，和不在场的，如父母、亲戚等；当前的，如教师和家长当前的教育观念等，和未来的，如教师和家长未来的教育理想等。如果对所有的要素进行分析，这既是不可能的，也是不必要的。我们只要抓住关键和核心的要素，并对其进行分析，就可以取得提纲挈领的效果。笔者认为，在农村学校里涉及对留守儿童心灵关怀德育实施的关键和核心要素有三个，即学校管理、教师和家长。对留守儿童心灵关怀德育实施的主体是农村教师，德育实施不仅与作为德育主体的教师自身因素相关，而且还会受制于一定的学校德育氛围，而学校德育氛围状况主要取决于学校管理。同时，家长也应该是学校德育的支持性力量，但是，家长对学校德育支持性力量的发挥不仅与家长自身的因素相关，还与家校之间沟通是否畅通等相关。另外，教师和家长之间的相互作用也会影响到教师的德育态度和德育行为的选择。因此，我们说，学校管理、教师和家长是影响农村学校对留守儿童心灵关怀德育实施的三大关键和核心要素，它们共同对留守儿童的成长和发展产生着多重作用和影响，如图 3-1 所示。

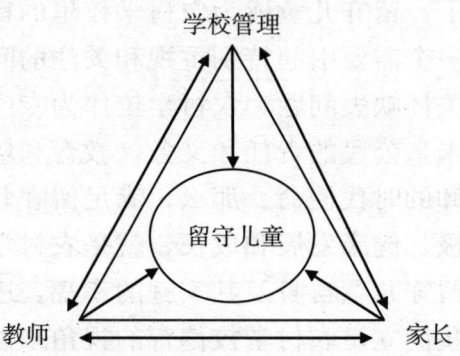

图 3-1　影响农村学校对留守儿童心灵关怀德育实施的核心要素

笔者之所以特别强调学校管理、教师和家长三个要素在农村学校里对留守儿童心灵关怀德育的作用和影响，是因为在当前农村学校教育环境条件之下，这三个方面分别发挥着各自独特的意义和价值。在此，我们可以对它们各自的独特性进行一些简单说明。

第一，坚持以人为本是学校管理道德性的根本体现。然而，学校管理是否能够坚持道德性则受制于教育情境中多重因素的制约。通俗地讲，学校管理就是学校领导者对学校人力、物力、财力等资源进行组织、协调等以达到最大管理效能的过程。学校领导者会按照体制的要求安排学校里的各种资源，以实现体制所要求的管理目标。特别是在当前制度化学校教育环境里，作为公共教育机构的农村学校里的各项工作实施，都要接受上级教育主管部门的领导、管理、监督、评价等，这样，来自上级教育主管部门的要求就成为农村学校必须完成的管理目标。从学校工作内容来看，一般来讲，在中小学里主要包括教学工作、后勤工作、学生管理工作、安全工作等；从学生的发展来看，关于学生发展的内容一般分为德、智、体、美、劳五个方面。值得注意的是，从理论上讲，不论是学校工作的内容，还是学生的发展方面，任何一个方面都是不能忽视的，也都是重要的，应该得到学校领导者的同等重视，但是在教育实践中，领导者会根据体制的要求，以及现实境况需要来区别对待。尤其是在当前"应试教育"风气在农村学校还比较盛行，而且校园安全问题受到特别强调的情况下，学校德育本身就难以得到教育主管部门、学校领导和教师应有的重视，又由于留守儿童心灵关怀缺失问题是以隐性方式存在着的，这也就意味着这一问题很难得到大家的关注和重视。正是在这层意义上，我们特别强调学校管理在对留守儿童心灵关怀德育实施中的意义和价值。

第二，教师是留守儿童学校生活中的"重要他人"。① "重要他人"这一概念是社会学家米德提出的，是指凡是在个体的发展和成长中具有重要影响的人物。在农村学校里，留守儿童的日常学习和生活都离不开教师的关心、照顾、帮助，而且师生关系也构成了学校生活中最为重要的一种人际关系，所以，毫无疑问，教师就是留守儿童学校生活中的"重要他人"。事实上，教师对留守儿童心灵关怀的意义，不仅体现在有助于留守儿童个体的健康成长，更为重要的是它还能够促进整个社会和谐、有序地发展。正如克里希那穆提所说的，"在学校里，教师是最重要的人，因为他们担负着人类未来的幸福。这不只是一个口头上的陈述。这是一个绝对的、不可改变的事实。"② 杜威在《我的教育信条》一文中也认为："最后我认为教师不是简单地从事于训练一个人，而是从事于适当的社会生活的形成。我认为每个教师应当认识到他的职业的尊严；他是社会的公仆，专门从事于维持正常的社会秩序并谋求正确的社会生长。这样，我认为教师总是真正上帝的代言者，真正天国的引路人。"③ 因此，我们对教师在留守儿童心灵关怀德育实施中的地位和价值做

---

① 吴康宁著：《教育社会学》，人民教育出版社1998年版，第244页。
② [印度]克里希那穆提著，张春城等译：《教育就是解放心灵》，九州出版社2010年版，第40页。
③ [美]约翰·杜威著，赵祥麟等译：《学校与社会·明日之学校》，人民教育出版社2005年版，第15页。

再多的强调都不为过。

第三,家长是儿童的第一任教师,也是儿童的终身教师,家庭是儿童社会化的第一个场所。"夫风化者,自上而行下者也,自先而行后者也。"① 由于亲子之间的血缘关系的存在,家长对儿童发展和成长的影响是深刻的,也是深远的。儿童在学校里的成长和发展也需要家长的支持。事实上,家长是学校德育的一股潜在的支持性力量。关于对家校合作在儿童教育中的重要性的认识,刘百川、刘学愿在《学校与家庭》一书中有一段精辟的论述:"儿童教育是一件复杂的事情,不是家庭一方面可以单独胜任的,也不是学校一方面可以单独胜任的。因为学校要指导儿童的行为,先要明了儿童家庭的生活状况,及其对于儿童生活的关系,更要考察儿童家庭的社会环境,及其对于儿童教育的影响。而家庭要指导儿童的行为,也先要知道儿童在学校里有什么长处?有什么短处?有什么嗜好?有什么癖性?不然大家便都无从着手了。所以,学校与家庭必须取得密切的联络,相互供给资料,以一致的态度,来共同教育儿童。"② 在农村学校里,对留守儿童心灵关怀德育的实施同样需要取得留守儿童家长的支持,学校和家庭之间的密切合作会促进儿童的健康成长和发展。正如理查德·赖利(Richard Riley)所说的,"牢固的教育能够而且必须建立在家庭这块基石之上。"③

正是基于以上认识,笔者认为,学校管理、教师和家长是关涉对留守儿童心灵关怀学校德育实施的三个关键和核心要素。因此,在本章我们主要从学校管理、教师和家长三个方面及其相互的联系等,来考察指向留守儿童心灵关怀的学校德育的实然状态。

---

① 张霭堂著:《颜之推全集译著》(治家),齐鲁书社 2004 年版。
② 刘百川、刘学愿编:《学校与社会》,商务印书馆 1948 年版,第 136 页。
③ [美] 欧内斯特·L. 博耶著,涂艳国等译:《关于美国教育改革的演讲》,教育科学出版社 2002 年版,第 22 页。

第一节　学校管理难以保障管理的道德性

从根本上来讲，教育就是促进人的精神成长的活动，给予人心灵的呵护和唤醒，使人从内在的心灵深处获得生活的意义、体会到生命的尊严、形成健康的积极心态是教育的根本目标。从学校管理角度来讲，学校管理就需要坚守管理的道德性，即坚持以人为本信条，弘扬人文关怀精神，把促进人的精神成长作为工作核心来抓。具体来讲，学生是学校教育的对象，学校管理中要始终贯彻以学生为本的理念，促进学生身心的健康成长和发展是学校教育的使命。然而，综观当前农村学校教育现实状况后我们会发现，教育实践在很大程度上偏离了以人为本的精神，学校管理难以保障管理的道德性。

一方面，由于当前我国社会整体上考试竞争风气比较盛行，致使"应试教育"在农村学校还相当普遍，教育主管部门、学校领导、教师，以及家长和学生都深受"应试教育"的影响，把提高学生的学业成绩作为中心任务。而且，对学校、教师和学生的评价也以升学率和学业成绩作为主要的评价标准，甚至是唯一的评价标准。与此同时，学生其他方面的成长和发展则难以得到应有的重视。另一方面，随着我国社会经济水平的整体提升，人们在思想道德领域的问题增多，社会不稳定因素增加。2010年上半年，我国频发数起影响极其恶劣的校园安全事件，① 这直接使得校园安全问题被提升到国家高度②。当前，在农村学校里对安全问题的强调使

---

① 2010年3月23日，南平实验小学门口发生凶杀案，8人死亡；4月12日，广西合浦县西场镇西镇小学门前发生凶杀案，2人死亡；4月28日，广东湛江雷州雷城第一小学，15名学生和1名教师被砍伤；4月29日，江苏泰兴幼儿园32名幼儿被砍伤；4月30日，山东潍坊尚庄小学5名学生被铁锤打伤；5月12日，陕西南镇县圣水镇林场幼儿园发生凶杀案，7名学生和2名成人死亡。

② 《校园安全问题升至国家高度》，http://www.wuwuwuwuyu.com/edu/1/2010-05-05/2421.html. 2010-09-17.

教师犹如惊弓之鸟，学校管理中一切事务的安排都以确保安全为前提，安全问题已经成为学校管理中的高压线。正是主要由于深受"应试教育"和校园安全问题的影响，不仅使农村学校德育本身被严重地边缘化了，而且使农村学校德育实施变得极其困难。也正是在这样的学校管理氛围之下，留守儿童心灵关怀缺失问题在农村学校里被淹没了，留守儿童心灵关怀缺失问题也难以受到教育主管部门、学校领导和教师的重视。同时，由于留守儿童心灵关怀缺失问题本身是以隐性方式存在着的，只有教师真正走进他们的心灵深处才能够深切地感受到，当学校和教师忙于应对"应试教育"和校园安全问题时，留守儿童心灵关怀缺失问题也就根本不会得到大家的关注，甚至在大家眼里也不能构成一个问题而存在。正因为如此，农村学校管理往往也偏离了以人为本的道德规定性。因此，在本节里，我们主要从"应试教育"和校园安全两个方面来探讨和分析农村学校德育实施，以及对留守儿童心灵关怀德育实施所面临的现实困境。

一、"应试教育"致使农村学校德育边缘化

"如果说当今中国教育中有哪一个问题是全社会几乎无人不晓的话，那么，这个问题便是激烈的考试竞争。……考试竞争不只是存在于学校之外的空间里，而是已经渗透到学校教育本身的过程之中，并成为一个久治不愈的顽症。"① 受激烈的考试竞争的深刻影响，当前中国教育中已经形成了高考—中考—小升初，甚至，幼儿园升小学的考试链条，考试生活已经成为学校生活的常态，学校的各项工作都紧紧地围绕着考试竞争的需要来展开。虽然1993年《中国教育改革和发展纲要》明确提出基础教育要实现由"应试教育"向素质教育的转轨，但时至今日，中小学"应试教育"仍然如火如荼。当然，其中的根本原因在于中国本身具有"学而优则仕"和学历主义文化传统的社会基础，以及个体通过考试竞争来获取社会资本的内在动因。在社会和个体的双重期待下，考试竞争的战火

① 吴康宁：《制约中国教育改革的特殊场域》，载《教育研究》2008年第12期。

势必是很难熄灭的。在考试竞争的现实境遇下，评价学校、校长、教师和学生的标准也就向考试成绩看齐，这样，尽管在考评时会列出诸多的考评项目，但考试考评制度几乎成为潜规则化的首位标准。正因为如此，在农村学校教育实践中，各项工作的安排就会围绕考试展开，而理应处于突出地位的德育则被严重地边缘化了。

（一）尴尬的农村学校德育

《义务教育法》第36条明确规定：学校应当把德育放在首位，寓德育于教育教学之中，开展与学生年龄相适应的社会实践活动，形成学校、家庭、社会相互配合的思想道德教育体系，促进学生养成良好的思想品德和行为习惯。这从法律意义上确立了德育在学校教育中具有优先地位。然而，对教育实际状况考察之后我们会发现，德育在教育实践中的处境是极其尴尬的，形象地讲，德育是说起来重要，做起来次要，忙起来不要。对于德育在农村学校中的尴尬处境，Y中学主管德育的副校长T1是这样描述的：

> 学校德育，有时候也非常尴尬。尽管现在说要从"应试教育"的桎梏中摆脱出来，搞素质教育，但在实践操作过程中，人们，包括一些家长、一些政府领导，也包括一些老师，并没有把德育工作放到一个首要的位置上去看，平时说说、挂在嘴上，但在工作中就不是那么回事了。地方领导对学校的评价，就是看学校升学考试有几个学生考到最好的学校，这好像成了地方评价学校质量好坏的唯一的标准，家长这样看，社会这样看，地方政府的领导这样看，他们的这一套评价学校的体系根本就不符合素质教育的理念。至于说主管教育部门，他们是按素质教育的标准去考核，但它毕竟是主管部门，即便是按素质教育标准做得很好，万一你升学考试成绩不好，他们也会说，美中不足啊。
>
> 我觉得评价制度对学校和老师的束缚很大。真正搞素质教育了，质量肯定要受影响，你看现在的中考、高考指挥棒在引导大家怎么做？如果真的注重素质了，一考试就要出洋相了，学校领导不敢，老师也不敢。总之，德育在学校里的处境是很尴尬的。

为什么在中小学里实施素质教育改革举步维艰，根本的障碍在于"应试教育"仍然在中小学教育里普遍盛行，评价制度也没有得到相应改革，高考、中考和小升初考试是指挥棒，左右着学校教育工作的开展和实施，升学率成为衡量一所学校教育质量的最重要的指标。如果一所学校的升学率降低，校长就很难向地方政府、教育主管部门和家长交代，在极端情况下，校长甚至可能会因此被就地免职，学校可能会因为招不到学生而垮台倒闭。① 在"应试教育"环境下，一所学校素质教育即使做得再好，如果升学率上不去，势必遭到社会、地方政府、家长等多方面的指责，2004年南京的"高考之痛"就是明证。南京市区学校由于贯彻和落实国家实施素质教育的号召，结果高考升学率下降，致使社会、家长和学生极为不满。与此相反，仍旧坚持"应试教育"的苏北"县中模式"却得到社会认可，以至于南京市区众多家长纷纷给孩子转学到苏北学习。

2009年江苏省委省政府办公厅、教育厅共同颁布了《关于规范中小学办学行为深入实施素质教育的意见》，提出"五严"规定，即严格禁止下达高（中）考升学指标；严格控制学生在校集中教学活动时间；严格执行国家课程计划；严格规范考试和招生管理；严格禁止义务教育办学中的违法行为。② 但是，笔者在Y中学调研期间发现，虽然学校管理形式有了一些变化，但从总体上来讲，校长、教师、家长和学生基本上还没有脱离"应试教育"的思维框架和桎梏，学校的日常工作和学习还是紧紧围绕着提高学业成绩在开展。

事实上，"应试教育"和激烈的考试竞争环境导致的一个严重的后果是教育中爱的缺失。我们知道爱是教育永恒的主题，没有爱的教育就是没有灵魂的教育。尤其是对于诸多留守儿童来讲，由于父母双方或一方的离开，他们的亲情需要和心理、情感等关怀得不

---

① 董泽枝：《2亿弱势学生娃·厌学逃学·喜学爱学取决于中小学评价制度》，载《山西体育科技》2008年第3期。

② 《〈关于规范中小学办学行为深入实施素质教育的意见〉"五严"规定》，http://lcxx.qqedu.net/ggtz/ShowArticle.asp?ArticleID=1094.2010—12—29。

到满足，当他们来到学校的时候，对教师充满着更多的期待。但是在"应试教育"环境下，留守儿童心灵关怀需要却难以从教师那里获得满足。2013年5月6日，陕西宝鸡文理学院教育科学研究所举办了"多学科视野中的留守儿童教育研究"研讨会，邀请了几位农村中小学教师参加。其中，一位农村高中副校长的发言值得我们深思。

> 我们的教育方向说到底还是在拼高考，我们的教育本质是在高考指挥棒下培养考试机器，在这一点上没有任何掩饰的必要。而且，由于生源的问题，在拼高考上，我们可能要拼得更加残酷，我们去年900多人参加高考，二本上线人数是109人，也就是说，绝大多数根本升学无望的学生，要陪着109人拼高考，拼二本上线率。这点我们想改变，但无力改变，因为里面全是功利，更因为这关乎我们下一届的招生，继而关系到我们的存亡。那么，在这个高速运转的高考战车上，教育原本应该有的人性、人文的内容，应该有的对个体生命的关怀、关注度，势必大大降低。
>
> ……像我们这样的学校，是留守学生的聚集之地，但也是教育严重异化之地，留守学生需要个性化关爱的心理需求，与现行体制下目中无人的教育现实之间的矛盾，可以说是我们很多教育问题的症结所在。而这样的学校在全市、全省、全国大量存在，但是对留守学生到底做了多少工作，可以说微乎其微。

可见，在"应试教育"和激烈的考试竞争环境下，教育本身已经严重异化了，升学率成为衡量教育质量的唯一标准，德育已经被搁置，背离了教育本真的追求，留守儿童心灵关怀缺失问题难以获得学校和教师应有的关注。而且，受考试竞争思维逻辑的制约，在学校内部，对教师和学生的管理也就主要向考试成绩看齐。对于教师来讲，平时德育工作做得再好，如果所带科目或所带班级的考试成绩不好，那么就跟"优秀教师"或"先进教师"荣誉无缘了。笔者在Y中学调研中接触到一位初三班主任老师T2，他已经有五年从事班主任工作的经验，班级各项管理工作做得很细致、很到位。

平时,他通过让学生写周记的方式跟学生沟通、交流,在周记的批语里对学生有鼓励、有期待、有巧妙的点拨等,从中能够看出这位老师对学生非常有责任心。但是,这位以往连年被评为"先进教师"的班主任,2010年却不幸落选。他于2010年暑假在给笔者的QQ留言中写道:

  我感觉这一年挺失败的,真的。初三6个班7人考上一中(注:一中为当地重点高中),我们班一个没有。我们班第一名××以一分之差名落孙山,他的成绩出来后,班级的学生包括我们很多老师都说这是报应。唉,这小孩子,平时他母亲太宠爱他了。以前每学期我都是先进个人,班级是文明班级,这学期都没有了。不过,有一点我很开心,那天全校教师开会,60个人吧,大家不记名投票选择哪个是文明班级,我得票50,最高啊,呵呵,看来我的人际关系不错,虽然最后不知什么原因没有评到文明班级。呵呵,人很现实的,校领导估计也是的。想想这也正常,"应试教育"的评价机制就是这样的。问心无愧就行了,过几天心情就会变好的。

这位班主任教师的遭遇,正体现了在成绩面前胜者为王、败者为寇的学校管理法则,这也是诸多农村学校教师的现实境遇。评价制度是对单位或个人的工作价值认定的标准,也是学校和教师行为选择的依据。目前,在一些地区已经实行中小学教师聘任制、末位淘汰制等,这基本上都是按照考试成绩来管理的,对于绝大多数教师来讲,把自己的绝大部分时间和精力用到抓学生的学习成绩主要也是他们出于生存需要的理性选择。因此,学校德育被严重地边缘化,成为学校教育中可有可无、可多可少的事情。

(二)窄化的农村学校德育

关于学校道德问题,杜威在《教育中的道德原理》一文中提出了"学校道德的三位一体"(the moral trinity of the school)① 这一理论,认为道德教育应贯穿在学校全部活动之中,包括学校的生

---

① [美]约翰·杜威著,赵祥麟、任钟印、吴志宏译:《学校与社会·明日之学校》,人民教育出版社2005年版,第152页。

活、学和做的方法和学校科目或课程，他把这三个方面称作学校道德的三位一体。在杜威看来，在学校全部时空中都应该渗透道德教育，所有的学习内容都应该具有道德教育的价值。当然，学校全体教师也都应该成为道德教育者，这样才能够实现学校道德教育的目标。然而，当前在农村学校里却普遍存在着德育被窄化的现象，主要体现在德育内容的窄化、德育主体的窄化和德育时空的窄化三个方面。

首先，在农村学校里存在把德育内容窄化为德育课程的倾向。目前，我国小学德育课程是"品德与生活"和"品德与社会"，初中德育课程是"思想品德"，在很多教师的思想观念里，德育课是学校实施道德教育的主渠道或主阵地，德育内容即是德育课程中的内容，而遗忘了其他课程的德育价值，以及隐含在学生日常生活中具有道德教育意义和价值的内容。而且，通常在中小学还有"主课"和"副课"之分，"主课"属于学校里的中心科目，"副课"属于边缘科目。"最具有讽刺意义的是，培养学生思想品德的'思想品德'课，居然就是'副课'。思想品德课可能还会成为'负课'——上这样的课既占学生的时间，又占学生的精力，白耽误工夫；而小学生最喜欢的课程，往往就是音乐、体育、自然、社会、美术这类'副课'和连'副课'都不是的活动课。"[1] 也正因为德育课在中小学里的"副课"地位，使带这门课的老师也被称为"副课"老师，在学期末的教育工作量的考核中，即使"副课"老师和"主课"老师的工作总量一样，但由于"主课"和"副课"的权重系数不同，"副课"教师所得奖励远远要低得多。这样，我们就可想而知，由于德育课在中小学不受重视，教师在教这门课上所投入的精力、心力等就不会很多。现实情况是，德育课通常是带"主课"教师兼任的，他们把德育课的课时用于上"主课"也是常有的事情。所谓的"主课"和"副课"的划分主要还是基于"应试教育"思维，一般来讲，"主课"通常是升学考试要考核的科目，在升学中居于重要地位，而"副课"则在升学中居于次要地位。事实上，"道德教育不能光靠一门课程来实施，各门课程都是道德教育

---

[1] 毕世响著：《乡村生活的道德文化智慧》，吉林教育出版社2002年版，第37页。

的平台"①，所有的课程里都包含着道德教育的要素和内容。但是，当德育内容窄化为德育课程的时候，由于德育课程在中小学里又往往处于"副课"地位，因此，德育在中小学里就被置于无足轻重的地位了。

其次，德育主体窄化为德育课教师和班主任。关于德育主体的讨论，基本上有"单一主体论"（教师主体或学生主体）、"双主体论"（教师和学生都是主体或互为主体）、主体转化理论（教师开始是主体，然后学生逐渐成为主体），以及"新保守主义"（即在坚持学生主体性发挥是教师主体性发挥的核心，同时教师是整个德育过程的主体）等观点。② 在此，笔者持"新保守主义"观点，即强调教师作为德育主体的意义和作用，学校所有教师都是德育主体，都要承担道德教育的责任。这意味着在学校里，只有每一个教师都自觉承担起德育的任务和责任，学校德育才能够获得良好的发展。然而，在教育实践中，由于学校组织安排和分工需要，承担德育任务的往往是班主任和德育课教师，学校德育主体窄化为德育课教师和班主任，其他科任教师理应承担的道德教育责任被忽略了。德育课教师主要是通过德育课程来实施道德教育，班主任则是通过班级管理来实施道德教育。这导致的直接后果是，在农村学校里，我们通常看到班主任对班级学生进行思想教育工作的情景，而较少有科任教师经常对学生的学习、生活、思想等方面给予全面的关心和照顾，科任教师仅仅只关注自己学科的教学，对学生的思想、道德等发展并不负责。而且，如果学生出了问题，学校领导往往找的是班主任，并向班主任问责，而一般不会找科任教师的麻烦。由于学校德育主体的窄化，学校德育力量也薄弱了，从而影响到学校德育的开展和实施。

最后，德育时空被窄化。"道德教育在本质上是人格的、生命的、完整生活质量的教育，这种教育是不可能离开智育、美育等其他各育的。它必须依托其他各育而存在，以诸育为载体，而且诸育

---

① 朱小蔓著：《情感德育论》，人民教育出版社 2006 年版，"丛书总序"。
② 檀传宝著：《德育原理》，北京师范大学出版社 2007 年版，第 103 页。

中也应该渗透着道德教育。"① 这是因为，道德是与生活紧密联系在一起的，它不可能从生活整体中被抽离出来，而且，生活中没有一种孤立的现象可以称为道德。俄罗斯伦理学家德罗布尼斯基于20世纪60年代所写的《道德的概念》一书就阐明了这样一个观点，即道德教育不是一个可以离开其他活动而独立存在的东西。他认为，不要把道德从人的活动中分离出来，道德不是区分于社会现象中其他现象的特殊现象，不能限定道德的空间范围，道德渗透在社会生活的一切领域，无时不在、无处不在。② 因此，道德教育是全时空的，学生生活的方方面面、每时每刻都适合实施道德教育。但是，在我国中小学德育实践中，德育已经变成为某门课程的事情，变成为某个固定时段的事情，也变成为固定的某些人员或部门的事情，德育时空被严重压缩和窄化了。当然，德育时空的窄化主要基于以下两个方面的原因：一是当前"应试教育"的盛行对学校德育的严重挤压，使得学校德育的时空变窄；二是学校分科教学使得道德教育的完整性被肢解。20世纪初，杜威在谈到教育中的浪费问题时就认为，教育本身是一个统一的整体，而分科使得教育的统一性肢解，这样，"教育的统一性烟消云散了，各门学科变成了离心的，这门学科完全是为了达到这个目的，那门学科完全是为了达到另一个目的，直到全部学科变成完全是互相竞争的目标和互不联系的学科之间的折中妥协和大杂烩"③。具体地讲，把德育单独列为一门课程去讲授，这不仅是对教育资源的浪费，也是对教育的完整性和统一性的割裂。而且，把德育从学生完整的生活中单独剥离出来，德育也就远离了学生的活生生的生活实际，成为孤立于学生的完整的生活之外的事情。

（三）形式化的农村学校德育

德育的根本在于促进学生精神成长。只有真正抵达学生心灵的

---

① 朱小蔓著：《教育的问题与挑战——思想的回应》，南京师范大学出版社2000年版，第287页。
② 朱小蔓著：《情感德育论》，人民教育出版社2005年版，第237页。
③ [美] 约翰·杜威著，赵祥麟等译：《学校与社会·明日之学校》，人民教育出版社2005年版，第57页。

德育，才能取得预期的效果。德育的对象是人，德育就是要引导儿童提高道德认知能力，增强他们的道德意志和道德情感体验，促进他们健全人格的形成等。鲁洁说："德育面对的是人而不是物，即使是物，我们也要显示它背后的人，显示它和人的关系；它面对的是一个个有血有肉的人，是人心，而不是抽象的概念化的人和冷冰冰的理性；它面对的是人的向善之心，它展示的是人对美好生活的追求。"① 如果学校德育背离儿童发展的需要，不触及儿童的心灵和精神层面，就不可能获得任何成效。

然而，事实上，在学校德育实践中，却存在着大量的形式化的德育现象。这种德育是有名无实的，它们仅仅只是为了应付上级的检查。笔者在调研期间发现，Y 中学在学期工作计划中安排每月有一次主题德育活动，诸如"植树月"、"感恩教育月"等，从内容安排上看，这些都是很有意义的德育活动。但是，事实上，学校和班级并未开展与之相关的活动，这样的书面计划只是为了应付上级部门对学校德育工作的检查。而且，令人惊讶的是，虽然班级没有组织任何相关活动，但是在月末，每个班级都会按时交上班级德育活动总结。另外，Y 中学所辖区教育局在中小学实施"帮扶计划"，即要求每个教师帮助和扶持一个学习或品德或生活上需要帮助的学生，教师和学生之间结成对子，给予学生一定的指导和帮助，使其健康发展。学校要求教师每月填写一份帮扶活动记录表，笔者在 Y 中学政教处也看到了教师所交的帮扶活动记录表。对于学校来讲，要求教师交帮扶活动记录表是为了应付上级部门检查的需要，但对于学生来讲，最为重要的是教师是否真正对他们的学习、思想、生活等方面给予了切实的关心和照顾。事实上，绝大部分教师所填的帮扶活动记录也是有名无实的。笔者在对 Y 中学教师 T3 的访谈中，他道出了学校德育的真实状况。

说句实在话，现在学校里搞德育，全是表面文章，没有做过实实在在的事情。我们学校三月份说是要求各个班级开展感恩教育，其实大家都没有做，一是没有时间；二是做了也没有

---

① 鲁洁著：《道德教育的当代论域》，人民出版社 2005 年版，"总序"。

多大作用。总之,到月底,大家都会把材料交上去的。至于说这个材料是怎么出来的,学校是不会过问的。

德育在学校里为什么会被架空,会流于形式,而且,从教育主管部门到学校领导、教师等都心照不宣,其根本上都源于激烈的考试竞争和考试考评制度。一方面,从时间上来讲,在考试竞争的教育环境里,学校和教师都会把绝大部分时间,甚至所有的时间都用于文化课教学上,这样也就没有多少时间来关心学生心灵和精神发展的需要了,也就没有多少时间来开展德育了。另一方面,在考试竞争的教育环境下,德育是被严重边缘化的。况且,德育是关涉人的精神领域的教育活动,人的精神活动的复杂性决定了德育效果的显现也是复杂的、迟效的,不容易用显性的标准来衡量和测评。道德教育是一个艰辛的过程,教师要有足够的耐心、爱心和恒心才可能取得效果。正因为德育不在考试考评的范围之内,以及德育本身的艰难性和德育效果的迟效性,使得德育成为很多学校和教师都不愿做的事情,德育活动也就流于形式了。

二、校园安全致使农村学校德育困难化

"生活在高度现代性社会里,便是生活在一种机遇与风险的世界中。"① 随着人类社会由农业社会向工业社会迈进,全球化、世界经济一体化的迅速发展,战争、暴力冲突、恐怖活动等也在蔓延,社会风险增加。事实上,现代化本身就是一把双刃剑,它在给人们带来物质富足、交通便捷等的同时,生活的稳定性被打破,而不确定性陡增,孕育着种种的危机和挑战,以及矛盾和冲突。在这种时代境遇下,安全的生活和生活得安全成为人们追求的目标,"几乎一切都不如安全重要"②。安全问题成为现代社会各个领域必须面对的一大主题。同样,在学校里,维护安全是一切教育、教学工作顺利开展的前提和基础,特别是保证学生的人身安全是重中之

---

① [英]安东尼·吉登斯著,赵旭东等译,王铭铭校:《现代性与自我认同》,生活·读书·新知三联书店1998年版,第125页。
② [美]马斯洛著,许金声等译:《动机与人格》,华夏出版社1987年版,第44页。

重。2006年,教育部颁布的《中小学幼儿园安全管理办法》规定,校园安全"实行校长负责制"。2010年上半年,国内频发的校园安全事故,使得校园安全上升到了国家高度,"安全是校园第一要义"①,安全也成为学校管理的重要内容,有些地方甚至实施了安全"一票否决制"②。笔者在Y中学调研期间,深切地感受到学校管理中把安全已经放到了第一位,其他一切工作都必须从安全出发来考虑,存在安全风险和可能的活动均被禁止。因此,在农村学校里,德育的实施也要受到校园安全问题的限制和制约,这样,德育也就陷入了困境之中。

(一)不求有功但求无过式的消极德育心态

德育心态指的是教师面对德育的态度。心理学认为,态度指的是人们面对事物时的一种心理准备状态。人的态度决定着人的行为选择,而人的行为选择则预示着活动的效果和结果。农村教师对德育的心态决定了他们对待德育的心理状态、他们参与德育的深浅程度,以及德育效果的大小或好坏。在当前校园安全问题被提升到国家高度的现实处境之下,相当一部分农村教师面对德育普遍秉持的是不求有功但求无过式的消极态度。

一方面,教育主管部门和学校领导对安全的重要性的强调使得教师不敢去触碰校园安全这根高压线,为自我保全而对德育表现出消极心态。当安全成为校园第一要义时,学校所有工作都必须从保障安全出发,以维护安全为第一目标,其他工作被置于安全目标之后,德育自然也不例外。笔者于2010年4月至5月在Y中学调研期间,参加了该校每周一下午的教师例会,每次例会校领导基本上都会宣读上级教育部门颁发的各种关于校园安全方面的文件,强调教师在教育教学中不能出安全事故,要以保证安全作为开展一切教育教学活动的前提。Y中学校长T4在一次例会上讲到安全问题时就这样强调:

---

① 彭佳景:《安全是校园第一要义》,载《湖南教育》2010年第5期。
② 《全市中小学幼儿园实行安全工作"一票否决制"》,http://www.tynews.com.cn/tyrbmap/2007-04/03/content_3194869.htm.2010—09—24。

我希望每个教师要提高自己的政治敏锐性,切实重视安全问题,不要麻痹、麻木和存有侥幸心理。一旦出了问题,谁也救不了你。有些教师的教育方法不够妥当,能力不足,讽刺谩骂学生,这是容易出问题的。体罚学生现象要坚决杜绝。也不要做有偿家教,这影响师德形象。教师不能把学生叫到宿舍谈话,在办公室谈话时,要开门、开窗,学生中若有暗恋、崇拜老师现象,容易出事。我们青年教师要守住清贫,快速成长。还有,上周有校外人员进入校园,如果安全出了问题,大家都担当不起。以后,我们要加强门卫管理,学生周末要到学校操场活动,必须写申请。

校领导的讲话犹如在学校中长鸣的警钟,自然,教师就会采取谨小慎微的态度,处处害怕和担心自己在教学中言行不慎,导致学生出现安全事故。既然安全已经成为学校工作的首要目标,那么,教师做不做德育都是无关紧要的事情了,许多教师也就不会对德育投入很大的热情和精力。在调研中笔者发现,教师为了避免出现安全事故,通常采取的方式就是尽量和学生不接触,这样也就降低了由于自身原因导致校园安全事故的概率。但是,班主任是中小学里的一个特殊的岗位,班主任要对全班所有学生负责,必须要关心和处理班级的各项事务,他们是跟班级学生接触最多的教师。科任教师上完课后就不必和学生打交道,但班主任为了班级的正常运转,必须经常接触学生,给学生做思想工作等。Y中学的班主任T3告诉笔者:

说句不负责任的话,我感觉现在大部分教师都怕出安全事故,谁都扛不起,能不和学生接触就不会跟学生接触。大部分班主任也都是得过且过,把该做的事情做了就行了,确保学生安安全全就行了。就拿我来说吧,只要每一周平安下来,一学期平安下来就可以了,至于说要搞些其他活动什么的,几乎都没有想过,要是出了安全事故,那就惨了。所以,只要不出安全问题,其他方面做得多或做得少都是无所谓的。

确保安全成为班主任班级管理中的第一要务,那么,班级里面的留守儿童需要心灵关怀的问题则自然成为次要的问题,或者根本就是提不到议事日程上来的事情。这样，留守儿童心灵关怀的需要也就难以从教师那里得到满足了。

另一方面，农村教师对德育的这种消极心态，也是他们自我保护的一种策略。在校园安全居于学校工作首位的情况下，如果教师由于言行不慎，致使学生出现安全问题后，该教师就会被置于被动的地位，经济方面的赔偿、责任心方面的谴责等就会接踵而至，有些情况下，可能会导致被处分等严重后果。而教师对德育采取消极应对方式，少为，甚至不为，减少跟学生的接触，这样的话，在自己跟学生接触的范围内发生安全事故的概率就会降低，自己也不会有损失。而且，德育本身就很难衡量，学校也不好质疑教师的德育责任心和德育成效。在这个意义上来讲，农村教师对德育采取消极应对方式，正是他们自我保护的一种策略选择。

从本质上来讲，农村教师消极应对德育的方式，从外部条件来看是一种无奈的选择，但是，从内部条件来看则是对自身所应肩负的德育责任的主动推卸。这对学生是不利的，特别是对于留守儿童是最不利的。这是因为大部分留守儿童处于心灵关怀缺失的状态之中，他们迫切需要来自教师给予他们的心理上的呵护、鼓励、理解和支持。如果教师无心、无意去关注他们，抚慰他们和激励他们，那么，他们心灵关怀的需要就很难在学校里得到满足。其实，教师对留守儿童心灵上的关怀和爱护能够使他们对学校产生依恋感和安全感，在很大程度上，这能够促进学校安全的维护。相反，一些留守儿童由于缺乏心理疏导，他们可能走向自杀或他杀等，关于留守儿童跳楼自杀或犯罪的案件媒体报道的也不是少数，这说明由于教师对留守儿童缺乏关爱反而会导致校园安全事故的发生。所以，当学校德育与校园安全问题相遇时，二者之间并非就是水火两不相容的境况。事实上，对于教师来讲，教师的良知、使命感和责任感会促使他们根据具体情况做出恰当的选择，既不疏于学生的身心成长，又能够有效防范校园安全事故的发生。

（二）圈、防、堵式的德育策略

在校园安全问题中，学生的人身安全是校园安全的重中之重。出于保障学生人身安全的考虑，当前很多农村中小学在德育实施中

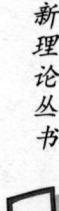

第三章 心灵关怀取向的农村学校德育的现实困境

往往采取圈、防、堵式的德育策略。

1. 对学生活动空间的管理方面，采取"圈"的策略

一些学校为了控制安全风险，采取的措施之一就是限制学生活动空间。一方面，学校在学生作息时间安排上，把学生的活动范围主要限定在教室里。我们来看一看Y中学一个学生对自己一天作息时间的描述。

5：30—6：00	起床、洗漱、吃饭；
6：00—7：15	早读；
7：15—7：35	广播操；
7：45—8：30	第一节课；
8：40—9：25	第二节课；
9：25—9：50	大课间；
9：50—10：40	第三节课；
10：50—11：35	第四节课；
11：35—12：00	午饭；
12：00—13：30	午自习；
13：30—13：40	课间休息；
13：40—14：25	第五节课；
14：35—15：25	第六节课；
15：35—16：20	第七节课；
16：30—17：15	第八节课；
17：15—18：00	晚饭；
18：00—18：30	晚读；
18：30—20：30	晚自习；
20：30—21：00	就寝。

从这个学生在校的日常作息时间安排中我们可以发现，学生被牢牢地"圈"在了教室里，基本上没有多少自由活动的时间。除了大课间、课间，以及体育课之外，其余时间都要待在教室里，而且，学生在教室期间，都安排了专门教师监管学生，校领导还要做巡逻检查。Y中学教导处副主任T5就明确地告诉笔者，学校这样的安排完全是出于安全的考虑，如果把学生放开，要是出了安全问

题，是谁也负不起的责任。笔者走访了Y乡所辖属的另外两所小学，其作息时间安排跟Y中学一致。中小学生正处于身体发育和成长的重要阶段，玩耍和游戏本来是中小学生日常生活的重要组成部分，当学校把他们"圈"在教室之后，他们没有了游戏时间，他们游戏的权利也就被剥夺了。

另一方面，学校为了降低安全风险，取消了传统的许多校外德育活动项目，所有活动只能在校内开展。春游、野炊、踏青、爬山等是中小学传统的德育活动项目，师生在大自然环境里放松心情、观赏自然美景、陶冶情操，师生一起游戏、玩耍，这既可以拉近师生之间的心理距离，促进相互之间的沟通和交流，还可以增强师生的美感体验和提升他们的审美能力等。实际上，这些德育项目的开展对农村中小学来讲，有着得天独厚的地缘优势，因为农村中小学一般就地处乡村内部，自然景观随处可得。然而，在安全问题受到高度重视的情况下，农村学校都不敢触摸安全这根高压线，为了确保学生安全，最好的选择是不组织这些德育活动，把学生圈在学校围墙之内。

2. 德育活动的开展方面，采取"防"的策略

对于农村中小学来讲，尽管学校出于安全考虑，会取消诸多传统的校外德育活动，但是，应德育需要，还会组织必要的课外或校外德育活动。为了保证整个德育活动期间不出安全事故，学校会想方设法加强防范，防止安全事故发生。Y中学主管安全工作的总务主任T6向笔者讲述了2010年4月Y中学组织学生去位于Y乡街道大约1 000米远的烈士陵园扫墓时的安全工作部署情况。

我是负责学校安全工作的，现在安全方面工作非常重要。今年清明节那天，我们学校组织学生去烈士陵园扫墓。虽然烈士陵园离学校不是很远，但是，我们也不能掉以轻心。那天我们是组织初一学生去扫墓的。每个班级共有三个教师跟班，班主任总负责，走在班级队伍前面，另外两位老师分别走在班级队伍左右两侧。乡派出所还专门请两名警察开着摩托车在前面给学生开道。我们的安全防范工作做得很到位，来回一切都很顺利。

农村学校当前在德育活动中对于安全问题的重视和防范程度是前所未有的。教导处副主任 T5 是 Y 乡下辖的一个村里出生的,他回顾了自己于 20 世纪 80 年代上小学时每年到乡上烈士陵园来扫墓的情景。

> 那时候,清明节时老师把我们带到烈士陵园扫墓,扫完墓,我们就解散了。同学们相约着到街道上转转、玩玩,然后就自己回家了,根本就不需要教师管,也没有什么安全问题。但现在把安全放到了一个很高的位置。

按 T5 的年龄推算,他上小学时间大约是 20 世纪 80 年代中后期。从 20 世纪 80 年代到 2010 年,正是中国农村城市化逐步推进和深化发展的 30 年,农村逐步在由传统社会迈向现代社会。然而,通过对不同时代背景下中小学生扫墓时学校对学生安全问题处理方式的对比后,我们会发现,在将近 30 年来中国城市化发展过程中,虽然农村经济得到了很大的改善,农村的基础设施也有了改善,农民享有的现代化成果增加了,但是,农村生活的风险也在增加,不安全因素和不稳定因素在增多,同时,人们的安全意识、权利意识等在增强。正如古得莱得在《一个称作学校的地方》中指出的,"不太明显的是,学校工作人员也减少了带领学生参加除了日常课堂教学以外的活动的积极性。即使是郊游时发生一点轻微的事故,也会引发一场官司。"① 可见,安全问题是所有处于现代化进程中的国家都要面对的问题,学校也会出于安全考虑,对学校活动的安排做出调整,以降低安全事故发生的概率。

3. 学校如果发现校园安全隐患问题,就采取"堵"的策略

所谓"堵",就是挡的意思,即是把已经开始的某种迹象制止住,不让继续下去。在校园安全管理中,尽管时时防范,也不免有时会出现安全隐患,防而不止,这时,通常需要采取"堵"的策略。笔者于 2010 年 4 月在 Y 中学调研期间,全国连续发生了几起杀害中小学学生、幼儿的恶性事件,Y 乡派出所及时向辖区内学校

---

① [美] 约翰·I. 古得莱得著,苏智欣等译:《一个称作学校的地方》,华东师范大学出版社 2006 年版,第 8 页。

下发了紧急通知。

通知

各学校、幼儿园：

今年以来，福建、广东及我省泰州市发生多起犯罪嫌疑人袭击校园案件，已造成学生及教师等13死、53伤，在社会上造成一定的恐慌。从我所在办理的案件来看，月塘乡校园内也发生了违法犯罪嫌疑人到学校寻衅滋事、殴打学生致学生受伤、财物受损案件，根据市公安局要求，特作如下通知：

1. 请各学校、幼儿园立即通知到所有班主任、教师，提高防范意识，严防此类案件的发生；

2. 各学校、幼儿园要加强值班备勤，上课期间，要紧闭大门，禁止外来人员进入；下课期间，要安排足够教师在学校大门口值守；

3. 各学校、幼儿园要尽快在食堂、教室、宿舍、财会室及其他重要部位安装监控；

4. 各学校、幼儿园要尽快落实保安人员，加强门卫力量，加强校园区内的巡查、防范。

2010年4月29日

随后，Y中学立刻聘任了一位专职保安，加强了学校门卫防守力量，并给保安配备了警用器械，24小时巡逻防卫。另外，学校还成立了由全校所有男教职工组成的在校门口轮流值班的执勤小组，保证每天上学和放学期间有两位教师跟保安一起在门房值班，竭力地把一切闲杂人员和外来到学校寻衅滋事的人员堵在校门之外，保证校园安全。这种"堵"的策略，在一定程度上能够有效地防止类似的校园安全事故的发生。

（三）说教式的单一的德育方法

没有一种教育活动是不需要教育方法的。朱熹在《孟子集注·告子》中言："事必有法，然后可成。师舍是则无以教，弟子舍是则无以学。"德育目标的实现也是要借助于一定的德育方法的采纳和运用。已有德育文献中所列举的德育方法很多，包括讲授法、谈

话法、讨论法、情感陶冶法、激励法、实践法、奖惩法，等等。①马卡连柯认为，"没有任何十全十美的方法，也没有一定有害的方法。使用这种或那种方法的范围，可以扩大到十分普遍的程度，或者可以缩小到完全否定的状态——这要看环境、时间、个人和集体的特点，要看执行者的才能和修养，要看最近期间要达到的目的，要看全部的情势如何而定。"② 马卡连柯关于德育方法的这段论述给我们两点启示。一是没有任何一种方法是绝对好或绝对坏的。这提醒我们要对任何方法持中性态度。二是方法的选择要根据具体的境况来定，包括时空、教育对象和教育者的特点，以及德育目标。这就是说，任何方法只有恰当使用才能取得预期效果。

　　在当前校园安全问题被置于学校工作首位的情况下，在农村学校里教师普遍感觉被安全问题束缚住了手脚，本来可以采取多样化的德育方法，现在似乎只能采用说教式的单一的德育方法。"面对着缺乏家庭教育配合的留守儿童，农村学校和教师在教育和管理学生的时候都往往会显得有些无可奈何，学校教育责任的全能性与教育手段的局限性间的矛盾在农村教育实践中表现得日益明显。"③而教师所强烈感受到的德育方法的贫乏和单一主要出于两个方面的缘由。

　　一方面，国家全面禁止教师体罚和惩罚学生。2008 年新修订的《中小学教师职业道德规范》明确规定，教师"不讽刺、挖苦、歧视学生，不体罚或变相体罚学生"。这些新规定的出台主要是基于一些教师体罚和惩罚学生的方式不当而造成了严重的恶性社会影响，而对教师行为做出的要求，但是并没有对体罚和惩罚做出明确解释。事实上，体罚和惩罚二者的界定很难区分，体罚主要指向于身体上的惩罚，而惩罚肯定也包括体罚的内涵在内，还应包括精神方面的惩罚。在学校教育过程中，体罚和惩罚通常被作为教师管教

---

　　① 檀传宝著：《德育原理》，北京师范大学出版社 2007 年版，第 238—249 页。
　　② ［苏］马卡连柯著，刘长松等译：《论共产主义教育》，人民教育出版社 1962 年版，第 124 页。
　　③ 葛春：《变革背景下的农村教师"体制内生存"与日常反抗》，南京师范大学 2010 年博士学位论文。

学生的方式。我们可以用马卡连柯关于方法的两个基本点来对体罚和惩罚进行分析。首先，正如马卡连柯所说的"没有任何十全十美的方法，也没有任何有害的方法"一样，体罚和教育惩罚作为德育方法也有其存在的价值，学生犯了错误就应该受到一定的体罚或惩罚，让其承担应有的后果，这样才能够培养其具有责任感和责任心。其次，方法使用的恰当性问题。一种方法的使用要视"全部的情势如何而定"。在我国教育实践中，以笔者自身的经历来看，20世纪80年代到90年代前期，农村中小学里教师使用体罚和惩罚的现象很普遍。学生犯了错误，教师打学生、罚站、罚扫地等是常见的事情，学生和家长也大都能够理解和支持教师的恨铁不成钢的心情，甚至有些家长干脆对教师讲，"我把娃送到你这，要打要骂都行"。即使有时有些农村青年教师由于火气旺盛，把学生打出鼻血等，家长也都予以理解，很少追究教师的责任。但是，时至今日，体罚和惩罚在中小学被全面禁止。教师在学生犯了错误的时候，只能动嘴说教，而不可以对学生采取体罚或惩罚的方式。正如古得莱得在《一个称作学校的地方》中所指出的那样，"早年那种家庭与学校之间几乎无可置疑的相互支持的关系，今天已经极大地退化了。100年，甚至50年以前，在学校里挨打的孩子，在家中也要挨打。到了1975年，在学校里挨打的孩子常常成为家长控告学校的诉讼当事人。校长和教师不能再认为他们在学校里可以当学生的家长了。很明显，学校和家庭为着共同目标教养孩子的合作力度减弱了。"① 对体罚和惩罚教育方法的全面禁止，如果从时代发展的背景来看的话，这主要由于社会整体的民主化的发展，人们的权利意识的觉醒，以及教育中人本思想的渗透的结果，要求教师在教育中要尊重学生的主体性和人格，这是对教师的教育艺术和道德素养提出了更高的要求。但是，全面禁止体罚和惩罚其实是走向了一个极端，是对体罚和惩罚教育方法应有的教育价值的彻底否定。实际上，体罚和惩罚作为教育方法，当前在一些国家的学校里还在使

---

① [美] 约翰·I. 古得莱得著，苏智欣等译：《一个称作学校的地方》，华东师范大学出版社2006年版，第8页。

用，例如，新加坡的中小学里有一种被称作"鞭打"的惩罚学生的方式，当某些学生违犯了学校某些规定后，在全校师生面前被当众鞭打。

另一方面，教师不能自由地组织德育实践活动。马卡连柯认为，具有决定意义的不是孤立的教育手段，而是和谐地组织起来的手段体系。① 这就是说，在道德教育中，教师要注重德育方法的有效组合使用。在中小学道德教育实践中，说教是一种常用的方法。教师通过给学生讲道理、摆事实、晓之以理、动之以情，使学生辨别是非、善恶、真假等的能力提高。如果仅用说教的方式，容易使道德教育变得空洞和乏力。通常，在中小学德育实践中，辅之以说教的是丰富多彩的德育实践活动，诸如给敬老院老人打扫卫生、植树等。这样，教师的说和学生的做两者结合起来，道德教育的效果就比较显著。但是，当前出于安全考虑，学校里各种德育实践活动基本停止，从而学生也就没有更多的德育体验和感受的机会。很多学校明确规定教师不能组织校外活动，如果教师想组织校外活动，必须写出书面申请，只有获得了校领导的批准之后才能组织。因此，很多教师组织学生开展活动的积极性和热情会降低。教师在德育实践中只能用说教这一单一的方式，使得德育实施变成了跛足的瘸子，失去了平衡，德育也就很难取得实效了。

第二节 制约农村教师关怀留守儿童的因素分析

檀传宝在其《德育原理》一书中认为，国内关于德育主体的研究基本存在这样几种观点："单一主体论"（教师主体或学生主体）、"双主体论"（教师和学生都是主体或互为主体）、主体转化理论（教师开始是主体，然后学生逐渐成为主体），以及"新保守主义"（即在坚持学生主体性发挥是教师主体性发挥的核心，同时教师是

---

① 参见［苏］巴拉诺夫等编，赵玮等译校：《教育学》，人民教育出版社1983年版，第198页。

整个德育过程的主体)。① 笔者秉持"新保守主义"的观点，认为教师在学校德育过程中居于德育主体的地位，尤其是在农村学校里，留守儿童心灵关怀德育的实施有赖于教师的努力。那么，当前在农村学校里，教师对留守儿童心灵关怀德育实施的现实状况是怎样的呢？2010年5月，笔者在Y中学调研期间让部分留守儿童写出对老师最想说的话，他们的回答如下：

——希望老师平等待人，不要因为成绩不是很好而不关注我，希望能够多多关心我。

——我班的班主任对我们太好了，对我们关心很多，但是在初三，老师只是对有能力上高中的同学关注特多，从来没有关注过中等或中等偏下的人，除非我们犯错误，老师才来找我们。

——当老师觉得我们做得不对或不好时，要教育并鼓励我们，而不是冲我们发火，骂我们。其实我们也想学得好，只是有时候没有太理解，老师应该多多谅解我们，老师对待所有的学生都应该一视同仁。

——我希望老师不要给我太大压力，要以一颗平常心去对待我，对待任何人，我还希望老师的心能像天平一样公平、公正。

——希望老师对好生和差生一视同仁，好生犯了错误也应该和差生一样受相同的惩罚。

——我的班主任他是一位很负责任的老师，每当看出我心里有事的时候或者在学习上退步，他总会把我找去劝导我，而其他任课老师却基本上不找我，我希望他们能和班主任一样关心我们的学习。

——希望他们加强与学生之间的沟通信任，在学习上成为亦师亦友的关系。

——我渴望老师能够在我学习上有问题时主动帮我，在我上课开小差的时候，希望老师能提醒我；当我考试考差的时

① 檀传宝著：《德育原理》，北京师范大学出版社2007年版，第103页。

候，他能够帮助我找到问题，并帮助我解决疑难，还会继续鼓励我奋发上进。

——不要总认为自己的看法是对的，为了保持自己的形象和看法而且固执己见，要能够理解我们学生的真实情况和想法，要知道如果一个学生的成绩好但他的心不好就是一个往错误方向发展的学生，最后要多关心我们的学习情况。

——将好生和差生放在同一位置，不要看不起差生，出事了总往差生身上揽，多和同学沟通，了解同学们的想法。

——我渴望老师能够成为同学们中的一位朋友，希望老师不要总拿自己的权威压迫我们，不要总戴有色眼镜去看待别人。

——不要以为自己总是对的，其实你们做错了也不敢承认，还和我们说一些道理，虽然你们是老师，可我们也是人，是有自尊的，希望你们能了解。

——我希望老师能够经常与我们交流谈心，不要太过于严厉地批评成绩差的学生，虽然这样做的出发点是好的，但有时也会伤害学生的自尊心，使学生产生厌恶的心理。

——希望他们能在学习上、生活上，多关心我们，能认真倾听我们的想法，帮我们解决心中的烦恼。

——老师能公平对待每位同学，尤其是成绩差、家庭条件不好的同学。

——老师应当走进我们的内心世界，更多地了解我们，不能只是按照学习的好坏评判一个人的好坏。

……

从这些文字里我们可以感受到，留守儿童在内心是多么渴望得到教师对他们的理解、支持、呵护，以及教师的公平公正的对待。然而，现实情况却与之相反，留守儿童在亲情缺失和父母对他们的心灵关怀意识比较淡漠的情况下，在农村学校里也无从获得来自教师对他们的心灵关怀。阿德勒认为，身体缺陷、骄纵和忽视是儿童

不能形成良好的自我观念的三大因素。① 教师对留守儿童的忽视，即对他们心灵关怀需要的漠不关心会让他们感到自己在教师心目中无足轻重和可有可无，从而就很难形成一定的自尊感和自信心，这直接关系到他们心灵的健康成长。那么，为什么这些教师缺乏对留守儿童的心灵关怀的意识，不能满足留守儿童心灵关怀的需要呢？笔者通过实地调研发现，导致这种情况出现的原因既与教师的现实生存处境和教师自身的道德素养水平相关，也与当前农村学校教育环境条件相关。

一、教师的生存状况不佳导致对留守儿童情感的冷漠

国内情感教育专家朱小蔓认为，成人对儿童的五种良好的情感反应包括：一是关爱和呵护；二是肯定和鼓励；三是期待和信任；四是严谨和严格；五是容忍和宽容。② 在农村学校里，对于留守儿童来讲，如果教师能够给予他们这些良好的情感反应的话，就可以促进他们朝向积极方向发展，否则，就会导致他们难以获得尊重、平等、公正、自信等情感体验，健康的成长和发展受阻。其实，从以上留守儿童对教师最想说的话中，我们可以看到，部分教师在教育实践中确实没有给予留守儿童良好的情感反应，相反，他们表现出的是对留守儿童情感上的冷漠和麻木。苏霍姆林斯基认为，"教育——这首先是教师跟孩子精神上的交流"，"我坚信确实有那么一些精神品质，一个人缺少了它们就不可能成为真正的教育者，而其中首要的就是深入儿童精神世界的本领"，③ 而"薄情会产生冷漠，冷漠会产生自私自利，而自私自利则是残酷无情之源"④。教师对留守儿童情感上的冷漠和麻木导致的结果就是他们不愿意深入去了

---

① [奥] 阿德勒著，周朗译：《生命对你意味着什么》，国际文化出版公司2000年版，第13页。
② 朱小蔓著：《情感教育论纲》，人民出版社2007年版，第8页。
③ [苏] 苏霍姆林斯基著，毕淑芝等译：《育人三部曲》，人民教育出版社1998年版，第7、10页。
④ [苏] 苏霍姆林斯基著，赵玮等译：《帕夫雷什中学》，教育科学出版社1983年版，第186页。

解留守儿童的精神世界和内心活动，跟留守儿童之间进行心灵的对话、沟通和交流很少，甚至没有。其实，我们可以从农村教师的生存状况和他们对农村教育本身的热爱程度，以及他们自身的精神修养方面找到导致这种情况出现的一些依据。

从总体上来看，农村教师整体的生存状况不佳导致农村教师队伍存在不稳定倾向。一方面，农村教师的工作量相对比较大。农村学校普遍存在学科教师配备不合理和不齐全的现象，通常是缺少诸如音乐、体育、美术、历史、地理等学科专业教师。而且，这些科目通常被看作"副课"，是由担任语、数、外等"主课"的教师来兼任的。笔者调研的Y中学就属于这种情况。这样，每个教师基本要担任两门课的教学任务，备两份教案，工作量和课时量增加。另外，随着农村中小学布局结构调整政策的落实，农村寄宿制学校增加，但是由于农村学校资金紧缺无力配备生活教师，因此，教师除了承担教学任务外，还要负责学生在校期间的生活安全等，这也增加了教师的工作量。Y中学就是一所寄宿制农村初中，住宿生达到了约400人，他们就餐、就寝、晚自习等都需要教师照管，特别是班主任基本上从早到晚都要守在学校里，负责学生几乎所有事务。Y中学初一班主任T3的一天是这样紧张地度过的。

我基本上每天早晨5:20起床，然后锻炼至6:00。6:30准时进教室看早读，一直到7:25早读课下。然后带领学生到操场做操。做完操后，班上学生开始上课，我或是上课，或是备课等。9:25—9:45是大课间时间，我要带领学生做课间活动，或是他们自己活动，我则在旁边看着。11:15初一学生下课，我带他们去食堂就餐，班主任要在一边看着，防止学生在打饭过程中拥挤等，这大概需要20分钟。之后，我自己吃午饭，有时在学校食堂吃，有时回家吃，我家离学校很近，步行5分钟。12点我又准时进教室看午自习，直到下午1:45午自习结束。10分钟课间活动之后，学生上课，我或上课，或备课等。晚上6:00我又要准时进教室，看学生晚读至6:30。6:30—8:30，有我的晚自习时，我会在教室看晚自习；没有的时候，我或在学校做教学上的事情，或回家做些家务。但是，晚上8：30—9：00我会准时到学生公寓，负责学生就寝，以免发生意外事故。9：00学生公寓熄灯后我才能回家。大概晚上10：00—10：30我才就寝。这就是我一天的生活，紧紧张张，既累又充实。

　　当前，农村寄宿制学校达到配备专门生活教师的学校几乎很少，在诸多寄宿制农村学校里，寄宿生的日常照管工作就落到了教师身上，尤其是班主任承担的这方面的工作量相对比较大。2010年10月底，笔者再次到Y中学调研，当时正值深冬季节，亲眼见到Y中学15位班主任在晚上9：00学生就寝后才离开学校，在校外住的班主任顶着深夜凛冽的寒风回家，这种情景着实让人深感农村教师工作的艰辛。

　　另一方面，农村教师的职业成就体验普遍不强。从心理学角度来讲，成就动机是个体追求成功的内在动机。追求成功是每个人在职业生涯中的愿望，成功意味着自己有能力做好某件事情，也是对自己专业发展水平的肯定。伴随成功而产生的成就体验是一种积极的内在力量，能够促使个体致力于自己所从事的职业。对于农村教师来讲，获得职业成就感也是他们的内在需求。教师的职业成就感指的是教师在自己的职业生涯中感到自己能够胜任教育教学工作，推动了教育教学工作的顺利开展，实现了预期的教育教学目标后所产生的内在的满足感。其一，职业成就感能够提高农村教师的自我效能感。一般来讲，个体的职业成就感越强，自我效能感也会随之增强，感受到自己工作胜任能力提升，对自己工作能力的自信力也加大。其二，职业成就感能够让农村教师体验到自我实现的价值，从而以更大热情投入到教育教学工作之中。按照马斯洛的需要层次理论的解释，自我实现是自我价值得到实现时内在的心理体验，是个体最高层级需要。农村教师在职业生涯中体验到的自我价值能够促使他们把农村教育事业当作自己终生的事业，从内心深处感受到当农村教师的幸福感。自2010年以来，笔者曾多次在江苏省和陕西省部分农村中小学校调研，跟许多校长和教师深度访谈，深切地感受到农村教师普遍存在职业成就感缺失现象，而且这已经成为他们专业发展的瓶颈。

客观地讲，造成当前农村教师职业成就感缺失的原因是多层面的，是历史与现实、客观与主观多重因素综合影响产生的后果。其中，造成农村教师职业成就体验缺乏的一个重要原因是城乡二元社会结构之下的课程改革。在当前我国城乡二元社会结构之下，课程改革具有明显的城市倾向。自新中国成立以来，全国中小学课程已经进行了八次改革，从改革本身的意图来说，每次课程改革理念都是趋向更加人性、民主的方向发展的。但是，中国是一个城乡发展不均衡的国家，改革试验基本上是基于城市学校的发展水平来设计的，因为很少或者基本没有充分考虑到农村学校和农村学生的现实状况，致使新课程在农村学校的实施效果不理想，直接影响农村教师职业成功感的获得。Y中学初一英语老师T7讲道：

> 我做教师30年了，现在对教师谈不上热爱了，因为没有成就感。以前班上不及格的是三分之一或三分之一多，现在不及格的都是二分之一，甚至是二分之一以上啊。我们每次新教材出来之前都试验，但试验的都是好学校，好学校的老师素质、学生素质都比较好，学校的设施都好，虽然农村学校现在改善多了，但还是跟不上的。现在，英语从小学三年级就开始开设，像我们乡，小学英语教师本身就缺，我们中学的几个英语教师还兼任乡中心小学的英语课。而且，在小学阶段英语是副课，不受重视，很多学生基础就没有打好。升入初中后，这些学生对英语失去了兴趣，英语学习分化提前，成绩就上不去了。

Y中学物理老师T8也谈到了新课改后物理教材的设计与农村教育现实相去甚远等问题，导致农村学校物理教学越来越难实施。事实上，我国的课程改革在更大程度上是自上而下的，缺少基层教师的参与，尤其是广大的农村教师的参与，但是，教师却必须承担课程改革所带来的一切后果。这正如钱理群先生指出的，教师"要承受教育的一切压力，要为各级教育官员、各种教育专家的合理的、不合理的、可行的、不可行的，名目繁多，而且常常是朝令夕

改的观念、举措,承担一切后果"①。

然而,与农村教师繁重的工作量和职业成就体验不强形成鲜明对照的是他们的工资等经济待遇比较低。1994年颁布的《中华人民共和国教师法》规定:"教师的平均工资水平应当不低于或者高于国家公务员的平均工资水平,并逐步提高。"2006年颁布的新修订的《义务教育法》也规定:"教师的平均工资水平应当不低于当地公务员的平均工资水平。"然而,这项政策的执行却显得很艰难。由于中国地区之间发展不均衡,经济发展相对较好的省份和地区有实力执行这项政策,比如江苏已经落实了教师工资不低于当地公务员水平;②而经济发展落后的省份和地区就很难执行。其实,把教师工资和公务员工资做对比是既简单又复杂的事情,如果拿阳光工资来衡量,二者之间不会有很大差别,但是总体上看,公务员的福利待遇远高于教师,当然,部门不同其待遇高低有差别。这样,教师工资要达到公务员的平均工资水平似乎距离变成现实还很遥远。③ 而且,跟城市学校还有一些额外收入相比,对于农村教师来讲,工资收入基本上是他们的全部收入。在义务教育三级管理体制下,拖欠农村教师工资的现象很普遍,自从实行农村义务教育"以县为主"的管理体制之后,拖欠教师工资的现象才基本上被杜绝了。但是,农村学校由于教育资金普遍紧张,额外收入很少或者没有,所以农村教师的福利待遇相对就很低。

傅宾忠通过对浙江省婺城区768位城区教师和896位农村教师收入进行调查和分析发现,"同一类型教师,在农村教书要比在城区一般学校教书每年平均少0.6万元,更不用说与城区名牌学校比。这还是有财务账目的实际收入,其他诸如旅游、实物发放、家教等隐性的收入没有计算在内"。这就导致绝大部分农村教师心里对城乡之间教师待遇差别感到不平衡,觉得在农村当教师太吃亏。

---

① 钱理群著:《做教师真难,真好》,华东师范大学出版社2009年版,第15页。
② 沈健:《江苏完成教师工资不低于当地公务员水平》,http://edu.people.com.cn/GB/79457/11132238.html. 2010—10—05。
③《教师与公务员工资差距究竟有多大》,http://politics.people.com.cn/GB/30178/10029486.html. 2010—10—05。

"调查显示，20%以上的农村教师积极想办法往城镇学校调，80%以上的教师表示如果有调城区学校的机会，会选择离开农村学校。甚至有不少校长也表示，如果有机会，宁可放弃校长职位，而到城区学校当个普通老师。还有一些教师，尤其中老年教师认为自己调城区学校不可能，在当地也搞不出什么名堂，因而得过且过，不思进取。"① 当前，教师流动有一种基本趋向，即小城市教师向大城市流动，城镇教师向小城市流动，而农村教师向城镇流动，几乎不会有倒流现象。城乡教师流动的这种趋向表明农村教师队伍存在不稳定倾向，这也充分说明了诸多农村教师没有安心在农村从教，对农村教育缺乏热情和信心。2013年12月，笔者跟Y中学教师T2在QQ上聊天时，他讲到Y中学教师外流现象很严重，仅仅在2013年下半年就有9位教师采取各种办法流向了市区条件较好的学校，他说教师们的心都飞了，安心在农村学校教书的教师越来越少。事实上，由于农村教师自身生存条件较差，农村教师队伍存在严重的不稳定倾向，在农村教师大量向城市学校流动的情况之下，教师也就无从用心去体察留守儿童的生存境遇和对留守儿童充满情感，并给予他们所需要的心灵关怀。

正因为农村教师的生存状况普遍比较窘迫，因此，追求经济方面的补偿会成为他们行为选择的驱动力。以亚当·斯密为代表的古典经济学认为，作为个体的人都是理性人，他们在自由和竞争性的市场里同他人进行交易或交换时总是寻求物质利益或效用的最大化。亚当·斯密认为："人类的行为是由六种自然的动机所推动的：自爱、同情、追求自由的欲望、正义感、劳动习惯和交换倾向。这些动机经过各种社会机制的细致平衡，会使一个人的利益不至于与其他人的利益出现强烈对立。由此而产生的自利行动，必然在个人的利益追求中考虑到其他人的利益。"② 由于深信人类动机的自然平衡和对自然秩序的信仰，亚当·斯密提出了他的著名论断："每

---

① 傅宾忠：《婺城区农村教师的生存现状及对策》，载《硅谷》2008年第7期。
② [英]亚当·斯密著，谢祖钧等译：《国富论——国民财富的性质和起因的研究》，中南大学出版社2003年版，第3页。

个人在追求自身利益时，都会被一只看不见的手引导着去达到并非出于其本意的目的。"用古典经济学理论来分析当前留守儿童教育中教师"代理家长"的履行状况很有解释力。研究发现，受经济利益的驱使，在留守儿童"代理家长"问题上，也能够体现出"看不见的手"所发挥的作用。在一些地区，留守儿童教育实行教师"代理家长"制，分为有偿代理和无偿代理两种。有调查研究发现，"农村中小学教师有偿担任留守儿童代理家长的效果基本处于一般水平，优于无偿代理。""从教师的角度讲，收费与不收费是决定代理教育监护效果的关键。田野调查发现，部分教师对无偿代理非常反感，而对有偿代理具有较强意愿，他们工资收入较低，生活处境较差，有偿教育监护留守儿童可以补贴家用。"① 由此可见，市场逻辑和经济力量在留守儿童教育中展现出了不可低估的影响，亚当·斯密的那只"看不见的手"在其中发挥着显著作用。

其实，Y中学的班主任岗位的竞聘中也遵循了亚当·斯密的"看不见的手"的逻辑。从2010年9月起，学校开始实行班主任岗位竞聘制度，程序为，先由凡是愿意任班主任的教师提交申请，再由学校组织竞聘演讲，最后学校根据具体情况再确定班主任人员。中小学教师实行绩效工资制后，班主任每月的津贴是400元。而且，Y中学把是否有两年班主任经历作为晋升各级职称的必备条件。2010年10月底，笔者到Y中学时了解到该学期有30位教师竞聘15个班主任岗位。按照一般的逻辑来理解，经过这样的程序选聘出来的班主任应该已经完成了"要我做班主任"到"我要做班主任"的转化。然而，当笔者跟数位班主任谈起竞聘班主任的事情时，他们却纷纷表示，"要评职称就得当班主任，没办法的事情"；"当班主任操心太多，评上职称我就不当了"；"当班主任好歹每月有400元，对大家来说也是一笔收入"；"我孩子不到2岁也需要照顾，现在我当这个班主任也主要是出于功利，评职称"；"我当班主任纯粹是出于评职称的需要，否则，我是不会当的"；等等。从这些班主任的言谈中，我们分明感受到的是他们竞聘班主任的初衷还

---

① 任运昌著：《空巢乡村的守望》，中国社会科学出版社2009年版，第33—34页。

是基于评职称和获得班主任津贴的需要，而没有把做班主任本身当成是一种乐趣和可以实现职业理想的途径。马克斯·韦伯在《以政治为业》中指出以政治为业的两种方式：一是"靠"政治而生存；二是"为"政治而生存。"靠"政治而生存，政治是生存的手段；"为"政治而生存，政治成为生活的目的。比照韦伯的分类，我们也可以提出以教师为业的两种基本方式："靠"教育而生存和"为"教育而生存。① 持前一种观念的教师是把当教师仅仅作为维持生计的职业，是生存型教师，他们从事教师工作的目的就是赚钱和养家糊口，他们按照职业要求和规则工作，这种敬业是外在的，需要监督和考核；而持后一种观念的教师才把当教师作为一种值得追求的事业去做，他们把自己的生命融入进了教育工作之中，并能够从工作中体验到生命的价值和意义，感受到快乐，他们的工作是自觉、自愿地开展的，不需要外在的监管。很明显，这些教师竞聘班主任的真正原因在于把它作为一种谋生的依托，属于靠教育而生存的生存型教师。

2009年教育部颁布的《中小学班主任工作条例》第8条明确规定，班主任要"全面了解班级内每一个学生，深入分析学生思想、心理、学习、生活状况。关心爱护全体学生，平等对待每一个学生，尊重学生人格。采取多种方式与学生沟通，有针对性地进行思想道德教育，促进学生德智体美全面发展"。也就是说，班主任要负责班级里所有学生的全面的成长，要关心每一个学生的发展和给予每一个学生各方面的关怀和照顾。特别是对于留守儿童来讲，由于父母不在身边，家庭教育功能弱化，当他们进入学校的时候，对教师充满了更多的期待，迫切地需要来自教师的鼓励和支持。由于班主任要为全班学生负责，也是跟学生接触次数最多和最频繁的教师，班主任在留守儿童教育中要发挥更大的作用。但是，从以上的分析中我们可以看出，诸多班主任教师从事班主任工作主要出于经济利益和功利化的目标驱动，这在很大程度决定了他们对班主任

---

① 刘铁芳：《从"敬业"到"乐业"：当前师德建设的基本问题》，载《教育科学研究》2005年第7期。

工作情感上的投入就不会很多,特别是对留守儿童隐性的心灵关怀需要会漠然处之,或者根本就不会理会。

农村教师对经济生活的追求既是当前我国社会整体发展中人们对物质生活过于追求的潮流的体现,同时也暴露了农村教师队伍自身在德性修养方面还存在不足。钱理群就这样认为:"教育对象学生的素质问题的背后,往往映射着教育者自身的素质问题,这是我们必须正视的。比如,很多老师都谈到了学生厌学,其实教师的厌教恐怕是更应该让我们忧虑的。诸如理想的缺失,价值观的扭曲,虚无主义、享乐主义盛行,精神空虚,行为失范,以及学习动力不足,不读书,特别拒绝经典……所有这些难道仅仅是青年学生的问题?我们有没有勇气承认,这同时是,或者说这更是学校领导、我们教师自己的问题,是整个中国校园的问题。说得更透彻一点,这其实是我们整个国民素质出了问题。"① 事实上,这种问题存在的根本原因是,"当整个社会把物质财富的增长与积累作为生存的唯一目标时,人类的精神和道德发展自然就被放逐而沦亡"②。的确,伴随中国经济的迅猛发展,人们对物质生活的要求越来越多,物质欲望已经极度膨胀,与此同时,则放松了对精神和道德生活的应有追求。这使得整个社会都呈现出一种"浮躁"的风气,而且,这种"浮躁"之风也已经蔓延到学校之中,正如 Y 中学教师 T9 所说的:

> 现在的学生是一届比一届浮躁。事实上,现在的教育官员浮躁、家长浮躁、教师浮躁,也造成学生浮躁。拿教师来讲,以前教师工资少得可怜,实行绩效工资后,才有些改善。但总体上讲,教师还是比较浮躁的,只有一个目标,就是"钱",并不怎么管学生。比如,有偿家教的问题,是不是老师就不做家教了呢,更多的可能是由地上转向了地下。家长给教师家教费又不打发票,怎么判定做的就是有偿家教?

在农村教师集体"浮躁"的背后是他们自身放松了对健康的、积极向上的精神生活的追求。最为明显的例子是,农村教师中沉溺

---

① 钱理群著:《做教师真难,真好》,华东师范大学出版社 2009 年版,第 13 页。
② 鲁洁著:《道德教育的当代论域》,人民出版社 2005 年版,第 142 页。

于打牌赌博的人比较多。笔者在 Y 中学调研期间发现，一到周末，Y 中学里很多教师就聚到一起玩牌或到棋牌室打麻将。据了解，在一些管理比较松懈的农村学校，有些教师竟然就在教师宿舍或办公室一起打麻将或玩纸牌赌博，甚至有些教师会在上班期间娱乐。王丹对西南一所农村小学的考察发现，教师周末赌博成风，上网聊天听歌、打篮球、玩电脑游戏是年轻教师们的主要课余生活。当地的村民认为对教师来说，"玩才是第一职业！他们的心思不在教书上，整天想的是怎么挣钱"①。当教师把获取经济利益报酬和享乐作为工作最重要的追求目标的时候，不仅导致他们自身的价值观呈现出畸形和不健康的发展趋势，更为重要的是他们对教育事业的责任感肯定是匮乏的，对教育工作的热情肯定是不足的。特别是在农村学校里，教师给予留守儿童心灵关怀是既费时又费力的事情，也通常没有什么经济方面的回报，这也更不会吸引一些教师去关注留守儿童心灵缺失问题和满足留守儿童心灵关怀的需要。

尽管如此，我们也不能忘记还有一些农村教师甘于贫困，数年甚至一辈子坚守在农村教师的岗位上，对农村孩子，特别是留守儿童投注和付出了极大的爱，呵护着他们的成长。在地处大巴山深处的四川万源市白果乡曹家坝小学里，肖远义老师在那里独守了 36 年，为留守儿童撑起了一片蓝天的事迹就令我们感动和钦佩。② 肖老师无私奉献的精神呈现出了他的道德境界的高尚和伟大，而且这种奉献精神是以牺牲教师个体的利益为前提的。还有更多的教师由于留守儿童存在的问题太多，教育难度太大，在留守儿童教育中经历着无数次的情感上的起伏和波动。以下是一位农村初中教师的讲述，我们从中可以体会到教师面对留守儿童教育中内心的无力和无奈。

张鹏今年 15 岁了，是一位留守学生。母亲在他 6 岁时抛下他离家出走了，父亲常年在外打工，留下他和 78 岁的奶奶

---

① 吴毅主编：《乡村中国评论》（第 3 辑），山东人民出版社 2008 年版，第 135 页。
② 《老师独守深山小学 36 年　为留守儿童拒调离》，http://news.qq.com/a/20100906/001069.htm. 2011—02—07。

在家。与其说是奶奶在照顾他，不如说孩子在照顾奶奶。初见张鹏，我被那孩子的灵气、阳光所吸引，孩子积极、热情，完全看不出是一个缺乏父母之爱的留守孩子，而真正认识张鹏是因为那双长满血泡的手。记得当时9月份开学第一周，这个原本让人很欣赏的男孩却屡屡不交作业……和他谈话时，他伸出那双稚嫩却布满血泡的手。孩子当时哭着说："我这几天一个人在家种小麦，挖地头……"我当时被那双手打动了……但说到他母亲时，他却没有丝毫的难过与想念……在后来的日子里，我格外关爱他！经常包容他的一些"小过失"，比如迟到，不按时交作业等；总觉得他比其他孩子多承担了一份额外的家庭责任和重担；总想用润物细无声的方法去关爱这个孩子的成长。后来的事情让我很生气，他利用我的信任，在课外的大多时间去上网。班级规定学生不准带手机，他竟然拿着两部手机上网，完全沉迷于虚拟的网络……我当时当着全班学生的面说，"张鹏，我最信任的斧头砍了我的脚！你就是那把斧头，在你这里，老师对你的信任值多少？你可怜又可恨！"（我当时太生气了，有点口不择言，甚至语气有点狠！因为从八年级到九年级我给他投注了太多的情感与关注。）令我没想到的是，他当着全班学生的面把两部手机扔进了垃圾桶。我当时冷冷地加了句："手机无罪，你扔了手机就代表你不沉迷网络了吗？"那孩子当时很有骨气地说了句："老师，看我行动吧！"后来一个月的冷处理，一段时期我真信他会改变，但一个月后，他毛病依然……那时我最深切的感受就是：教育不是万能的！留守儿童家庭课余生活的无力监督和缺失，让他们身上的毛病不断复发。孩子缺乏自制力，我们很理解，但这种长效监督很缺失。①

事实上，我们没有理由要求所有的农村教师都甘愿贫困和把自己的青春年华无私地奉献给教育事业，农村教育的发展要依赖于农

---

① 凤翔县柳林镇中学黄亚芳老师在2013年5月6日宝鸡文理学院举办的"多学科视野中的留守儿童教育"研讨会上的发言。

村教育条件的改善和农村教师自身素质的提升两方面的努力。对于国家和政府来讲，更为关键的是要切实改善农村学校和农村教师的生存和发展境况，切实提高农村教师的待遇和改善农村学校的条件，给农村教师创造发展的机会和增强他们的职业成功体验，让教师能够安心在农村从教；对于农村教师来讲，要切实提升自身的职业修养，热爱农村教育事业，愿意为农村教育和农村学生的发展做出奉献。只有如此，农村教师才可能安心在农村从教，用心去体察和关怀留守儿童的生活境遇，关注和关怀留守儿童的心灵成长，满足他们心灵关怀的需要。

二、"应试教育"致使教师无暇给予留守儿童心灵关怀

从现实角度来审视，在农村学校里制约教师对留守儿童心灵关怀德育实施的一个最直接的因素就是现行的考试评价制度。导致这一评价制度长久不衰的两个因素是过度的文凭竞争和扭曲的利益竞争。[①] 一方面，虽然在改革开放后，我国曾出现过"脑体倒挂"时期，以及"读书无用论"思潮。但是，自20世纪90年代以来，伴随市场经济的逐步确立，经济社会发展对人的素质的要求的不断提升，学历层次在就业和社会向上流动中的权重的增加，人们对学历的追求也越趋激烈。并且，随着我国高等教育大众化时代的到来，文凭竞争由"纵向文凭"（大专、本科、硕士、博士）竞争转向"横向文凭"（"985高校"、"211高校"、"省重点高校"）竞争。而且，即使在当前大学生就业形势不容乐观的情况下，人们对高等教育文凭竞争的努力还是有增无减，"文凭至上"已经成为我国社会的一大特色。而面对这么多的文凭竞争者，为了进行所谓公平公正的选拔，教育组织者们所诉诸的方式只有一种——考试。于是，小升初、中考、高考等各类形形色色的考试便顺理成章地受到教育主管部门、学校、教师、家长和学生的格外重视。另一方面，伴随考试竞争出现的是利益竞争。虽然考试竞争给教育带来的弊端是有目共睹的，但是，为什么它能够长治不愈呢？其实，隐含在其后的是

---

① 吴康宁：《制约中国教育改革的特殊场域》，载《教育研究》2008年第12期。

扭曲的利益竞争。如果把学生看作是受教育者，把教育主管部门、学校、教师、家长看作是教育者的话，那么，正是通过"应试教育"，教育者自身的利益得到了保障和维护。这是因为"在许多地方，学生的考试成绩、升学率已经同教师的奖金、职称、校内地位乃至工作机会联系在一起，同校长的名誉、职位以及升迁机会联系在一起，也同教育局长、分管教育的政府领导的'政绩'联系在一起。同时，子女的考试成绩、升学状况也已被许多家长同家庭的面子及将来的利益联系在一起。"① 于是，这些"教育者们"自身成为"应试教育"的维护者，学生则成为他们争取自身利益的一种工具，同时，他们把学生身心的健康成长和发展暂时放在了一旁。

正是在激烈的文凭竞争和利益竞争的驱使下，考试作为一种评价手段的功能发生了异化。在当前的教育现实处境下，对考试手段的无节制的使用使得考试几乎成为唯一的选拔人才的方式，并用考试来评判乃至指挥学生的整个学习过程和学校的整个教育过程，使得考试成了主要的甚至是唯一的教育评价手段。于是，考试的功能发生了异化，成了一种摧残人的成长和发展的工具以及扭曲教育目的和过程的工具。正是在这层意义上，考试评价制度导致的一个直接的后果就是教育者对学生的爱的缺场和退场。也正是在"应试教育"和考试评价制度的影响下，对于留守儿童来讲，教师指向他们的心灵关怀德育也受到了阻碍。

首先，在"应试教育"环境下，学校和教师本身忽视对留守儿童心灵关怀德育。

实际上，在农村学校里对留守儿童的心灵关怀德育的忽视经历了两次深化。其一，在当前以学生的考试成绩为主要评价标准的学校教育环境里，德育本身已经被严重地边缘化了。这是因为当前无论是对学校的评价，还是对教师和学生的评价，都看重的是考试成绩，考试成绩是最为显性的、可量化的指标，而其他方面基本上都是次要的，或者是根本不予以考虑的。尤其值得反思的一点是，受当前考试考评制度的影响，社会上和教育系统里在评选优秀学校、

① 吴康宁：《制约中国教育改革的特殊场域》，载《教育研究》2008年第12期。

优秀教师和优秀学生时，考试成绩和升学率几乎成为最主要的甚至是唯一的评判标准。在这种情况下，无论对于教育主管部门，还是对于学校、教师、家长和学生来讲，他们就会忽视在考试成绩以外的方面做出努力，德育自然也就成为他们共同所不予重要考虑和付出努力的一个方面。当然，在学生考试成绩成为评价教育质量的唯一标准的情况下，教师给予留守儿童心灵关怀方面的努力和付出自然是不会被看作教师评优的重要指标的，因此，教师也不会积极去关注和关怀留守儿童的心灵成长问题了。

其二，留守儿童心灵关怀需要更多的是一种隐性的需要，在重视常规管理的现行学校教育管理环境下，它是不易被教师所察觉、反而容易被教师所忽视的，从而教师也就不可能积极给予留守儿童心灵上的抚慰和呵护。笔者在调研中深切地感受到，留守儿童作为农村学校里的一个特殊群体，他们自身亲情关怀缺失、家庭教育缺位等问题并没有引起学校管理者以及教师的应有重视，在他们眼里，留守儿童问题并没有构成一个急需重视和解决的问题，他们对留守儿童的关注往往也是出于一种应付上级检查的需要，例行公事地敷衍了事而已，所以，很少有教师主动积极地去了解留守儿童的家庭生活状况，以及倾听他们对留守生活的内心体验和感受，并给予鼓励、理解和心理支持。Y 中学班主任 T3 在谈到留守儿童教育问题时讲道：

> 你看现在从教育局到校长到老师只关注教学质量，关注安全。教育局关于留守儿童的调查只是出于一种工作的需要，从教育局到学校领导从来没有人进入到班级，问你们班有几个留守儿童什么的，更不可能对留守儿童做更为细致的了解了。相对来讲，班主任对留守儿童的了解会多些，但是也不见得班主任会了解所有留守儿童的所有情况，充其量只是对问题比较突出的个别人的情况知道得多罢了。你看除了班主任，其他教师也不会理会学生的思想工作，找学生谈话什么的，教师现在主要抓文化课，抓升学率，德育工作做得再好，如果考试成绩上不去，就等于什么也没做。评价制度是瓶颈，考试制度不变，评价制度不变，这种状况就改变不了。

马克斯·范梅南指出,现代社会是一个急剧变化的社会,分居和离婚是现代家庭生活的现实环境,这样,"有些孩子根本就没有父亲或母亲,或者没有像真正的父母那样的父母,或者家庭中缺少父亲或母亲。但是,在一个人类的世界对于一个孩子来说,拥有父亲、母亲,或者至少拥有某个对他们终身奉献特别关心的人,这仍然是比较好的",这是因为"孩子们的天性依然不变,这是教育学的事实:他们需要安全、稳定、指导、支持"。① 因此,他认为,"教师们正与一群来自多元化的背景和有着不同的广泛经历的孩子生活在一起。这些教师对这些托付给他们照看的孩子履行着一种'教师替代父母'的职责。"② 事实上,对于留守儿童来讲,由于父母外出务工,家庭生活破碎化,父母的关爱减少,当他们进入学校的时候,就对教师充满了更多的期待,教师就需要履行"教师替代父母"的职责,能够给予留守儿童生活和学习等方面的父亲般的严厉和母亲般的温暖,让他们在学校里能够获得安全感、稳定感,以及生活上的支持与指导。但是,正是由于当前考试评价制度的影响,教师往往关注的是学生的学习成绩,而忽视了对他们投注应有的心理上的支持和关爱。因此,留守儿童心灵关怀德育就得不到学校和教师应有的重视。

其次,在"应试教育"环境下,教师对留守儿童心灵关怀德育难以得到学校领导应有的认可和肯定。由于深受科学主义和实证主义思潮的影响,当前,在学校管理中也往往采用量化管理的手段,试图对教师工作的所有方面进行量化测评以对其工作成效做出判定。但是,德育却是难以测量的,因为德育关涉的是人的精神领域,除了理性的成分以外,还有人的情感的,甚至非理性的和潜意识的成分。这就决定了德育是不可测量的,任何试图以量化测量的方式对教师德育成效加以评判的做法都是荒谬的、不可行的。而且,德育还具有迟效性。很多时候,教师对学生的德育很难立刻见效,而是要到 5 年、10 年,甚至更长时间之后才能显现出效果。

---

①② [加] 马克斯·范梅南著,李树英译:《教学机智——教育智慧的意蕴》,教育科学出版社 2001 年版,第 73、8 页。

这就意味着我们不能企望德育达到速效，而是要对学生给予耐心的等待，虽然希望能够很快有效果，但是如果立时效果不明显，或者没有效果，也不能灰心失望，还是需要充满信心和期望，积极努力。正是由于德育是关涉人的精神领域的、难以测量的、迟效的，这就决定了德育本身是一项艰辛的事情，在农村学校里教师对留守儿童的心灵关怀德育是既费心力又费时间的差事。

即便如此，在当前"应试教育"和考试考评制度的影响下，教师对留守儿童心灵关怀德育也难以得到学校领导应有的认可和肯定。在"应试教育"环境下，学校对教师的工作成效的评价标准主要是以学业成绩为主的，只要教师所教班级学生的考试成绩突出，即使德育方面没有做出显著的成效，也能够获得学校的好评；反过来，如果考试成绩不好，即使德育成效很大，也是不可能获得学校领导的好评的。况且，德育的不可测量性和迟效性也决定了教师对留守儿童心灵关怀德育本身很难取得明显的效果。在前面所述的Y中学T2老师的遭遇就充分说明了这点，即使T2老师很注重跟留守儿童之间进行心灵上的沟通和交流，关注他们精神上的成长和发展，而且以往连年获得"优秀班主任"和"优秀教师"的称号，但是由于在中考中他所带班级学生无人考上重点高中，在全校教师无记名评优投票中所获得的票数第一的他，也无缘继续获得"优秀班主任"的称号。这充分说明了在"应试教育"环境下，教师评优的唯一标准是考试成绩，教师在德育方面的付出和努力是不受重视和肯定的，这也决定了T2老师对留守儿童心灵关怀德育不会得到学校领导的应有的认可和肯定。

同时，这也直接导致了一种极其消极的后果，那就是教师对德育的积极性会减弱和降低，甚至会使部分教师放弃对德育做出任何应有的努力，即使这样做是违背教师的职业道德要求的。留守儿童心灵关怀缺失问题本来理应得到教师应有的关注和重视，并给予留守儿童相应的心灵关怀，这不仅关系到留守儿童自身的健康成长和发展，也关系到留守儿童家庭的幸福，以及农村社会乃至整个中国社会的和谐、有序发展。但是，在"应试教育"环境下，由于德育被边缘化，教师在德育方面的付出和努力难以得到学校领导的认可和肯定，教师致力于德育的积极性的降低，致使留守儿童心灵关怀问题很难在学校里得到关注，他们也很难获得来自教师给予他们的心灵上的慰藉、鼓励和支持。

最后，在"应试教育"环境下，教师对留守儿童的关怀主要是围绕提高考试成绩展开的，造成留守儿童难以获得尊重感和平等感。通过前面的分析，我们已经明确，教师对留守儿童的心灵关怀德育就是要让留守儿童打开闭锁的心扉，向教师倾诉他们对留守生活的体验和感受，同时，教师做出积极的情感反应，给予他们鼓励、期待、支持、关爱等，使留守儿童获得尊重感和平等感，激发出他们自身的精神动力和生命潜能去勇敢面对留守生活中的挑战，从而体验和获得生活的乐趣和希望。其中，让留守儿童获得尊重感和平等感是关键，是他们体验和感受到生活的乐趣和希望的起点。但是，在当前"应试教育"和考试考评制的环境下，教师对留守儿童的关怀却是主要围绕考试成绩展开的，往往会忽视对他们精神的、心灵的唤醒。而且，这种对留守儿童的主要围绕提高考试成绩的关怀在一定程度上却会给他们带来消极的效果。

已有的研究表明，尽管留守儿童群体里也有学业成绩非常突出的现象，留守儿童≠成绩差。① 但是，笔者在调研中发现，从总体上来看，"留守儿童的学业成绩不如非留守儿童"②。这就意味着，如果教师对留守儿童的关怀主要围绕着提高学业成绩展开的话，由于他们本身学业成绩不良，而且学业成绩的提高也不是一朝一夕就能够达到的，这样，他们体验到的更多的是挫败感。最值得引起关注的是，在当前以考试成绩为主要考评标准的学校环境里，很多教师往往会以考试成绩的好坏评价学生，把学生分成三六九等，给那些学业成绩好的、能够给自己争取到荣誉的学生高关注、高期待，而对学业成绩差的学生则不予理睬，甚至是以冷眼相对，打击、讽刺、挖苦等。正因为如此，很多留守儿童也就无从获得尊重感和平

① 徐阳：《农村留守儿童教育问题研究》，华东师范大学2006年博士学位论文。
② 李松：《农村"留守儿童"家庭环境、心理健康及学业成绩的分析》，载《湖北社会科学》2009年第9期。

等感，相反，他们体验到的是被歧视，以及不平等的对待。所以，他们就会更自卑，感到更无助，他们内在的精神力量无法生成。

笔者在 Y 中学调研中接触到留守儿童 S7，她的母亲在她 7 岁时喝农药去世了，父亲一直未娶，在扬州打工，只有在农忙和春节时回家，她现在跟爷爷、奶奶一起生活。她平时寡言少语，基本上不和同学搭话，也很少在教室里走动，只是静静地坐在座位上，显得极其孤僻。当我知道她是留守儿童时，主动走到她身边跟她打招呼，从她的眼神里，我分明看到了对我的到来的一份惊奇、惊喜和期待。在班级里，由于她的学业成绩比较差，教师们几乎很少关注到她，更不会腾出时间来了解她内心的想法了。这也从我和她的对话中得到了证实，确实是很少有老师找她谈心。当我问到她学习方面的问题时，她把头深深地埋了下去，低声说："我学习上不去了。"从她的举动里，传递给我的信息是她内心的极度的自卑，及其对自己生活的不自信、无力和无奈。的确，在"应试教育"环境下，这些学业成绩差的留守儿童一般是很难获得教师的关注的，他们在班级中较难体验到成就感，也较难从教师那里获得尊重感和平等感。

类似 S7 的例子在 Y 中学里还有很多，他们由于学业成绩比较差，长期得不到教师的关注，而常常体验到的却是教师的不公正的对待，尊重感和平等感难以获得，对学校生活缺少应有的信心和热情，对未来生活也缺乏勇气和希望，内在的精神世界比较脆弱。心理学家阿德勒认为，教师"对所有的孩子都要全力帮助、教育，要给予他们勇气和信念，以激发他们的思想和潜力"，而"宽容、忍耐是教育者必不可少的素质，尤其对于教师而言"。① 因此，要改变这种状况，教师就必须摒弃以成绩好坏来评价学生的做法，尤其是不能忽视学业成绩不好的学生，而是要相信他们的潜力，并施以适当的教育，关注他们的生活处境，给予他们心理上的支持、鼓励、期待等，唤起他们积极地面对生活的勇气和信心。

---

① ［奥］阿德勒著，韦启昌译：《儿童的人格形成及其培养》，河北人民出版社 2002 年版，第 142、149 页。

三、师生关系的疏远化、对立化和功利化

师生关系是学校生活中的一种基本的人际交往关系,学校里的一切教育和教学活动都是基于一定的师生关系来展开的。马克斯·范梅南认为,师生关系是教育的黄金法则。师生之间良好的师生关系是一切教育教学活动取得成效的基础和前提。但是,"师生关系作为一定社会环境中特殊的人际关系,不免受到一定社会结构中普遍的社会关系和价值—规范体系影响,故不同时代为师之道不同,处理师生关系的价值标准、行为规范也就不同。"① 在当下中国城市化快速发展的社会背景下,农村学校里的师生关系也在悄悄地发生着变化。笔者在 Y 中学调研期间,在跟 20 多位班主任及科任教师和 50 多位学生的访谈,以及 100 多份学生问卷调查中了解到,当前农村学校师生关系发生了诸多变化,主要体现为师生关系的疏远化、对立化和功利化。而且,师生关系的这些变化还直接影响到教师对留守儿童心灵关怀德育的实施。

(一) 师生关系的疏远化

情感联系是师生关系的纽带和核心,是良好师生关系构建的基础。我们讲农村学校里师生关系的疏远主要表现为师生情感联系上的疏远,使师生之间心理上的距离拉大,教师对学生的影响力减弱。师生关系的疏远化不仅表现为在数量上师生之间情感沟通的时间的减少,如笔者随机对 Y 中学 103 名学生的问卷调查发现,对"在刚过去的一周里,老师曾跟你单独谈心、了解你的学习、生活状况了吗?"一题,回答"没有"的学生占到了 53.4%,23.3%的学生选择"1 次",7.8%的选择"2 次",只有 15.5%的选择"3 次以上";而且表现为质量上师生之间信任度的减弱,如笔者随机对教师的访谈中,很多教师讲到"现在我们基本不知道学生真实的想法,很难听到学生的真心话","我觉得现在教师和学生之间在情感上是疏离的",等等。而学生也纷纷表示:"老师只是关注成绩,根本不了解我们内心的想法","我很害怕老师,见到老师我就两腿发

① 陈桂生著:《普通教育学纲要》,华东师范大学出版社 2009 年版,第 296 页。

抖",等等。那么,是什么原因使得师生关系疏远了,我们试着从以下几个方面来分析。

一是现代的"一师多生,一生多师"的格局导致师生关系疏远化。跟古代师生一对一的教育方式不同的是,随着现代学校的产生,班级授课制成为主要的教育方式。班级授课制造成了"一师多生,一生多师"的格局,教师面对着几十个学生授课,这几十个学生被抽象成了一个学生,进行批量生产,师生关系抽象化。同时,一个学生要接受很多教师的指导,成为受过多重加工的社会产品。陈桂生曾经随机通过对9位在华东师范大学进修的学员进行调查后发现,这些学员认为对自己人生影响最大或印象最深刻的人中教师有16位,其中小学教师1人、中学教师11人、大学教师4人。由此,他指出,现代的"一师多生,一生多师"的格局导致师生关系疏远化,这是考虑现代师生关系必须面对的客观事实。① 当然,班级授课制下师生关系的这种格局也是我们分析当前农村学校里师生关系的疏远化问题时必须考虑的方面。

近年来,随着农村中小学布局调整政策的落实,许多农村中小学撤并,撤并后的学校规模扩大,随之班额也增大。在农村中小学布局调整政策的推动下,Y乡其他三所中学先后撤并到Y中学,Y中学成为Y乡唯一的一所中学。2010年4月笔者开始进入Y中学调研,Y中学有18个教学班,每个班级学生数量在35人左右。但是,跟一般的撤并校规模增大不同的是,由于农村独生子女增多和优秀生源向优秀学校和城市学校流失严重,Y中学学校规模却在缩小。在班级授课制下,一般来讲,除过班主任出于工作需要经常跟班级学生接触外,对于很多科任教师来讲,只有在课堂上跟学生接触,课外跟学生接触的机会很少。对于个体的教师和学生来讲,可能会由于一些具体的事务会跟个别学生和教师有些来往和交流,关系也会相对密切些。但是,从总体上来讲,班级授课制使所有教师对所有学生的密切接触难以实现。苏霍姆林斯基也认为,"如果教师只在课堂上跟学生见面,而学生也只在教室里感受教师的影响的

---

① 陈桂生著:《普通教育学纲要》,华东师范大学出版社2009年版,第298—299页。

话，就不能想象有情感联系。"① 因此，在师生之间缺乏更多的课外接触的情况下，师生关系的疏远成为必然。

二是大众传媒的影响致使师生关系疏远化。首先，大众传媒使得农村学生获得知识的渠道多元化，传统教育中教师作为知识权威的地位式微。在印刷读物时代，教师通常扮演的是知识权威者的角色，学生只能从教师那里求知。但是，随着信息化时代的到来，农村整体经济发展水平的上升，电视、因特网等大众传媒的使用逐渐在农村延伸和普及，这样，农村学生可以从电视、因特网等渠道获得大量知识和信息，学生从教师那里获得知识的依赖性减弱。其次，大众传媒导致农村学生出现成人化倾向。电视、因特网等把成人世界和成人生活无一遗漏地暴露在了未成年人面前，使得他们过早地熟识了成人生活，尤其是大肆渲染的都市情爱、暴力等影视对农村学生的交往观念等影响很大，最为明显的就是学生早恋现象增多。Y中学教师反映，过去中学里男女同学之间恋爱的现象是偷偷摸摸进行的，现在基本上是公开的，而且恋爱现象在初一就很普遍。农村学生中出现的成人化倾向，使得教师和学生之间本来的成年人和未成年人之间的亲密交往变得困难。再次，大众传媒成为农村学校里学业失败者获得成功体验的渠道。个体心理学家阿德勒认为，每个人都有追求卓越和成功的动力，而对于学业上的失败者来讲，"他选择一条个人的途径，去获取某种优越感以补偿他的欠缺感。对失去信心的人来说，最具有吸引力的不外是最快捷地满足心理上对成功的渴求。甩开社会的道德义务，并且用破坏法律的手段来突出自己，使自己获得一种征服者的感觉——这比起走社会的既定道路要容易得多"②。大众传媒，尤其网络世界更具丰富性、娱乐性、直观性等特点，对于学习成绩比较差的学生来讲，他们在学校生活里很少能够感受到成功，沉迷于网络可能就会成为他们体验

---

① [苏]苏霍姆林斯基著，毕淑芝等译：《育人三部曲》，人民教育出版社1998年版，第13页。

② [奥]阿德勒著，韦启昌译：《儿童的人格形成及其培养》，河北人民出版社2002年版，第7页。

自我和感受成功的一种选择。Y 中学班主任 T9 说：

> 我有一种深刻的体会，那就是现在教师和学生之间在感情上是疏离的。比如，教师生病，过去学生都会去看望教师，现在却很少，几乎没有。而网络对学生的吸引力很大，尤其是学习不好的学生上网更是频繁和普遍，他们可以通过玩游戏闯关来获得一些成功体验。现在他们最喜欢玩一种叫"偷菜"的游戏，有些学生对此很痴迷，但是我对这既不懂，也不会玩。

考试竞争的学校教育环境造就了很多学校生活中的学业失败者，这些学生无法从教师那里获得肯定和赞赏，于是，就把目标指向虚拟的网络世界中去寻求成功体验，导致他们和教师的心理联系会淡漠，感情上会走向疏离。

三是部分教师明哲保身的生存理性使师生关系疏远化。师生关系是教师和学生双方共同构筑而成的，但是，尤其在中小学阶段，师生关系是成年人和未成年人之间的关系，因此，良好的师生关系的维护有赖于教师的努力，而且教师往往在师生关系中处于主动地位。有调查也表明，"在师生关系的因素方面，70%以上的受访者认为，主导因素在于教师，教师的行为和态度是师生关系亲疏的决定因素"，所以说"师生关系的主导在教师"。① 虽然当前农村学校里师生关系出现疏远化倾向与学生自身在信息化时代背景下的发展变化，以及农村学校规模化的教学组织方式有关，但是这也跟教师在当下农村学校的现实处境里的行为选择相关。在上文中我们已经探讨了校园安全是"校园第一要义"，安全就像悬挂在教师头顶的达摩克利斯剑一样，时刻提醒着教师在教育教学中要以确保安全为第一选择。对于部分教师来讲，他们普遍采取的应对措施就是尽量不和学生接触的策略，这样，在常规管理的学校环境里，即使出了安全问题，学校也不好找这些教师承担责任。Y 中学教导处副主任 T5 就深有感触地说：

> 由于现在从上到下对安全抓得紧，教师普遍存在不求有功但求无过的心理，生怕自己在安全上出问题。对班主任来讲，

---

① 杨韶刚著：《道德教育心理学》，上海教育出版社 2007 年版，第 258 页。

主要出于班级稳定的考虑，还必须对学生进行思想品德方面的教育，但对科任老师来讲，则主要管自己所带学科内容的教学，就不怎么接触学生。本来应该是班主任和科任教师共同来教育学生，实施德育的，但现在出于安全考虑，他们主要是保证本节课相安无事就可以了，思想教育就没有抓起来，他们会认为多一事还不如少一事，只要他这门课教得还可以，至于这个班级学生思想问题等就不过问了。这些是我的感觉。

因此，当前农村学校里师生关系疏远化的部分原因也是教师出于自我保护的生存理性选择的结果。其实，这既表现为是教师当前在学校生活中的生存困境，也表现为教师对自身应承担的德育责任的推卸。

毫无疑问，师生关系的疏远化导致的一个直接的后果就是教师对留守儿童心灵关怀德育责任的放弃。由于师生之间感情的淡漠使得部分教师对留守儿童困窘的留守生活处境漠然处之，教师也就不可能用心去倾听他们对留守生活的感受和体验，也就不可能真正走进他们的内心世界。

（二）师生关系的对立化

教师和学生之间相互理解、相互信任的关系是一种理想的师生关系，它有助于教育教学活动的顺利开展。相反，师生之间出现对立化倾向则背离良好师生关系的建立。然而，当前在农村学校里师生关系却出现了对立化倾向。

一般来讲，师生关系是由教师和学生双方组成的，但是在实际中，师生关系的形成还受制于第三方力量的制约。在此，第三方力量主要指的是教育主管部门的行政性力量和媒体力量。一般来讲，教育主管部门的举措都是旨在建立良好的学校教育教学秩序。然而，在实践中，当教育主管部门的举措过于简单，没有充分考虑到教育因素的复杂性时，则可能成为使师生关系走向对立的诱因。体罚或变相体罚是当前中小学教育中的一个热点话题。在20世纪90年代以前，在农村学校里教师体罚学生的现象很普遍，而且家长对教师的教育方式也通常能够给予支持和理解，即使有些教师过于严厉而把学生打伤时，家长一般也很少跟教师理论，而是指责自己孩子做得不好。在那个年代，教师体罚学生根本就不会构成一个问题。但是，现在教师体罚学生的行为被作为违反职业道德的行为而禁止。2008年新修订的《中小学教师职业道德规范》明确规定，教师"不讽刺、挖苦、歧视学生，不体罚或变相体罚学生"。当然，现在把体罚作为一个教育问题来关注，其中蕴含着现代社会人们民主意识的觉醒，以及独生子女家庭增多和孩子对于家庭的重要性的增大等因素在内。尤其是校园里发生的多起教师体罚学生致死、致伤的事件造成了恶劣的社会影响，对学生和家庭带来了很大危害。这是师生关系不和谐的典型体现，也是师生关系对立化的一种极端表现形式。在这种情况下，教育主管部门禁止教师体罚学生是必要的。

但是，如果教育主管部门没有充分考虑教育因素的复杂性，禁止教师体罚学生的措施不力或不当，这又可能使得师生关系对立化走向另一个极端，即学生对教师的对抗、威胁、恐吓甚至伤害等。笔者在调研期间了解到，Y中学所辖属的Y市教育局成立了"常规百校行"专项组，工作人员扛着摄像机巡回查看各个学校常规管理和教学情况。Y中学初三班主任T8述说了在当前对学生利益给予过分重视和关注的环境条件下师生关系发生的另一种趋向。

    现在我们的学生好像懂点法规，也懂得一些文件精神，知道教师不能体罚和变相体罚学生。一般来讲，对班主任老师还存在畏惧心理，而在科任老师课堂上则很随意，尤其在一些女老师课堂上，老师一让他站，就喊"老师不准罚站学生"，他会威胁老师说要打电话举报，他们好像掌握了尚方宝剑。只要他举报上去，上面就会下来查。YZ日报有个"关注栏目"专门报道这种事情，对学校和老师的影响都很不好。而且，现在从上到下对师德问题抓得比较紧，老师轻易也不敢多管学生。像我们班主任跟学生的接触多一些还好些，而像科任老师也不敢让学生站，更多的是把课程上完就行了。我们学校曾发生过这样一件事情，有个男青年教师，他班上一个学生考试考了0分，老师很生气，在那个学生腿上踢了两下，没想到学生家长跑到学校来把那个教师揍了一顿，还打电话给YZ日报，记者来学校采访。那件事情后来还在我们当地电视台报道了。当然，现在的舆论导向都向着家长和学生，整个事件的报道很偏颇。之后，学校给家长赔了钱，教师还向学生进行了公开道歉。更令人生气的是，那个家长拿到学校赔的钱后就去打麻将赌博，输得很惨，家长还毫不在乎地对周围人讲，反正这钱是学校送的。这件事情至今对那个教师是个阴影。出现这种事情，其他老师谁还敢管学生啊。

笔者在Y中学期间，先后有几位教师提到那位男青年教师的遭遇，都对处理的结果感到愤慨和不平，认为当前师生之间关系较难相处，容易走向对立化。当然，师生关系走向对立化是教师和学生之间缺少必要的理解、尊重和信任的体现，在很大程度上，也是当前教育主管部门对教育的复杂性认识不够和媒体明显地向学生一边倒的舆论所致。师生关系对立化的消解，一方面有赖于教师、学生以及家长等相互之间的理解和支持；另一方面还有赖于教育法律和制度的完善。当前，师生关系在教育制度层面对学生的合法权益有专门的法律加以保证，而教师的权益却没有得到必要的保护。这种责任和权益不对等的设计会使学生有一种天然被保护的优越感，产生敢于和教师对抗的举动，而忽视自身应当承担的责任和义务。同时，还需要媒体在介入教育纠纷时能够深入调查，客观、公正地报道，营造客观、公正的舆论氛围。留守儿童是农村学校里的特殊群体，他们本来需要获得来自教师给予他们的关爱和支持，当师生关系出现对立化倾向时，则会使其难以满足。

（三）师生关系的功利化

教师平等地对待每个学生，关注和促进每个学生的成长和发展是衡量教师职业道德操守的一个重要方面，也是建立和谐师生关系的基础。然而，随着市场经济制度的确立，物质、经济、效率、效益等概念逐渐成为人们关注的焦点。随之而来渐渐出现了这样一种趋向，那就是人们对物质需要满足的欲望逐渐大于精神上的追求，道德对人们的言行的约束能力式微，社会生活中人们之间的交往渐渐要受到利益的驱动，即在追求自身的经济利益的最大化，出现了拜金主义、享乐主义等消极的思想文化潮流。虽然，在市场经济环境下，人们追求自身的经济利益的行为本身是值得肯定的，这符合市场经济的基本精神和要求。但是，当人们把利益作为行为的唯一取向时，那就会走向极端而导致道德失范。当社会法制建设还不完备以及公众道德舆论力量还不足以影响人们的行为选择时，道德失范行为将继续存在。当前，电视、报纸、网络等媒体上频频曝光的贪污、受贿等事件，就是在市场经济环境下人们追求经济利益失控的典型体现。这也能够有力地说明，当前我国还没有建立起与市场经济相适应的法制环境以及道德环境。学校并不是与社会隔离而封闭存在的，相反它是与社会息息相通的，社会生活的变化和变迁会透射到学校生活之中。社会功利化向学校蔓延的直接后果之一是导致师生关系的功利化。

师生关系是教师和学生双方维系的，功利化的师生关系则主要是教师和学生家长共同来维系的。受市场经济中获取最大收益逻辑的支配和驱动，教师为了使自身的经济利益最大化，往往会采取"优生优待，差生差待"的方式。这是因为在当前"应试教育"环境下，学生的学业成绩是衡量教师工作质量的主要标准，和教师的福利、奖金、声誉，甚至在学校的地位紧密地联系在一起，优生能够以优异的学业成绩为教师挣得奖金，赢得声誉和稳固地位。因此，在座位安排、课堂提问、课后辅导等方面，教师通常会给予优生更好和更多的机会，这样，优生取得好成绩就意味着教师可以拿到高额奖金和获得良好声誉。毫无疑问，教师的这种做法是以牺牲另一部分差生学生的成长和发展为代价的，不仅会导致差生的学业成绩更差，还会给他们的心灵带来阴影和伤害。Y中学留守儿童S6属于学业成绩差的学生，她告诉笔者，在她们班上，学习好的学生坐在中间座位，学习差的学生坐在靠墙两边座位，上课的时候，老师也主要喊好学生回答问题，很少或几乎不叫差生回答问题。由于S6的学习成绩不好，她靠墙边坐，很少得到老师的关注，她在学校里常常感到很压抑，很讨厌学校，觉得自己在学校里待不下去了。事实上，S6在学校的遭遇是功利化师生关系中差生在学校的常态的生活，他们本来由于学业成绩差需要教师的鼓励和支持，反而却陷入更深的无助的深渊。

部分家长为了让孩子在学校里得到教师更多的照顾和关心，也会受利益逻辑的驱使，采用给教师主动送礼或请客吃饭等方式为孩子争取拥有好座位，获得更多课堂提问和课后辅导机会等。一般来讲，通常是学业成绩差的家长会采用这些方式，希望孩子的学业成绩会进步。当然，这会促使教师产生"差生优待"现象，但事实上，这和前面所说的"优生优待，差生差待"的本质是一样的，都是师生关系功利化的反映。研究发现，由于城市和农村家长在经济条件好坏、所掌握的资源的多寡，以及对子女的教育重视程度大小方面存在明显区别，相比之下，城市家长在处理师生关系中更趋向于受利益逻辑的支配和驱使，而绝大部分农村家长则表现得更为朴实、厚道，很少存在给教师送礼、请客现象。

师生关系功利化是师生关系变异的一种典型表现，这既与教师职业道德操守需要完善有关，也与功利化的社会风气有关。从学校内部来讲，加强教师职业道德素质修养是消解功利化师生关系的根本出路。对于诸多留守儿童来讲，由于他们自身学习成绩不好，以及父母所拥有的社会资本稀少和家庭经济拮据，这就注定了在功利化师生关系下，他们无法满足教师的利益需求，自然，他们也就难以获得这些教师的关注和关爱。

第三节 家长支持农村学校德育中存在的障碍

当我们立足农村学校德育的视角来探讨教师对留守儿童心灵关怀德育的可能和现实问题时，不能忽视的一个重要方面就是家长作为农村学校德育支持性力量的作用发挥问题。毫无疑问，留守儿童的健康成长离不开家长的教导，尤其是在农村学校里教师对留守儿童心灵关怀德育的实施也需要家长有力的支持，只有家校之间进行有效的合作，才能促进他们的健康成长和发展。苏霍姆林斯基认为，"学校和家庭不仅要一致行动，要向儿童提出同样的要求，而且要志同道合，抱着一致的信念，始终从同样的原则出发，无论在

教育目的上，过程上还是手段上，都不要发生分歧。"① 因此，重视家校之间相互的合作和支持是留守儿童心灵关怀德育实施的一个重要方面。然而，在当前中国快速城市化的背景下，农村婚姻伦理观念发生了巨大变化，留守儿童父母婚变现象增多，以及农民自身对家校合作认识还不到位和当前农村学校里家校沟通的组织机构还不健全等，这些都成为留守儿童父母发挥对学校德育支持性作用的障碍。

一、留守儿童父母婚变使家庭德育力量削弱

近年来，伴随农民工问题产生的一种新现象，就是农民工群体离婚率的上升。对重庆市农民工离婚状况调查显示，2009 年，重庆市农民工较多的区县离婚率都偏高：南川有 2 040 对婚姻解体，结离婚比例达到 2.5∶1；长寿区有 7 774 对新人成为夫妻，有 2 622 对夫妻成为陌路人，结离婚比例为 2.9∶1；璧山县的结离婚比例是 2.9∶1。另外，许多偏远的区县的结离婚比例超过重庆市平均结离婚比例 3.5∶1。2010 年，对重庆市 1 000 余名农民工随机抽样调查发现，结离婚比例竟然高达 2.8∶1，这意味着 1 000 个农民工中，有 350 人处于离婚状态，远远高于 2009 年重庆市平均结、离婚比例。② 以赣南某县法院受理的农民工离婚案件为例，2007 年 1 月至 12 月，共受理离婚案件 52 件，其中涉及农民工的离婚案件就有 25 件，农民工离婚案件占离婚案件总数的 48.07%，与 2006 年同期相比提高了 36.5%。③ 诸如此类的农民工离婚现象在全国各地都存在。事实上，农民工群体离婚率攀升现象也反映了在城市化快速发展的时代背景下农村婚姻伦理观念的嬗变。

一方面，中国城市化的快速发展，城市现代观念向农村社会的

---

① [苏]苏霍姆林斯基著，杜殿坤译：《给教师的建议》，教育科学出版社 1982 年版，第 264 页。
② 《2010 年重庆市农民工离婚现状调查情况》，http://www.docin.com/p-87609125.html. 2010—11—15。
③ 《农民工离婚现状调查与对策建议》，http://jxfy.chinacourt.org/public/detail.php?id=19051. 2010—11—15。

渗透，给农村传统的婚姻观念造成了巨大的冲击。农民工离婚率的攀升是他们追求婚姻自主的体现，具有积极和进步的意义和价值。

传统农村社会是一个"生于斯，长于斯"的封闭的熟人社会，与外界的沟通很少，社会流动性也很小。随着中国城市化的发展，以及农村家庭联产承包责任制的实施，农村剩余劳动力迅速地向城市的转移，城乡之间的流动加速。据国家统计局2009年农民工检测调查报告显示，2009年度全国农民工总量为22 978万人，其中外出农民工为14 533万人，与上年相比，农民工总量增加436万人，增长1.9%。① 当然，农民工外出务工主要是出于生存需要的理性选择，在农产品生产成本加大，而农产品的销售价格持续萎靡不振的情况之下，对于大部分农民来讲，仅仅靠土地上的收入根本无法维持家庭的消费和开支，以及供养子女的教育费用。由于历史的原因，造成中国城乡的发展极为不平衡，城市和乡村基本上是两个截然不同的天地。当农民工进入城市之后，城市社会里弥漫的现代化的气息无疑会对他们自身所一直秉持的农村传统文化观念造成冲击。城市社会是一个相对自由、开放、民主、平等的社会，反映在婚姻观念方面，强调的是男女婚姻的自愿，以及婚姻中双方的民主和平等。然而，在农村社会里，尤其是偏远落后山区，婚姻中双方在婚前对彼此的了解相对要少得多，更多的是听从于父母的意愿的结合。而且，在农村社会，家庭生活中男性通常居于主导地位，男性的权威意识和支配意识较强，女性一般在家庭生活中都处于被支配的地位。随着农民工在城市生活时间的延长，他们不仅参与到了城市建设和繁荣之中，更为重要的是，处于城市社会的文化氛围的日常熏陶和耳濡目染之下，他们内在的价值观念也在发生潜移默化的变化，对城市文化也会出现一个从陌生到接触到熟悉，再到逐渐接受的转化过程。体现在婚姻观念方面，他们也要追求对婚姻的自主权，不再满足于缺乏感情基础的婚姻生活。农民工婚姻观念的这一转变的直接后果就是离婚行为。同时，农民工进入城市，社会

---

① 《国家统计局2009年农民工监测调查报告》，http://www.stats.gov.cn/tjfx/fxbg/t20100319_402628281.htm. 2010—11—15。

交往面也相对广阔些,这为他们重新选择婚姻生活提供了现实基础,使得他们掌握婚姻自主权成为可能。从这层意义上来理解,农民工离婚率攀升是他们主体意识的觉醒,以及在婚姻生活中追求自主、民主、平等价值的体现,具有积极和进步的意义。

另一方面,农民工离婚率的攀升也反映了城乡文化碰撞和交融中农村婚姻伦理价值观念出现了危机。在一定程度上,城市文化是一个良莠混杂的集合体,它具有值得肯定的积极价值,同时也宣扬和展示着城市生活中低级、消极、糜烂的一面。当前,城市文化里消极方面的内容在婚姻伦理层面的反映主要体现在对"婚外情"、"第三者"等婚姻情感生活的宣扬,这种观念集中通过电影、电视、网络等媒体来传播。这些思想文化都是与我们社会所倡导的个体要具有家庭责任和义务的要求所背离的,是对家庭责任和义务的推卸,既不利于家庭的稳定,更不利于子女的家庭教育和健康成长。受这些消极思想观念的影响,处于城市生活里的农民工在与妻子或丈夫分居的现实情况之下,有些人也会涉足婚姻生活中的"第三者"或出现"婚外情"。这种情况的进一步发展,往往会导致离婚。甚至,有些农民工外出务工,在经济上得到发展后,会抛弃留守在家里的妻子或丈夫,重新组建家庭,全然不考虑理应承担的家庭责任和对子女的教育义务。

另外,大量的调查研究发现,从农民工的经济观念的嬗变中也可以反映他们在婚姻伦理观念上的嬗变。申端峰在对湖北 H 村调查时了解到该村有数名女子在外做小姐,而从村民对这些故事的讲述中,被凸显最厉害的不是道德谴责,甚至根本就没有看到道德上的谴责,讲述者最强调的是这些人都挣到了钱,并且挣到了大钱,给家人带来了好处。①"君子爱财,取之有道"的古训在如今的农村社会对人们的行为选择全然没有任何道德约束力了。笔者在 Y 中学调研期间,很多教师讲到了"搓背大军村"的故事,其中也反映了农民工在追求经济收入的过程中婚姻伦理价值观念的沦丧。

---

① 潘维等主编:《中国社会价值观变迁 30 年:1978—2008》,中国社会科学出版社 2008 年版,第 414—415 页。

在Y中学调研期间，很多老师向笔者讲到了被称为"搓背大军村"的村庄的事情。这个村属于Y乡的一个偏远、落后的村庄，经济发展水平相对比较低。近年来，随着农民工进城务工潮流的盛行，这个村里外出务工的农民也很多，用Y中学教师T7的话说，"只要能跑动的都出去了，村里剩下的只有老头、老太太，他们跑不动，只能待在家里"。刚开始，出去的一些年轻力壮的又没有技术和手艺的农民工起先在城里的浴池帮人搓背赚钱。由于相对务农来讲，搓背赚钱还是比较轻松的，又不需要什么技术，村里的人就相互介绍着去搓背，这样，这个村里从事搓背工作的人越来越多，而且基本上都是30—40岁的青壮年男女。如果仅仅是通过搓背赚钱的话，大家也不会给这个村"搓背大军村"的戏称，问题在于，在这些从事搓背工作的农民中，不少人在给人搓背的过程中出现了"出轨"、"离婚"等现象。所以，大家才把这个村戏称为"搓背大军村"。并且村里人对青壮年外出搓背赚钱，甚至"出轨"、"离婚"等现象已经司空见惯，没有给予那些人任何道德上的谴责。但令人担忧的是，村里的离异、单亲家庭的留守儿童多了，这些孩子得不到父母的细心照顾，基本上处于像孤儿一样的境地之中。

社会学家费孝通认为，"婚姻是社会为孩子们确定父母的手段"，"婚姻之外的两性关系之所以受限制还是因为要维持和保证对儿女的长期的抚育作用，有必要防止发生破坏婚姻关系稳定性的因素"。① 夫妻双方对婚姻的坚守是使子女获得完整家庭生活的前提和基础，也是他们得以健康成长和发展的保障。然而，留守儿童父母婚变却使得留守儿童失去了享有完整家庭生活的基础，更为重要的是，这些留守儿童家庭德育力量被严重削弱，主要体现在以下几个方面。

一是留守儿童不能享有温暖的完整家庭生活。毫无疑问，一个完整、温馨的家庭是子女健康成长和发展的最理想的家庭环境，父

① 费孝通著：《乡土中国 生育制度》，北京大学出版社1998年版，第125页。

母之间牢固的婚姻关系和情投意合的情感联系对子女的成长最为有利。黑格尔认为,"在夫妻之间爱的关系还不是客观的,因为他们的感觉虽然是他们的实体的统一,但是这种统一还没有客观性。这种客观性父母只有在他们的子女身上才能获得,他们在子女身上才见到他们结合的整体。在子女身上,母亲爱她的丈夫,而父亲爱他的妻子,双方都在子女身上见到了他们的爱的客观化了。"① 俗话说,子女是夫妻之间爱的结晶,也就是这个道理。然而,当父母之间的感情破裂,父母之间发生婚变的时候,其子女也就难以享有完整的家庭生活,会给他们的生活带来很多苦恼和不安。"假想离婚会对孩子有某些好处,那只是自欺欺人,除非离婚后,孩子可以离开粗暴的父亲或母亲,或者可以不再受荒淫生活的影响……但是,对于成千上万个同等地爱着父亲和母亲的孩子来说,父母离婚后,他们只能享受一半家庭的温暖,他们受到的情感摧残,就像孤零零的建筑物在战争中被敌人轰炸毁灭那样严重。"② 的确,父母婚变对子女带来的生活、思想、情感上的危害是我们难以估计和想象的。对于父母发生婚变的留守儿童来讲,随着父母之间感情的破裂,他们享有完整的温馨的家庭生活的愿望也难以实现了。

二是留守儿童的安全感降低。心理学研究证明,安全感对儿童的成长意义非常重大。儿童的安全感最初都是从家庭中获得的。"在给孩子提供一个安全和呵护的爱的环境的同时,父母亲教给了孩子生活和成长必不可少的东西。父母亲以一种亲情的亲密关系环绕着孩子。在这种氛围里,他们的陪伴给孩子以保护感,使得自我生存的空间和基础得以实现。"③ 安全感对儿童来讲,意味着他们感受到某个人或某些人关怀和爱护着他们,给他们的生活带来了所需要的一定量的保障、可信度和可靠性。一般来讲,在完整、和谐

---

① [德] 黑格尔著,范扬、张企泰译:《法哲学原理》,商务印书馆1961年版,第187页。

② [美] 芭芭拉·怀特黑德著,叶凌云译:《离婚文化》,春风文艺出版社1998年版,第36页。

③ [加] 马克斯·范梅南著,李树英译:《教学机智——教育智慧的意蕴》,教育科学出版社2001年版,第76—77页。

的家庭中的儿童,父母对他们的关心和照顾使他们很有安全感,他们的性格也会趋向开朗、大方、阳光的方向发展;相反,父母婚变家庭中的儿童,则显得胆小、谨慎、不敢冒险。毫无疑问,由于父母婚变,留守儿童的安全感会随之降低,这对他们的身心健康成长非常不利。

  三是有些留守儿童父母丧失了给孩子的道德榜样作用。前面我们已经讲到,从当前农民工离婚率的攀升现象中,一方面可以看出农民婚姻自主意识的增强;但是另一方面,随着现代城市消极文化向农村的渗透,也蕴含着农村婚姻伦理价值观念的沦丧。正是从后面一层意义上来说,留守儿童父母婚变对留守儿童自身的成长和发展带来了诸多道德意义上的消极影响,主要体现在为父母丧失了对留守儿童的道德榜样的作用。家庭是儿童社会化的第一个场所,家长是儿童的第一任老师。"夫风化者,自上而行下者也,自先而行后者也。"① 因此,家长的言行举止、为人处事的方式等往往就会成为子女效仿的榜样。而且,由于父母跟子女的血缘联系,使得父母对子女的影响更深刻和更持久。这种影响通常是潜移默化地进行的,正如马卡连柯所说的,"不要以为只有在你们同儿童谈话、教训他、命令他的时候才是进行教育。你们是在生活的每时每刻,甚至你们不在场的时候,也在教育儿童。你们怎样穿戴,怎样同别人讲话,怎样谈论别人,怎样欢乐和发愁,怎样对待朋友和敌人,怎样笑,怎样读报,这一切对儿童都有着重要的意义。"② 然而,当留守儿童父母自身伦理道德价值观念偏离、扭曲,从事了不正当的行业之后,她们的行为选择势必会对子女的道德认识和日常行为带来负面的影响,不能对子女起到正面的和积极的道德榜样的作用。

---

  ① 张霭堂著:《颜之推全集译著》(治家),齐鲁书社2004年版。
  ② 转引自吴金鹏:《母亲素质与青少年未成年人犯罪源头预防》,载《青少年犯罪研究》2005年第2期。

二、家长对家校合作的认识不到位

（一）留守儿童父母对家校合作作用的认识存在偏差

留守儿童父母普遍存在一种心态，认为"养"是家庭的责任，"教"是学校的责任，当他们把孩子送进学校之后，就意味着把孩子教育的责任全部托付给了学校。他们没有认识到家庭教育在儿童成长中的重要性，以及家庭对学校教育所应担负的协助责任和义务。这种认识导致的结果就是家长一般不会积极、主动地去学校，向教师了解孩子在学校接受教育的情况，如果孩子在学校出现问题的话，他们往往会把全部责任推给学校和教师，认为是学校和教师没有尽到责任。2010年10月，笔者就留守儿童教育问题分别访谈了Y乡Z村和D村的村支书，以及在Y乡一家私营玩具厂上班的一位留守儿童母亲，我们可以从访谈对话中看出农村家长思想认识上的这一趋向。

在Z村：

笔者：村上外出打工的人多吗？

村支书：我们村劳动力有1 840人，务农的有1 100人，外出打工的有800多人。男同志到外面打工的比较多，女同志都在乡里面的服装厂、玩具厂这些企业里上班。

笔者：村上的留守儿童大概有多少啊？有没有统计过？

村支书：没有统计过，这个比较少。

笔者：对父母出去打工的留守儿童，村里面对他们有没有特别的照顾？

村支书：这个我们没有。小孩的教育有学校呢，我们不用操心。

在D村：

笔者：请您介绍一下村里农民外出务工情况。

村支书：我们村总人口为2 980人，外出务工青壮年劳动力占到65%—70%，全国各地都有，还有出国的。

笔者：父母出去后，小孩怎么办呢？

村支书：外面不好找工作，孩子主要由不能出去打工的老人照顾。

笔者：那小孩的教育呢？

村支书：小孩的教育主要靠学校教育，早上送去，晚上再把他们接回来。

笔者：村里有没有为这些小孩教育做些什么事情？

村支书：我觉得这个不需要做什么事情，有学校和老师教育就可以了。

在玩具厂：

笔者：您在这工作多长时间了？

家长：工厂建立之初我就在这里上班，已经快10年了。

笔者：您爱人呢？

家长：他一直在上海打工。我们这个车间的，男的全部在外打工，女的在家里面种农田，在这里做玩具。

笔者：你家孩子上几年级了？你平时对孩子教育关心多吗？

家长：上初二了。把孩子交给学校就行了，不交给学校也不懂，书上面的也看不懂。孩子做也做了，我们也看不懂。我们每天晚上都加班到9：00，等回到家，孩子都睡了，也没有时间管，反正送到学校让老师去管理。

从以上对话中，我们分明感受到的是，农民对家校合作一点都不重视，而是一味地把教育孩子的责任推给了学校和教师。家庭缺失理论（family deficiency theory）① 认为，缺乏文化培养和文化水平低的家庭，家中由于缺少教育传统，父母不注重教育，对长远的教育成就没有足够的追求，因此趋于较少参与子女教育。该理论认为，问题父母或问题家庭被视为家长参与程度低的问题核心。按照家庭缺失理论的解释，对于留守儿童父母来讲，由于他们自身教育文化水平相对较低，决定了家庭本身缺少文化教育氛围，而且他们对孩子的教育期望值也不高。因此，他们对学校教育的关注不够，

---

① 何瑞珠著：《家庭学校与社区协助——从理念研究到实践》，香港中文大学出版社2002年版，第7页。

参与程度也就较低,这也体现了他们在家校沟通中主体性缺失。然而,在西方,家长参与学校基于以下理念:一方面,家长是孩子的监护人,即使孩子在学校时也不例外;另一方面,家长是纳税人,家长有权监管学校经费的使用情况。所以,在西方,家长参与学校管理等是很正常和经常的事情。

(二)留守儿童父母对家校合作内容的认识存在偏差

儿童的发展是一个整体性的发展过程,包括他们的德育、智育、体育、美育等方面的全面发展,涉及他们的学业成绩、同伴交往、身体心理、审美能力等方方面面。总之,"把一个人在体力、智力、情绪、伦理各方面的因素综合起来,使他成为一个完善的人。"① 那么,在家校沟通中,留守儿童父母也理应就孩子各个方面的发展状况的信息跟学校和教师进行交流,从而达成统一认识,促进孩子全面、健康的成长和发展。然而,事实上,留守儿童父母更注重的是孩子的学业成绩,往往忽略了孩子其他方面的发展状况。我们可以从笔者邀请部分留守儿童写出的对父母的希望中看出这一趋向。正因为留守儿童父母对孩子学业成绩的过分重视,使得他们在与教师的沟通中主要集中于讨论孩子的学习情况,而忽视了对孩子其他方面的重视。特别突出的一点是,他们缺乏和孩子之间心理上的沟通,未能给予孩子心灵上的关怀,致使一些留守儿童的心理困惑得不到及时的疏导,成为问题留守儿童。

(三)留守儿童父母对家校合作时机的认识存在偏差

家校沟通本应该是经常性的,教师可以及时获得学生在家里表现的信息,父母也可以及时获得孩子在学校表现的信息,这有助于教师和父母对孩子的全面了解和适当的教育措施的制定。但是事实上,对于绝大部分留守儿童父母来讲,一般不会主动去学校和教师联系,通常只有在学校召开家长会的时候才去学校或者教师邀请家长去学校的时候才会去。然而,家长会往往是集体性的,教师不可能和所有家长展开个别交流,很多家长也难以通过和教师的个别交

---

① 联合国教科文组织国际教育发展委员会著,华东师范大学比较教育研究所译:《学会生存——教育世界的今天和明天》,教育科学出版社1996年版,第193页。

谈来了解自己孩子在学校各个方面表现的具体情况。教师也通常是在学生出了问题的时候才会和家长联系，这样当家长接到教师打来的电话的时候，他们就会猜测孩子在学校里出了问题，出于面子等考虑，有时候有些家长则会回避跟教师见面。由于家长参与学校的程度太低，很多家长可能连孩子在哪个班级，哪些教师给孩子带课等情况都不了解。Y 中学班主任 T8 这样描述家长会时的情景：

> 开家长会时让人感到很尴尬。你看很多家长在校园里转，他们不知道孩子在哪个班级，也不认识班主任，甚至有走错教室的。我们开家长会通常是以班级为单位进行的，有些家长进错了教室，听了一半，发现不对，就问我的孩子在不在这个班上啊？若不在，他就问在哪个班，然后又去找。因为家长很少来学校，当然就不知道了。什么时候家长来学校次数多呢？一般是初三要毕业的时候，家长关心孩子能不能上高中嘛，就知道往学校跑，和老师联系了。

留守儿童父母对家校沟通时机的认识上的偏差也是多重原因造成的，除了客观上工作比较忙，没有时间外，更为重要和核心的原因主要有两个方面。一是在于文化心理的影响，如社会文化传统中的"尊师重教"观念。摩罗的研究发现，在美国，亚裔家长通常很尊重教师，大多数家长都很少或完全没有与学校接触。布朗还记录了一位亚裔家长的意见："假如家长收到学校打来的电话，他们就知道孩子惹了麻烦。"在亚洲地区，家长与学校接触也往往是因孩子有问题而开始的。① 二是在于农村家庭的社会经济地位所致。布朗的研究发现，中上阶层的家长最愿意付出时间和金钱去参与学校的活动。②留守儿童家庭的经济和教育基础都相对比较薄弱，家庭资源短缺，对学校活动的参与程度就比较低。

（四）留守儿童父母对自己参与学校教育的能力信心不足

毫无疑问，无论从留守儿童父母的文化教育水平方面来衡量，还是从他们的家庭社会经济地位来衡量，留守儿童父母基本都属于

①② 何瑞珠著：《家庭学校与社区协助——从理念研究到实践》，香港中文大学出版社 2002 年版，第 20、17 页。

草根阶层。在农村社会里，农村教师属于农村社会里的知识精英，而且由于他们有工资保障，在经济上也是相对优越的，这就使得留守儿童父母和教师之间在文化和经济层面存在明显的差别，这种差别也预示着他们身份地位上的差别。当来自草根阶层的留守儿童父母面对知识文化水平和社会经济地位都比自己高的教师时，一般来讲，他们内心会存在胆怯和自卑心理。笔者在Y乡H村调研时，一位留守儿童母亲讲述了自己跟教师沟通时的心理体验，从中就可以反映出他们在与教师沟通中存在这种心理困扰。

笔者：请问您孩子上几年级了？

家长：初二。

笔者：您经常跟老师联系，了解孩子在学校的情况吗？

家长：现在很少跟老师联系。孩子上小学的时候，老师基本上都是村子里的，相互很熟悉，说起话来方便，和老师接触多。孩子上初中后，感觉初中老师跟小学老师不一样了，人家都是大学毕业的，知识层次高，也不知道该说什么了。而且有些老师看不起我们农民，我们去了也只是应付一下，还耽误人家时间。现在只有开家长会时去学校，其他时间没有联系。

笔者：您孩子各方面表现都好吗？

家长：自上初中后，小孩爱上网了，成绩比小学时差了。其实，我也很想和老师说说，但是，就是不知道怎么去说。

已有研究证明，家庭背景与家长参与学校活动之间有密切的联系。娜娃的研究采用文化资本概念，解释了中上阶层家长参与的优势，她认为文化资本包括这样几种形式：家长的能力、信心、收入、工作模式，以及社会关系。中上阶层在参与学校活动中的优势体现在：第一，中上阶层的家长有能力和信心在功课上协助子女，因为他们能够理解学校的课程，并能有效地与教师沟通；第二，中上阶层的家长与其他家庭、朋友及邻居有较佳的联系网络，通过这一网络可获得有关子女的学校教育的信息；第三，中上阶层的家长有更多收入和物质资源，以支付照顾孩子、交通、补习等费用；第四，中上阶层家长可以更具弹性地安排他们的工作时间，参与学校活动。① 按照娜娃的研究结论来说，处于草根阶层的留守儿童家庭基本上在文化资本和经济资本方面都比较欠缺，这在很大程度上决定了留守儿童家长在家校沟通中参与学校教育的能力和信心相对不足，参与学校教育的程度就比较低。

三、家长对农村学校支持存在时空上的限制

父母是子女的监护人，他们对子女负有监管的责任和义务。然而，当前留守儿童父母双方或一方在外务工，有的长年在外、很少回家，有的隔几个月才回家一趟，教师难以见到他们或者他们难以有机会和教师见面，这使得家校沟通存在空间和时间两方面的困难。Y中学几位老师讲述了他们在家校沟通中所面临的尴尬局面。

班主任T9：我们农村老师现在挺可怜的，最大的困难是找不到学生父母，见不到学生父母的面。我们当地经济状况不怎么好，大家都出去打工了，远的在新疆、宁夏、内蒙古等地，稍近一点的在上海、南京、扬州等，有的长年不回来，孩子就丢给爷爷奶奶照看，有的回来了也不会待多久就又走了。多数通常是过年时候回来，过完年又走了。所以，我们很难见到他们的面。开家长会的时候，大多数都是爷爷奶奶给孙子孙女来开家长会，还有的是舅舅、舅妈、阿姨来开家长会。老人的记性差，理解也慢，他们一般对孙子孙女本来就比较溺爱，孩子有问题他们也解决不了。舅舅、舅妈、阿姨不可能尽心管理，又不是自己的孩子，肯定不会很上心的。

班主任T10：现在学校和家庭沟通很困难，喊爸爸，妈妈来了；喊妈妈，爷爷奶奶来了；喊爷爷奶奶，舅舅阿姨来了。总之，很难看到学生父母的面。学生在学校出现问题，叫学生家长，他们在外打工来不了。比如我班有个学生，他父亲在内蒙古打工，孩子有问题，给他发短信，他也不回，太远了啊。

---

① 何瑞珠著：《家庭学校与社区协助——从理念研究到实践》，香港中文大学出版社2002年版，第18页。

我们班曹×，父亲在上海打工，两年才回来一次，回来干啥呢？办离婚手续。

班主任T2：现在一般都是父亲在外打工，母亲在家。母亲在家呢，也不能闲待在家里面，然后就在外面，打个工啊或找个活干干，农村现在经济的发展对教育的影响特别大，很多家长外出，因为待在家里没有钱啊，现在通货膨胀又这么厉害，很多时候逼着父母出去打工，不出去打工不行。但是，学生在学校出现问题，我们跟家长联系，叫他们到学校来一趟，他们会说，没有时间啊，请假要扣钱的。经济发展给教育带来了很大影响。他们说的是实话，我们通常感到很无奈，一味责怪家长也没有意义，他们不挣钱也不行啊。

对于留守儿童父母来讲，一是外出务工，离家远，这种空间上的距离决定了他们难以真正参与学校活动，即使现在的通信工具发达了，手机和网络的使用也很普及，但是对于绝大部分农民工来讲，这些都还属于奢侈品，即便可以使用通信工具，他们还需要考虑经济费用支出的承受能力。二是他们没有充足的闲暇时间和教师沟通。农民工跟国家企业里的职工不同，没有双休日和节假日，没有充足的闲暇时间，而且他们外出打工是干一天算一天，请假就意味着没有收入。而当前农村的社会现实情况是"种田不挣钱"，务工收入基本上成为农民家庭的主要收入来源。也正是出于经济方面的生存理性的考虑，当教师喊家长去学校的时候，家长通常需要在经济上做出权衡。笔者在前面提到的那家私营玩具厂调研时，另一位留守儿童母亲讲到了农村生活的现实情况：

我孩子上初一了，他爸在扬州打工，我在这个玩具厂上班。现在种庄稼不挣钱，但又不能不种，因为要吃粮食。种地也很花钱，开沟一亩就得20元，撒种子一亩又得30元，盖上又得20元，一亩下来得花70—80元。我们一个工人从早上8：00开始上班，除过午饭和晚饭各一个小时的吃饭时间外，晚上一直加班到9：00，一天的工资也就30—40元。现在30—40元能买到什么东西？农村就不如城里人挣钱多。小孩上学也需要钱，虽然说现在不要学费了，但在外面生活，还要缴伙食费，各方面都需要钱。我们去一趟学校起码得半天时间，又花时间又花钱。但是学校开家长会时，我们就是请假也都会去的。

总起来讲，留守儿童父母参与学校活动受到时空限制的背后，除了观念上的因素之外，究其根本，还是由于他们在经济上的贫困造成的。正是由于在经济上的贫困决定了他们首先得考虑生存问题，之后他们才可能去考虑孩子的教育问题。

四、家校之间沟通组织不健全

在留守儿童家校沟通不畅的因素中，还包括当前农村中小学家校沟通在组织方面本身就不健全，这容易使家校沟通流于形式化，而难以取得实质性的效果。

第一，农村中小学基本上没有家校沟通的组织机构。目前，农村中小学与家庭之间缺少广泛的、稳定的联系，其原因之一是基本上都没有家校沟通的组织机构。在国内很多城市学校大都成立了家长委员会，它是家校沟通的一个群众性组织，在一定程度上，通过家长委员会，家庭与学校之间能够达到顺畅的沟通和交流。然而，目前农村中小学则基本上还没有成立家长委员会组织。2010年10月，Y中学所辖属的Y市教育局颁发了关于成立"家长委员会"方面的文件，全文如下。

关于下发Y市《学校家长委员会工作指导意见》
和《学校家长委员会总章程》的通知

各乡镇（办事处）教育协管员、中心中小学、市直学校、民办学校：

现将Y市《学校家长委员会工作指导意见》和《学校家长委员会总章程》下发给你们。请南京师范大学第二附属高中、第四中学和育才小学三所试点学校结合实际，对照工作指导意见和总章程组建家长委员会。12月中旬前，Y市统一组织对三所试点学校进行网上评议。在取得经验后，于明年春季学期全面开展家长委员会工作。

附件：1.《Y市学校家长委员会工作指导意见》；

2. 《Y市学校家长委员会总章程》。

Y市政府纠风办　　Y市教育局
2010年10月19日

但是，对于农村中小学来讲，当前要成立家长委员会还面临着一些现实困难。其中最主要的是大部分家长在外务工，一是他们没有时间参加学校组织的家校沟通活动；二是他们出于经济方面的生存理性的考虑，对家长委员会一般不会投入很大的热情和积极性。Y中学主管德育的副校长T1对教育局要求成立家长委员会的事情谈了他的看法。

我觉得像这个家长委员会如果真的搞起来，还是不错的啊。但是操作实在是很难的，学校这边即便你有时间和人力去做，家长那边是没有时间的。家长会认为这种事情就是你们学校的，我们哪有时间啊，我们没时间。比如，像我们上一次几个学生闹点矛盾，相互斗殴，我们就约请双方家长见面，来化解这个事情。家长就说我没工夫，我请假要扣工资的。他们一般都在私办厂里面，而且来的大部分都是女同志。农村目前就是这种现实情况，即使家长委员会成立了，家长没有时间参加，也很难取得什么实际效果啊。

其实，农村中小学家长委员会要取得实效面临的另一个现实困难是，家长自身的文化资本和社会资本欠缺。相对来讲，农民整体上受教育层次比较低，他们不可能对学校教育的课程、理念等很好地理解，这也就决定了他们参与学校教育的程度不会很高。而且，相对城市学生家长来讲，农民能够拥有的社会资本总体上欠缺，这也决定了他们对农村中小学的发展不能提供足够的支持。

第二，农村中小学校组织的家校沟通方面活动通常比较少。在农村中小学里，家长会是一种常见的和主要的家校沟通的活动方式。通常，在家长会上，学校和教师把学生在学校各个方面的表现情况向家长做个汇报，并讲解一些关于家庭教育方面的知识等。然而，对于农村中小学来讲，开一次家长会也不是很容易的事情，从筹备家长会到家长会召开要花费很大精力，需要在平时繁重的工作中挤出时间来做。一般情况下，一学期只能举办一次家长会，有的学校一学年才举办一次家长会。比如，Y中学一学年才举行一次家长会。一般来讲，考试过后的家长会是家长所感兴趣和愿意参加的，他们主要想知道孩子的考试成绩。所以，很多时候家长会就成了学生成绩的汇报会。而且家长会通常是集体性的，很难做到教师和每个家长之间进行一对一的交流，不是每个家长能够了解到孩子在学校里各个方面的具体表现。尤其是在留守儿童颇多的Y中学，由于父母外出务工，开家长会时很多都是爷爷奶奶，或舅舅阿姨等来给孩子开家长会，在很大程度上，他们很难完全承担起父母对孩子的教育责任，这样，家长会也就很难达到预期的效果。

第三，农村中小学家校沟通的组织形式相对比较单一。随着现代信息技术的迅速发展，电话、网络等通信设施的逐步普及为家校沟通形式的多样化提供了可能，能够使家校沟通的形式在传统的家访、家长会等基础上更加丰富。尤其是在农村大部分农民外出务工的情况下，他们不能亲自到学校去了解孩子在学校里的教育状况，以及和教师进行当面的沟通和协商，电话、网络等理应可以成为一种补充的形式。然而，当前的现实情况是，电话、网络等现代通信技术还没有成为外出务工的留守儿童家长和教师进行家校沟通的主要方式。其中最主要的原因在于，他们虽然身处现代化的城市社会之中，但是他们中绝大部分的经济生活水平还比较低，只有极少数经济状况较好的农民才具有这种能力和条件。而对于绝大部分留守儿童家长来说，由于他们在外务工，在时间和空间上限制了他们参加学校组织的家长会的可能，而且又由于经济生活条件的限制，无法做到使用现代化的通信方式达到和教师充分沟通的目的，所以他们就很难参与到学校教育中来，也就难以有效地发挥家长对农村学校德育的支持作用。

第四章　心灵关怀取向的农村学校德育的实现条件

在第三章，笔者立足农村学校德育的视角，对关涉留守儿童心灵关怀德育的三个关键因素，即学校管理、教师和家长进行了实然层面的分析。不可否认的是，在当前中国城市化快速发展的背景下，指向留守儿童心灵关怀的学校德育的实施还存在着诸多的困难，这些困难既跟整个中国社会当前发展的时代背景有关，也跟农村学校内部的相关因素有关。正如欧内斯特·L.博耶在《关于美国教育改革的演讲》中指出的一样："在我们准备《中学》这篇报告的过程中，我获得了一种强烈的感受，即不能孤立地看待学校。教育深受超越于课堂和学校的更大社会背景和力量的影响，这种影响不可避免地决定着学校的命运。不考虑学校在其中开展工作的更大背景的影响，我们就无法对学校进行彻底的改革。"① 留守儿童问题是中国当前城市化快速发展背景下农民工问题的衍生物，它本身就属于社会问题，在教育内部是无法根本解决的。我们认为农村学校作为专门化的公共教育机构，自身肩负着关爱留守儿童的义不容辞的教育责任，因此，在本章中笔者主要从农村学校德育的视角来探讨一些有助于心灵关怀取向农村学校德育的实现条件。

第一节　学校管理中要体现人文关怀精神

美国管理学家莫纳汉曾经断言："面对现代社会的每一个主要问题，分析到最后，总是一个管理问题……每个社会问题，最后都

---

① ［美］欧内斯特·L.博耶著，涂艳国等译：《关于美国教育改革的演讲》，教育科学出版社2002年版，第40页。

要通过管理职能的某种方式求得解决。"① 同样，在学校内部，每一个教育问题的有效解决都需要诉诸管理职能的合理发挥。那么，究竟何谓管理？朱小蔓对此给出了精辟的理解："管理是一种激活，是一种整合，是一种协调，即追求对人的能力的最大量激活，对物的资源的最有效整合，对人与物关系的理想协调，以求得最佳的运作状态（过程）与效益（目标）"，而且，"教育管理的旨归不是物，而是活生生的人"。②毫无疑问，学校管理就要遵循以人为本理念，坚守和弘扬人文精神，把儿童和教师置于学校管理的核心来对待。尤其是当我们立足农村学校德育视角来探讨对留守儿童心灵关怀德育的实现问题时，就需要特别强调具有人文关怀精神的学校管理文化的营造。这种具有人文关怀精神的学校管理文化，不仅要指向关注留守儿童的精神成长，还要指向给予教师充分的人文关怀。

一、关注留守儿童的精神成长

在前面论述中我们已经知道，当前由于整个社会学历至上风气还比较浓烈，升学竞争压力还比较大，"应试教育"仍然是中小学教育的主旋律。在此环境条件下，德育本身被严重边缘化了，尤其是在农村学校里，诸多留守儿童心灵关怀缺失问题没有得到应有的关注和重视，自然诸多留守儿童心灵关怀需要也就难以得到满足。正如欧内斯特所说的，"今天，德育先于智育的做法越来越少了。不仅如此，教育工作者甚至不愿意谈论这个问题。今天的人们可以大谈学术标准，却不愿意谈论伦理道德标准。"③ 在过分强调学业成绩的学校环境里，教育已经严重偏离了以人为本的教育旨归，缺失了教育所应有的人文关怀精神。但是，对于留守儿童来讲，心灵关怀缺失是他们身上独有的特征，满足他们心灵关怀的需要是他们健康成长和发展的必需。那么，在学校管理中就需要充分弘扬人文

---

①② 朱小蔓著：《教育的问题与挑战：思想的回应》，南京师范大学出版社1999年版，第405页。

③ ［美］欧内斯特·L. 博耶著，涂艳国等译：《关于美国教育改革的演讲》，教育科学出版社2002年版，第30页。

关怀精神，积极关注留守儿童心灵关怀的需要，促进留守儿童精神的健康成长和发展，唤醒他们的生命潜能，从而使他们成为能够勇敢地面对和战胜生活挑战的精神上富足的人。

（一）积极关注留守儿童心灵关怀的需要

在农村学校里，留守儿童心灵关怀缺失问题通常是以隐性的方式存在的，不易被教师所察觉和发现。往往当留守儿童表现出极端的行为表现，如自杀、杀人或其他行为时，才会被教师清醒地意识到，但已为时太晚。如果教师和家长能够积极关注留守儿童的心理变化，及时给予必要的关爱和照顾的话，这些悲剧性事件是有可能避免的。而留守儿童心灵关怀缺失问题之所以以隐性的方式存在，这是因为：一方面，心灵关怀需要本身是一种心理体验，属于个体内在的心理活动，除非本人以语言（包括书面语言和口头语言）或情绪情感把它表达出来才能被他人知晓，否则别人是难以体会和觉察到的。事实上，尤其是对处于中学阶段的留守儿童来讲，随着年龄的增长，他们内心更走向独立，更不会把自己内心的想法轻易地向教师讲述。另一方面，在当前"应试教育"仍在中小学占据主流的现实教育环境下，教师和学生把注意力都集中于学业成绩上了，自然留守儿童心灵关怀的需要不仅被教师忽视了，也往往容易被留守儿童自身所忽视。正是这些原因导致这种情况的出现，一些留守儿童在遵守学校规章制度方面做得很好，行为表现很正常，但是事实上，他们内心是"失常"的，因为他们缺乏心灵上的关怀，心理处于"失常"状态之中，他们的"外在行为规范≠内在心灵健康"。例如，在前文中提到的留守儿童S3，她在班级里很守纪律，按时上下课，按时交作业，外在的行为表现很正常，但是她内心的矛盾和痛苦很激烈，以至于使她有"活着还不如死了"的想法。因此，在农村学校里，教师要积极关注留守儿童心灵关怀缺失问题，把他们隐性的心灵关怀需要转化为教师对他们积极的教育关怀行动。

通常，教师对留守儿童心灵关怀需要的关注是从了解他们的生活处境开始的，建立留守儿童成长档案是帮助教师了解留守儿童的一种方式。一般来讲，留守儿童成长档案里应该体现这样几项内容：家庭基本状况，包括父母姓名和联系方式、留守儿童受监护情况、留守儿童跟父母联系状况，以及是否属于离异、单亲家庭；学校表现状况，包括各科学业成绩、在校期间参加的重大活动记录，以及奖励和惩罚情况；不同学段班主任的综合评语等。通过阅读留守儿童成长档案，教师可以迅速判断他们中哪些留守儿童是需要特别关心和照顾的，哪些留守儿童容易出现哪些心理问题，做到对留守儿童的相关信息快速地了解和掌握，然后再采取区别对待的方式给予他们所需要的心理和精神上的抚慰与照顾。需要注意的是，离异、单亲家庭的留守儿童的生活处境更为复杂，教师要给予他们更多的关注。虽然目前有些农村学校给留守儿童建立了比较详细的成长档案，但是还有更多学校根本就没有建立留守儿童成长档案，或者建立的成长档案很简单，反映的信息不全面，仅仅只是为了应付上级工作检查的需要。因此，对于农村学校来讲，要对留守儿童心灵关怀需要给予积极关注，就要在留守儿童成长档案的健全方面多下些功夫。

教师了解留守儿童生活状况的另一种方式就是直接跟他们对话和交流。教师通过跟留守儿童对话来了解他们家庭的基本状况，以及他们当前所面对的心理困惑或问题等。一般来讲，只有在儿童和教师之间建立起信任关系的时候，他们才会把自己内心真实的想法告诉教师，否则，教师难以直接了解到留守儿童内心的真实感受和体验。阿德勒就特别强调成人和孩子之间的信任关系，他说，"父母和教师必须得到孩子的信任"，"除此之外的父母和教师，都一概遭到孩子的排斥，孩子不会信任这些父母或教师，他们形同陌路，甚至被视为敌人。"① 在现实的教育情境中，很多教师往往是以权威者身份凌驾于学生之上的，教师和学生之间缺乏平等的对话和交流，教师也就难以获得学生的信任。同时，学生年龄越大，对师生之间平等交流的愿望越强烈。正是从这层意义上来讲，教师要特别注意对自己的身份和角色的恰当把握，增强自身的亲和力，给予留

---

① ［奥］阿德勒著，韦启昌译：《儿童的人格形成及其培养》，河北人民出版社 2002 年版，第 134 页。

守儿童尊重感和平等感，赢取留守儿童的信任感。这样，留守儿童才会把自己内心真实的感受和体验向其倾诉，教师才能够真正走进留守儿童的心灵世界。

（二）唤醒留守儿童潜在的道德主体意识

由于留守儿童是未成年人，我们往往会犯这样的错误，即只看到留守儿童身上的脆弱性一面，而忽视和忘记去唤醒他们自身的道德主体意识，让他们积极应对留守生活。存在主义教育家雅斯贝尔斯认为，"所谓教育，不过是人对人的主体间灵肉交流活动（尤其是老一代对年轻一代），包括知识内容的传授、生命内涵的领悟、意志行为的规范，并通过文化传递功能，将文化遗产教给年轻一代，使他们自由地生成，并启迪其天性。"① 教育过程并不只是理智知识和认识的堆积，在根本意义上，教育是儿童的灵魂的唤醒，是从生命深处唤醒儿童的道德主体意识，唤醒他的创造力、价值感、生命感，使他觉悟起来。博尔诺夫也认为，生命发展是连续性和非连续性的统一，"遭遇无论如何只是一种非连续的形式，它以粗暴的方式突然地中断通常是连续性的生活过程，并给其一个新的方向"，而且，"遭遇不仅可以被理解为是迄今生活安全感的暂时的动荡，而且同时也揭示了一种新的超越过去的生活可能性"。② 他认为，在儿童的心灵深处存在着一种所谓"本源性"的道德意识，这种道德意识一般处于沉睡状态。在生命发展非连续性的偶然性事件面前，教育者要唤醒儿童内心深处的潜在的处于沉睡状态的道德意识，使他们回到本源上去，使他们真正认识自己和自己的现实处境、生命的历史和未来的使命，激发他们应对困难的勇气和信心，发挥他们自身的主体性，使自己成为一个具有自我意识和充满希望的真正的人。

对于留守儿童来讲，父母双方或一方外出务工，从他们身边离开，使他们原来的完整的家庭生活消失，留守生活是他们生命发展

---

① ［德］雅斯贝尔斯著，邹进译：《什么是教育》，生活·读书·新知三联书店1991年版，第3页。

② ［德］博尔诺夫著，李其龙译：《教育人类学》，华东师范大学出版社1999年版，第58、70页。

历程中的一次人生遭遇,是他们生命发展的连续性的中断。这在给留守儿童带来了诸多不幸和痛苦的同时,还意味着新的起点,是留守儿童通过自我重新认识和确证,成长为真正自我的契机。因此,教师应该让留守儿童清楚他们自身真实的生存处境,并使他们能够认识到留守生活作为人的生命发展中的一种遭遇是生命发展的有机组成部分,要正视留守生活,不能沉溺于感情上的伤感状态,更不要对父母存在埋怨心理。更为重要和关键的是,教师一定要唤醒留守儿童内在的道德主体意识,鼓励他们勇敢地去面对留守生活中所存在的各种难题,锤炼他们克服困难和挫折的意志力,使他们能够顺利地度过留守生活,成长为真正的自我。以下是Y中学一个初一留守儿童S8对自己留守后的家庭生活和学校生活的描述,以及他对父母辛勤劳动的理解和感恩之情,从中我们可以感受到他内心具有强烈的、积极向上的动力和准备应对一切困难的信心和勇气。

我的父亲对我很好,他为了我在外打工,很辛苦。所以我想实现我的理想,也必须实现它——考入名牌大学,找一份好的工作,将来报答我的父母。我们都知道"谁言寸草心,报得三春晖"这句诗,它是说母爱是难以报答的。父母为我付出的实在太多了,所以我将来一定尽我的最大可能来报答他们,实现他们现在的愿望,带他们玩遍中国,有可能的话还会带他们安享晚年,享尽天伦之乐。我决定,平时一些小事我都尽力去帮忙,让他们少一点负担,多一些休息的时间。

在我读小学的时候,我的母亲每天早早地起床为我做早餐,待她做好早餐才叫醒我起床吃饭,为的是让我多一些休息时间。

转眼间,我已进入了初中的大门,并且在这儿学习了将近两个月的时间,我对校园的老师很敬仰,因为他们有着丰富的知识,有着较高的素质,有着良好的品德。他们讲课栩栩如生,仿佛身临其境。我的语文老师比较幽默风趣;我的数学老师则是"遇强则强,遇弱则弱的人";我的英语老师也就是我的班主任,是一位对学生不苟言笑的人,我但愿他能多笑笑,毕竟"笑一笑,十年少"嘛。我不仅对我的老师有所了解,而

且对我的校园的一草一木也情有独钟,我的校园有许多花草树木,在办公楼水池前有几颗枇杷树,吃过午饭的时候,我通常会和我的朋友们在枇杷树下乘凉,欣赏校园的风景。

我已在我的人生第二跑道上跑着了,我将奋斗在这第二跑道上,直到跑赢。跑过我的人生的道路,让我的人生充满更多美妙的风景。

S8,让你为你爱的人和爱你的人奋斗吧!

在一定意义上,留守生活在给留守儿童带来某种不幸的同时,它还意味着留守儿童生命成长和发展中的新的起点,让留守儿童对自己的生存处境有更清楚的认识,更有助于他们内在的精神生命力量的激发和唤醒,使其成长为真正的自我。教师的责任就在于唤醒他们的道德主体意识,使他们在克服困难中增强生命意志,成长为具有自我意识和充满希望的真正的人。

(三)发挥农村学校心理咨询室的作用

近几年,随着中小学生心理问题增多,教育主管部门对中小学生心理健康问题越来越关注,诸多中小学校纷纷建立了心理咨询室。Y中学就建有命名为"倾心小屋"的心理咨询室。心理咨询与德育之间密切相关,在一定程度上,心理咨询能够取得德育效果。长期以来,我们把德育主要视作将自然人转化为社会人的过程,强调的是德育的社会功能,其实,"道德教育不仅要把自然的、个体的人变成社会的、文化的人,而且要把人培养成基于他自身条件的、精神发育良好的有个性的独特生命体。"而且,"道德教育不是可以离开个体生命成长的事情,相反,它必须以促进人的发展为根本目的。"① 发现和重视德育对个体精神发展的功能是我们全面认识德育功能上取得的重大进步,也正是在这层意义上,我们可以找到心理咨询与留守儿童教育的关联点。

在此,对留守儿童心灵关怀德育主要是从关注留守儿童个体精神发展的角度提出的。对于留守儿童来讲,父母双方或一方外出打工后,他们本来的完整家庭生活破碎,家庭生活的变故,以及亲子

---

① 朱小蔓著:《情感德育论》,人民教育出版社2005年版,第255页。

之间的交流和沟通的欠缺往往会导致他们心理上出现不安全感、孤独感、恐惧感等适应不良的现象。在农村学校里，如果留守儿童能够得到心理咨询师的帮助的话，他们不良的心理现象就会消除，并获得健康发展。

首先，在心理咨询过程中留守儿童消极的情绪能够得到合理的宣泄。在心理咨询过程中，咨询师要遵守的根本原则是先要让来访者倾诉，咨询师自己做个忠实的听众。心理咨询师细心地聆听不仅是善意的表示和虚心的象征，更是建立同感的基础。这要求咨询师必须诚心诚意地出租自己的耳朵，全神贯注地倾听对方讲话，不要随意打断，更不要就对方的话妄加评论。咨询师反馈给来访者的情感反应既可以是微微的点头，关注的眼神也可以是给来访者的一个安慰的动作，或者是一句表达同情的话语等。倾听是心理咨询师必须掌握的艺术，"心理咨询就是出租你的耳朵"①。心理咨询师的耐心倾听不仅使来访者的情绪得到了宣泄，而且为咨询师和来访者之间建立良好的咨询关系打下了基础。因此，在很大程度上，心理咨询就是聆听的艺术。"当来访者决定选择心理咨询时，他们内心肯定充满了矛盾，有诉说的愿望。咨询师这时就是一位聆听者，即使来访者讲得毫无条理，咨询师也不要阻止，要做个耐心的听众，同时不能透露出厌烦等情绪，并鼓励来访者把要讲的说完。"②假如留守儿童可以向心理咨询师求助的话，精神上的苦闷就可以得以合理宣泄。笔者在调研中发现，很多留守儿童在父母外出务工后，心理上的烦恼和困惑找不到合适的对象诉说，要么会变得沉默，要么就很暴躁。在心理咨询过程中，心理咨询师耐心的倾听、友善的态度等可以让留守儿童获得安全感、尊重感，让他们彻底打开心扉，把内心的苦闷和烦恼等讲出来。事实上，当留守儿童愿意敞开心扉，向咨询师讲述自己的留守生活经历和体验时候，他们内在的压力、孤独、寂寞等消极情绪在很大程度上会获得合理的释放，同时感受到来自咨询师传递给他们的理解、关爱和支持。

---

① 岳晓东著：《登天的感觉》（第3版），北京师范大学出版社1998年版，第52页。
② 马多秀：《我们是这样用心来交流的》，载《心理与健康》2008年第1期。

其次，在心理咨询过程中，留守儿童可以对自己的处境获得清楚的认识。从心理咨询角度来讲，咨询过程中心理咨询师要站在旁观者的角度，客观地帮助来访者分析和澄清问题，以使来访者看到问题的症结所在。在这个过程中，咨询师犹如一面镜子，来访者可以通过咨询师这面镜子看到自己真实的处境。咨询师可以运用不同的心理咨询理论帮助来访者进行自我澄清。例如，在艾利斯的ABC人格理论指导下，心理咨询师要重视来访者个人的认知信念，发现那些导致来访者产生了不良情绪结果的非理性信念，再反馈给他们；在个人中心疗法中，咨询师则要找到造成来访者心理困惑的两个自我，即"现实我"和"理想我"以及它们之间存在的差距；精神分析疗法重视潜意识和童年的价值，咨询师要发现来访者当前的精神状况背后隐藏的童年体验和经历。总之，心理咨询师就是一面"镜子"，来访者通过这面"镜子"，能够看到自己当前真实的状态。这正如杰拉德·科里所认为的，"在我看来，咨询最核心的作用是帮助来访者认识到他们自己的能力，发现是什么阻止他们使用他们的能力，澄清他们想成为什么样的人。"① 对于留守儿童来讲，在咨询过程中，通过和心理咨询师的对话，他们能够认清自己当前的留守生活处境，并能够消除自己的一些不合理的认识，更为重要的是，他们能够发现和体验到自我的力量和能力，找到解决问题的方向和路径。

最后，心理咨询有助于促进留守儿童自强自立地成长和发展。留守生活是留守儿童的现实生活，帮助留守儿童积极、勇敢地面对和战胜留守生活中的困难，自信、自强地成长和发展是教育者肩负的重要责任。尤其在当前农村中小学布局调整政策实施和寄宿制农村中小学数量增多的情况下，留守儿童在学校的时间延长，教师则承担着更多的留守儿童教育责任。心理咨询本身是助人自助的学问和艺术，留守儿童在心理咨询过程中，借助心理咨询师的帮助，能够促进他们自立自强地成长和发展。我国学者钱铭怡对心理咨询所

---

① ［美］杰拉德·科里著，石林译：《心理咨询与治疗的理论及实践》（第7版），中国轻工业出版社2004年版，第25页。

下的定义是:"咨询是通过人际关系,应用心理学方法,帮助来访者自立自强的过程。"并且,"对心理咨询的理解必须依据四点:第一,咨询的要素之一是人际关系,有良好的人际关系才可能达到帮助来访者的目的;第二,咨询是在心理学有关理论的指导下进行的活动;第三,咨询是一个过程,往往不是一次会谈就能解决问题;第四,咨询是帮助来访者自强自立,而不是包办解决来访者的各种问题。"① 可见,心理咨询本身是帮助来访者自立自强的过程,心理咨询师的角色定位是助人自助,来访者在心理咨询过程中对自身真实处境获得清楚认识的基础上发挥其自身内在的潜质和力量,从而成长为真正的自我。在这个过程中,心理咨询师要相信来访者自身的潜能和善于发现来访者身上的优点和闪光点,让来访者找到自信,看到希望,这是激发来访者内在精神力量的关键。对于留守儿童来讲,在心理咨询过程中,心理咨询师要充分地认识到留守儿童自身内在潜藏着战胜留守生活中的各种苦难的意识和能力,只有心理咨询师把他们身上潜藏的这些潜能唤醒和激发出来,留守儿童才能够更清楚地了解自己的处境,并生成战胜困难的勇气和信心,获得健康成长和发展。留守儿童把他们内在的潜能挖掘和发挥出来的过程中,可能需要心理咨询师给予留守儿童以关爱、信任、尊重等,只有在和谐、支持的教育环境中,留守儿童的潜在能力才能够充分地展现和发挥出来。留守儿童战胜留守生活中的诸多磨难、困苦的过程,也是他们磨炼意志、增长经验、获得成长的过程,经历这样的留守生活之后,他们独立生活的能力会增强,克服困难的内在的精神力量会强大起来,会成长为真正的自己。

  通过以上的分析,我们能够清楚地认识到,当前中小学心理咨询活动的开展有助于促进留守儿童的健康成长和发展,在留守儿童教育中具有独特的意义和价值。但是,与此同时,我们要清楚地认识到当前农村中小学开展心理咨询活动还面临着三重困境。在观念层面,很多教师和学生对心理咨询缺乏正确的理解,认为来访者都是有心理问题的人,而没有把心理咨询看作是个人保持心理健康的

---

① 郑希付主编:《心理咨询原理》,广东高等教育出版社 2003 年版,第 2—3 页。

一种科学方式。在师资层面，缺乏专职和专业的心理咨询教师。农村学校里担任心理咨询工作的教师基本上都是兼职的，因此在时间和精力方面，不可能全身心地投入。而且，这些心理咨询教师通常都是非专业的，仅仅是出于对心理咨询工作的兴趣和业余爱好，由于缺乏专业训练，他们往往对心理咨询精神理解不到位，以及缺乏正确的心理咨询理念等，导致心理咨询失败或效果不佳。在管理层面，心理咨询在农村学校整体工作中通常处于边缘地位。一般来讲，学校领导对心理咨询工作重视程度不够，所以，对心理咨询工作的经费投入会不足，心理咨询教师的工作量权重计算方面会相对低些等，这些会影响心理咨询教师工作积极性的调动。因此，心理咨询要真正发挥在留守儿童教育中的独特价值还任重道远，需要教育部门、学校管理者、教师和学生共同的努力。

二、给予教师充分的人文关怀

当代美国关怀伦理学家诺丁斯非常重视和强调对教师的关怀问题。她于1994年秋在美国发起了"何为好学校"的讨论，提出学校教育是否符合道德性的三条标准：一是发展每个学生的合法兴趣和才能；二是关怀在场师生的生活质量；三是为师生探索大多数人共同感兴趣的问题提供条件。在这三条标准中，其中两条与对教师的关怀有关。① 诺丁斯在自己的著作中也论述了美国教育对教师关怀不足的问题。中国教育中也存在对教师关怀不足的问题，中国传统的思想文化观念往往颂扬和赞赏的是教师的自我牺牲和奉献精神，我们可以从通常把教师比喻为"春蚕"、"蜡烛"、"人梯"等中得以印证。我们强调了教师作为关怀者的角色，而往往忽略了教师本身也是需要被关怀的对象。《长大后，我就成了你》是一首家喻户晓的教师赞歌，然而，李书磊却认为，"有意味的是这首歌所表达的情绪，它不以这种境况为社会之耻，反以它为社会之荣，这就把这种境况定位成了一种合理的、不可更易的境况，实际上也就是认可了这种境况。一种境况存在久了似乎合理化了，至少人们已对

---

① 侯晶晶著：《关怀德育论》，人民教育出版社2005年版，第234页。

之见惯不惊,谁想要改变这种境况就首先要论证这种境况的荒唐性,而这种论证往往要费九牛二虎之力,这实在令人悲哀。"① 当全社会都过分强调教师的奉献精神,而忽视对教师本身的关怀的时候,这就变成了一种病态的"集体无意识"。

当我们探讨在农村学校里教师对留守儿童心灵关怀德育的时候,强调的是教师作为关怀者的角色。其实,教师的关怀能力的生成跟他们自身是否得到了充分的关怀是直接相关的。一般情况下,当教师自身没有得到充分关怀的时候,他们对儿童的关怀能力的发展是具有局限性的。这是因为,在很大程度上,"片面强调对学生的关怀而忽视对教师的关怀,亦是教育中的一大关怀问题。教师身心负荷之重,源于社会对教师作为被关怀者身份的忽视;而不充分的被关怀正是教师无力充分关怀学生的首要原因"②。最值得关注的是,农村教师肩负着农村中小学生的教育责任,但他们的生存处境却不容乐观。尤其是在当前中国城乡二元社会结构体制下,城乡之间发展严重失衡,教育资源配置不均衡。对于农村教师来讲,由于地域的差别,他们与城市教师相比,在经济收入、社会地位、工作条件等方面都处于弱势地位。因此,在我们要求农村教师去关怀留守儿童的时候,我们必须首先给予他们充分的人文关怀。

(一) 要切实提高农村教师的经济收入

在前面的分析中我们已经知道,当前教师流动呈现出这样一种趋势,即小城市教师向大城市流动,城镇教师向小城市流动,农村教师向城镇流动,却几乎不会有倒流现象。这种趋势导致农村教师队伍存在不稳定的倾向。在农村教师不安心在农村从教,而是积极准备离开农村学校的情况下,他们就不大可能对农村教育投注很大的热情,同样,在日常教育教学过程中也就不大可能给予学生更多的情感上的关怀。特别是对于留守儿童来讲,他们心灵关怀的需要也在很大程度上无法从这些教师那里得到满足,况且,他们的心灵

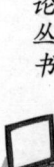

① 李书磊著:《村落中的国家——文化变迁中的乡村学校》,浙江人民出版社1999年版,第33页。

② 侯晶晶著:《关怀德育论》,人民教育出版社2005年版,第3—4页。

关怀的需要更多地表现为一种隐性需要，所以，甚至压根儿就不会得到这些教师的关注。正是出于这种考虑，我们认为稳定农村教师队伍是指向留守儿童心灵关怀德育得以实现的一个必要前提和保障。当然，不可否认的是，导致农村教师队伍不稳定的原因肯定是多方面的，对于绝大多数想离开的农村教师来说，农村教师经济收入低是一个首当其冲的重要因素。

正是在这层意义上，我们认为，要稳定农村教师队伍，必须要切实提高农村教师的经济收入。只有农村教师的待遇得到提高了，才能真正使农村教师感到无论在哪里工作经济收入差距都不大，打消他们想调离的想法。这样，一方面可以使原有的农村教师队伍稳定下来，另一方面还可以吸引优秀师资积极去农村从教。对于农村教师来讲，他们追求较高的经济收入既符合人的心理发展规律，也与当前时代发展背景下人的价值观念发展趋势相符。较高的经济收入是保证满足农村教师基本需要的前提，只有他们的经济收入提高了，他们才能够享有较好的物质生活，而且在物质生活得到保障的前提下，他们才能够去追求较高的精神生活。因此，农村教师对经济收入的追求是符合人的心理发展规律的，符合人性的。另外，在当前我国的市场经济制度逐步走向完善的时代背景下，人们的效益、效率等观念增强，农村教师也不例外。已有研究表明，"农村中小学教师有偿担任留守儿童代理家长的效果基本处于一般水平，优于无偿代理。"① 我们认为，提高农村教师的经济收入是稳定农村教师队伍的必要保证和前提，这也是农村教师安心在农村从教，热爱农村教育，关怀留守儿童的必要保证和前提。

当然，提高农村教师的经济收入在农村学校管理内部是难以完成的，这是政府和社会的责任。袁桂林认为，"国家政策没有跟上形势变化是造成城乡教师收入差距拉大的主要原因。"他认为，在计划经济时代，城乡教师都是国家干部，工资差距不大，但是随着改革开放以及市场经济的逐步建立，城乡教师收入慢慢拉大了，原

---

① 任运昌著：《空巢乡村的守望》，中国社会科学出版社 2009 年版，第 33 页。

因主要包括福利待遇问题、地方政策的落实问题和编制问题三个方面。① 庞丽娟在"两会"上也提出，要提高农村教师的工资待遇需要政府用"刚性制度"来保障，设立提供农村教师待遇的专项资金。② 因此，要保证农村教师的经济收入切实得到提高，确实需要得到政府在政策、制度层面对农村教师的关怀。

（二）在教师管理中要注重情感投资

在当前农村学校管理实践中，存在着一些弊端。如，有些学校领导习惯用行政命令的方式管理教师，从来不理会教师自身的意愿和想法；有些学校领导喜欢采用刚性的制度来管理教师，而且，这些制度通常是由学校领导们制定的，很少或几乎没有考虑教师的建议，有些可能会象征性地征求教师的意见，实质上也不会采用。学校领导用这样的方式来管理教师的最大缺憾是缺乏情感投资，但是，事实上，"任何人都需要在感情上被尊重、信任和理解，知识分子在这方面显得更为突出，'士为知己者死'"③。这就要求学校领导在教师管理中要注重情感投资，以此来激发和激励教师的工作热情，同时，这也体现了学校领导对教师的人文关怀。那么，在农村学校管理中，领导在教师管理中情感投资应该体现在哪些方面呢？

一方面，学校领导不能单纯用刚性的制度来管理教师，而是要考虑到具体教师的具体处境。制度化管理是现代学校的标志，用制度来管理教师本身也是现代学校管理的趋势。但是，制度管理的缺陷在于它追求的是整齐划一，无法考虑到具体情况。然而，事物总是多样化的，也总是处于动态的发展变化之中。因此，学校领导用刚性的制度来管理教师的时候，难以考虑到教师的具体处境。事实上，每个教师都是个性化的，他们的具体处境不尽相同，如果学校领导在涉及个别教师的一些具体事情上处理不好的话，就会挫伤他

---

① 袁桂林：《城乡教师收入差距大的三大原因》，载《中国青年报》2007年10月31日。
② 庞丽娟：《以刚性制度保障农村教师待遇》，http://www.edu10.com/news/6/2010-01-10/32605.html.2010-10-05。
③ 朱小蔓著：《教育的问题与挑战：思想的回应》，南京师范大学出版社1999年版，第433页。

们工作的积极性，打消他们的工作热情。因此，学校领导在按照制度要求管理教师的过程中，一定要充分考虑具体教师的具体处境，在可能的情况下，要照顾到有特殊需要的教师的情感，充分考虑和尽可能不要伤害他们的利益需求。这样，在情感上不给这些教师造成伤害，容易取得他们对学校的心理认同，从而鼓励他们对工作保持积极性。

另一方面，学校领导不能用纯粹的行政命令的手段来管理教师，而是要学会换位思考。纯粹用行政手段来管理教师，容易使学校领导站在教师的对立面，形成学校领导是管理者，教师是被管理者，教师仅仅是学校领导管理的对象，学校领导和教师之间容易形成相互对立的关系，这种相互对立关系容易导致教师对学校领导在情感上的对立，更不利于教师去积极完成学校领导分配的工作任务。欧内斯特·L. 博耶认为，"作为教师的领导，校长应该是一个靠鼓励而不是靠行政命令的手段来指导学校工作的人。"① 因此，学校领导在管理教师的过程中要尽量淡化行政命令的味道，多从教师的角度出发，用教师容易接受的情感方式管理教师和激励教师。

在教育现实中，农村学校领导使用行政手段来管理教师的现象很普遍，尤其是在当前校园安全问题被提升到国家高度的情况下，有些地方对校长实行"一票否决制"，所以，有些校长会在学校大小会议上以特别强硬的口吻对教师提出各种要求，来防止校园安全事故发生，这点我们可以从前面记录的 Y 中学校长 T4 在教师会上对安全问题的讲话中感受到。在这种情况下，许多教师往往是表面上同意领导的讲话，而内心却会比较反感。这是因为教育情境往往是比较复杂的，学校领导一味地从行政工作的角度出发，对教师提出要求时没有充分考虑教师的处境，教师没有获得学校领导在感情上的理解和尊重。尤其是一些校园安全事故的发生，虽然和教师自身没有任何关联，如个别学生由于患有先天性心脏病在体育课上突然死亡等，但是教师还要背负很重的精神和舆论压力。所以，就会

---

① [美] 欧内斯特·L. 博耶著，涂艳国等译：《关于美国教育改革的演讲》，教育科学出版社 2002 年版，第 21 页。

出现教师为避免安全事故发生,为了自我保护,有意地减少和学生的接触,形成了不求有功但求无过式的消极的德育心态,放弃并推卸了他们自己理应承担的德育责任。由于德育效果本身难以测量,学校领导也难以追究这些教师在工作上的懈怠责任。

"如果教师自身没有安全感,因而不能自由地去关心学生和他们的安全,那么他就不能完全地负起责任。如果教师不快乐,他的关注就会被分散,他就没有能力发挥全部的才能。"① 因此,学校领导在教师管理中,一定不能纯粹使用行政命令手段,不能走向教师的对立面,而是要多考虑教师的处境,学会换位思考,在情感上尊重教师、信任教师和理解教师,这样才能够激励教师对工作保持热情,尤其是教师在德育方面的努力需要来自领导在情感上的支持。

(三)对教师的评价要多元化

当前,由于受"应试教育"和考试竞争压力的影响,在农村学校里对教师的评价显得比较单一,主要是以学生的考试成绩来衡量教师的教育成效的。学校在"优秀教师"、"先进教师"、"优秀班主任"等奖项的评比中主要参照的是学生的考试成绩。这样,教师为了获得这些荣誉,就必须把主要精力用在文化课教学上,而对于除此之外的学生发展问题就很少考虑,或者一概不管了。这正如古得莱得在《一个称作学校的地方》中指出的,"年轻人只是被当作学生来看待。学校注重的是他们的学术天赋和努力,而不是他们在这一人生阶段中所最关心的生理、社会和个人方面的需求"②。这种对教师单一化的评价方式还容易导致教师之间的恶性竞争。这些教师为了维护自己在学校、学生和家长面前的地位和威信,就会想方设法,有时甚至不择手段地去拼命提高学业成绩,同时也给教师心理上造成巨大的心理压力和焦虑感等。在这种情况之下,我们就不难理解为什么留守儿童心灵关怀的需要从这些教师那里得不到满

---

① [印度]克里希那穆提著,张春城等译:《教育就是解放心灵》,九州出版社 2010 年版,第 30 页。

② [美]约翰·I.古得莱得著,苏智欣等译:《一个称作学校的地方》,华东师范大学出版社 2006 年版,"序言"第 3 页。

足。教师的精力都用在学业成绩的提高上了，哪有心思去考虑留守儿童的生活处境，以及腾出时间来耐心倾听留守儿童内心的苦恼，并给予他们心理上的支持。只要教师不打击、不讽刺那些学业成绩不好的留守儿童，不伤害他们的自尊，那可能就是教师对他们的比较理想的态度了。

因此，笔者认为，如果要想革除农村学校对教师单一化评价所带来的这些弊端的话，那么，对教师的评价就必须走向多元化。当然，学校的中心任务是教学，考试成绩是考量教师教学成效的一个最直接和最容易测量的一个指标，把它仍然作为评价教师的一个方面是无可厚非的。对教师多元化的评价要做到评价内容的多元化，可以包括教学工作、学生思想教育工作等；评价形式的多元化，可以包括过程评价、结果评价等；评价主体的多元化，可以包括学校领导评价、同事评价、学生评价和教师自我评价；评价方式的多元化，可以包括定量评价和定性评价；等等。只有当教师评价走向多元化时，才能够避免教师一味盯住考试成绩而忘记学生其他方面的发展情况。值得注意的是，德育本身是一项费时、费神的事情，又具有迟效性特征，这就决定了学校对教师德育成效的评价要坚持过程评价、定性评价等。在农村学校里，只有学校领导坚持对教师评价的多元化，才能够促使教师从事留守儿童心灵关怀德育，也只有学校领导坚持对教师评价的多元化，教师对留守儿童心灵关怀德育的努力才能得到应有的认可和承认。

第二节　教师对留守儿童积极的情感态度

我们探讨的指向留守儿童心灵关怀的学校德育是从德育的个体性功能出发的，强调的是德育的个体精神发育和发展功能。"精神建构是教育的绝对使命。"① 教师对留守儿童的心灵关怀德育就是要通过教师对留守儿童生活处境的关注，给予他们情感上的慰藉、

---

① 金生鈜著：《理解与教育》，教育科学出版社1997年版，第92页。

心灵上的关怀，以及理解、尊重、关爱、平等、宽容等积极的情感反应，唤醒他们的心灵，增强他们的内在的精神动力和生命力，形成健康的积极心态，从而勇敢地去面对和战胜生活中的挑战。这正如俄罗斯伦理学家恰尔科夫所说的，"这就需要从精神上和心灵上对处境不利儿童予以关怀和呵护，将处境不利儿童这种自卑、脆弱的心理以及由此可能产生的违法犯罪、仇视社会等情绪予以适当地疏导，使他们感受到真正的温暖，摆脱被遗弃感和被忽略感。"①在农村学校里，教师是留守儿童的"重要他人"，是留守儿童心灵关怀德育的实施者，他们对留守儿童的情感态度对留守儿童的精神成长会具有举足轻重的影响。博尔诺夫就认为，"教育的成功与否往往取决于生活环境中一定的内部气氛和教育者与受教育者一定的情感态度。"② 笔者认为，对于教师来讲，要承担留守儿童心灵成长的教育责任，在与留守儿童交往中需要具备几种积极的情感态度，即敏感、倾听、信任和关爱。

一、对留守儿童的生活处境要敏感

从字面意思上来看，敏感就是敏锐的感觉或感受。把敏感作为教师的一种积极的情感态度，强调的是教师对留守儿童的生活处境和生活体验的一种自觉的意识，更确切地讲，它是教师对留守儿童的教育责任的自觉承受和担当。

其一，教师的敏感体现为对留守儿童的学校生活意义的理解。由于父母双方或一方外出务工，留守儿童亲情普遍缺失，日常生活上欠缺照顾。而且，伴随城市化的深入发展，农村婚姻伦理价值观念的嬗变，农民工的离婚率在上升，生活在离异、单亲家庭中的留守儿童在逐渐增多，这使得留守儿童教育问题本身变得更加复杂。家庭生活的变故必然会对留守儿童的生活和心灵世界产生诸多影响，致使家庭的德育力量在严重削弱。同时，在留守儿童比较集中

---

① 朱小蔓等主编：《当代俄罗斯教育理论思潮》，教育科学出版社2009年版，第225页。

② ［德］博尔诺夫著，李其龙译：《教育人类学》，华东师范大学出版社1999年版，第41页。

的落后农村地区，基本没有健全的农村社区教育组织，这样，留守儿童也根本无法享有社区教育。所以，在家庭教育和社区教育都缺位的情况下，对于很多留守儿童来讲，农村学校成了他们唯一可以接受教育的地方，成了我们的文化中最适合他们成长的场所，他们在学校，可以和同学们在一起，共同分享希望和共担恐惧。以下是笔者邀请Y中学留守儿童以《周末》为题的命题作文，我们可以从他们的叙述中，感受到学校生活对于留守儿童来说具有的重要意义和价值。

例1

周末真无聊。

以前星期六和星期天下午都要补课，但现在不补课了。

不补课的周末很无聊，听不到老师的唠叨，也看不到同学们忙碌的身影，只有独自一人在家做作业，看书，复习，有了问题也无法和同学们讨论。

在家做作业，做完作业也不知干什么，无所事事，电视不想看，书也看过了。

放假不如补课，补课是真好啊！

唉，周末真无聊。

例2

周末是我最不喜欢的时候。因为每当我回家，总有很多家务活要我去做，每次都得干个一天，还剩下一天要做作业，难受死了。后来情况变了，爸爸妈妈都出去打工了，星期天很少回来，就我一个人留在家里。没了他们的监督，我整天看电视，看多了也没意思了，就找同学玩，到网吧、游戏室去玩，干脆连作业也不做了。父母不在家，连饭也懒得做，顶多下面条填肚子罢了，周末的时光真讨厌啊！

在留守儿童感到"无聊"和"讨厌"的周末生活中，蕴含着他们对学校生活的向往，即使学校可能并不是他们最理想的去所，但是在家庭和社区教育都缺失的情况之下，农村学校成为他们最后的心灵慰藉和精神家园。教师对学校生活在留守儿童成长中的重大意义必须有明确的认识，这一点非常重要。

其二，教师对留守儿童的敏感体现在对每一位留守儿童生活处境的关注。苏霍姆林斯基认为，"在对一个集体进行教育时，必须了解这个集体中每一个儿童不同的精神世界，细心地教育每一个培养对象。"① 在农村学校里，虽然留守儿童是一个特殊的群体，但是每个留守儿童的具体的生活处境又是不同的。不同的留守儿童具有不同的生活遭遇，不同的生活遭遇对他们产生着不同的生活体验，形成了他们对生活的不同的理解和感受。教师就必须敏感于留守儿童生活世界的这些变化，以及他们自身的生活体验和感受，是因为"那些对儿童教育十分敏感的老师同样对他们所负有责任的儿童的家庭背景、生活历史、道德品质和具体情况十分敏感"②。而且，"教育者在孩子更广阔的生活历史背景中理解孩子的学习和发展，这是教学活动的一个关键的特点。确实，理解这些儿童的生活意义可能会引导我们在与儿童相处的关系中做出恰当的教育行动。"③尤其留守儿童心灵关怀的需要在未表现为极端性的外显行为之前往往是以隐性的方式存在着的，不易被察觉和知晓，只有教师对留守儿童具备一定的敏感性，才会感受到。

在教育实践中，很多教师缺乏对留守儿童的敏感性，他们既没有意识到学校生活在留守儿童成长中的重要意义，也几乎对留守儿童的家庭生活背景所知甚少，或者一无所知。笔者在 Y 中学调研中发现，虽然留守儿童教育问题已经成为全社会关注的一大焦点问题，但是在 Y 中学里，从学校领导到班主任，再到科任教师，并没有把留守儿童教育问题单列为一个需要特殊对待的问题去处理，留守儿童心灵关怀问题确实被忽视了。而且，除了班主任对所在班级学生的家庭生活背景有所了解之外，很多科任教师几乎不清楚班上哪些学生属于留守儿童。因此，增强教师对留守儿童的敏感性和他们对留守儿童教育责任的自觉承担意识，是当前做好农村学校留守儿童心灵关怀德育所必须重视的一个问题。教师对留守儿童的敏

---

① [苏] B. A. 苏霍姆林斯基著，汪彭庚译：《要相信孩子》，教育科学出版社 2009 年版，第 4 页。

②③ [加] 马克斯·范梅南著，李树英译：《教学机智——教育智慧的意蕴》，教育科学出版社 2001 年版，第 65、71—72 页。

感性，既是他们给予留守儿童心灵关怀的一个必要的前提，也是他们关怀留守儿童心灵成长的一种体现。

二、成为留守儿童忠实的听众

在当前现实的师生关系框架下，强调教师具有倾听的情感品质，这似乎是一种不很现实的设想。正如保罗·弗莱雷所指出的，"仔细分析一下校内或校外任何层次的师生关系，我们就会发现，这种师生关系的基本特征就是讲解。这一关系包括讲解主体（教师）和耐心的倾听客体（学生）"①。尽管我们一直在倡导对话式的师生关系，但是这种教师单向灌输式的师生关系仍然是当前我国各级各类教育中师生关系的主要模式。在这种师生关系模式之下，教师是知识的权威，指令的发出者，学生是受众，是忠实的倾听者。自然，对于很多教师来讲，他们自身本来就没有养成倾听的习惯，只是把学生当作一个个储存知识的容器，把在容器里装满知识作为自己的责任和义务。教师普遍会认为没有放下自己高高在上的架子，与学生平等对话的需要，更不会意识到和体验到做一个学生的忠实的倾听者的意义和价值。

然而，面对留守儿童，教师确实需要培养倾听的情感品质，需要成为留守儿童忠实的听众。对于留守儿童来讲，父母外出务工后，他们身边就缺少了可以依赖和倾诉的对象，对父母的思念、对温暖的家庭生活的渴望只能默默地压在心底，情感上的孤单感、恐惧感无处诉说。即使父母会跟孩子定期通电话，但是很多农村家长缺少教育知识，他们往往仅仅关心和强调的是孩子的学习成绩，很少给予孩子心灵和精神层面的关心和呵护。尤其是离异、单亲家庭的留守儿童，他们内心所承受的压力、孤独感就更为严重。这个时候，他们需要一个合理的渠道来宣泄这些不良情绪，而来自教师的耐心倾听就是一种比较理想的渠道。

笔者在Y中学调研期间住在女生公寓，每天下晚自习后，一

---

① ［巴西］保罗·弗莱雷著，顾建新等译：《被压迫者教育学》，华东师范大学出版社2001年版，第24页。

些女生就到我的宿舍来聊天,其中大部分都是留守儿童。我们在一起的大部分时间里,我都扮演的是一个倾听者的角色,她们向我讲述她们生活中发生的事情、她们的感受和体验。特别让我难忘的是,在我调研结束前的那天晚上,我们又聚在一起聊天,我提议她们每人讲一件印象最深刻的事情。当一个生活在单亲家庭的女孩讲到,有一次她作业没做完,父亲就打她嘴巴,直到她的嘴角流血,在场的女生几乎都哭了。在我看来,她们从这个女生的遭遇中找到了共鸣,同时也看到了自己的处境。等大家情绪平静之后,我能感受得到她们内心似乎舒缓了很多。这些留守儿童内心的孤寂感、委屈感等在一定程度上得到了宣泄,心理压力减轻了,心情自然就会舒畅许多。其实,我也没有为她们做什么,只是充当了一个忠实的倾听者的角色。

笔者在Y中学调研期间还接触到一位初三留守儿童S1,她的父母在她2岁的时候就外出务工一直到现在,只有春节时候才回来看望她。她平时和爷爷、奶奶一起生活。或许是由于代沟的存在,她和爷爷、奶奶经常吵架。长年缺少亲情关爱的她平时显得很漠然,有时对同学很暴躁。在日常生活中她最喜欢用"无聊"这个词,当我问她这是为什么时,她说主要是自己感到寂寞、孤独。我依然清晰地记得自己第一次去S1的宿舍时,其他几个女生都过来和我打招呼,只有她呆呆地靠着墙、曲着腿坐在床上,脸上毫无表情地望着我。在以后的日子里,我有意特别邀请她到我的宿舍参加大家的聊天活动,渐渐地,她也愿意讲述自己的生活故事了。而且,脸上几乎从来都没有笑容的她,在我离开Y中学前跟大家的合影中也绽开了舒心的笑容。在我2010年5月底回到南京后不久,她在发给我的QQ邮件中写道:

> 我是李××,我会记住你的,我第一次愿意和别人说这么多,感觉好好哦,好爽,不用憋在心里。就连我妈妈都不会听我说这么多,她一般就只会给我钱,我有用不完的钱,但她却不知道我并不想要她的钱,我缺的不是钱。

从跟这些留守儿童的接触中,我深感教师在对留守儿童心灵关怀德育中具备倾听的情感品质是多么重要。实际上,只要教师怀着一颗爱心，用心去倾听留守儿童的生命故事，才能够让他们打开自己闭锁的心扉，让他们的孤独、寂寞的情绪得到合理的释放，教师才能够真正了解这些留守儿童真实的生活处境和他们真实的感受和体验，真正走进他们的心灵世界。

三、充分信任留守儿童

笔者认为，教师对留守儿童的心灵关怀德育中关键的一点就是为留守儿童创造心灵上的支持性环境氛围，在这种氛围之中，留守儿童会保持愉快的心境和对自己保持信心。这种支持性的心灵环境氛围的创造需要教师具有信任的情感品质，也就是保持对留守儿童充分的信任。

在师生关系中，信任应该是双向的，包括教师对学生的信任和学生对教师的信任，在很大程度上，这二者之间是相互促成的。但是在中小学阶段，学生是未成年人，教师作为成熟的经验个体在师生关系的构筑中起主导作用，所以我们更强调的是教师对学生的信任，及其所产生的效果。完整的家庭生活是任何一个儿童获得良好发展的基础。但是，对于留守儿童来讲，留守生活意味着她们的完整的家庭生活的破裂，这是他们人生发展中的一个逆境。在这种困难和失望面前，教师对留守儿童的信任会使其对自己战胜逆境保有信心。"这种关系对教育具有无可估量的、怎么强调也不过分的意义。教育者控制儿童发展方向也取决于教育者如何看待儿童。如果他把儿童看作是诚实的、可靠的、助人为乐的……那么儿童的这些品质就会得到激发和增强。教育者的信赖可增强他所假定的儿童具有的那种出色能力。反之也完全一样：如果教育者把儿童视为好说谎的、懒惰的、阴险的……儿童就不会抵制这些行为，他们肯定会说谎、偷懒、耍诡计，正如教育者所猜疑的那样。"① 因此，如果教师面对留守儿童时，能够始终对他们保持信任和积极的期待，那么，这种心灵上的支持会通过教师的眼神等肢体语言传递给他们，

---

① [德] 博尔诺夫著，李其龙译：《教育人类学》，华东师范大学出版社1999年版，第47页。

使留守儿童朝向教师所期待的方向发展。

在教育实践中，很多留守儿童，特别是学业成绩差的留守儿童很难从教师那里获得信任这种心灵上的支持性环境氛围。在当前"应试教育"的环境氛围下，教师关注的是学生的学业成绩，很少关注他们其他方面潜在的优势和长处。如果教师对留守儿童，特别是学业成绩差的留守儿童身上的优点给予肯定，这往往会激发起他们对自己的信心。S6是Y中学的一位留守儿童，我们可以从她的故事中发现，对于留守儿童来讲，他们是多么需要来自教师的信任、鼓励和支持。

"从来没有老师这样夸过我"。S6这样说。

S6是Y中学初二年级的一个留守女孩，长长的睫毛，黑油油的头发，一笑起来嘴角就会露出两个酒窝。她是家里的独生女。

几年前，她的父亲出了一次车祸，腿部受伤，至今还留有后遗症，走路不太方便，而且大脑还受到刺激，神经有些受挫。于是，她的母亲承担起了养家的责任。她母亲没有上过学，现在Y市一家玩具厂打工，厂里让职工经常加班，但工资却上不去，每月只有700—800元。为了节省钱，她母亲很少回家。即使厂里因故休工时，别的职工都回家了，为了节省车费，她母亲也不回家，一个人待在宿舍。他的爷爷在离家不远的一个工地看场子，60多岁的老奶奶一人在家操持家务。2010年4月我到她家家访时她奶奶告诉我，她们家的房子因为年久失修，一到下雨天，屋顶就漏雨水，但是由于家里经济拮据，到现在都没有维修。

S6告诉我，她从小学二年级起就开始养雨花石了，她说雨花石不能离开水，她把捡来的雨花石全部装在一个大塑料桶里，每周回家都会给它们换水。她说，雨花石是她的最爱，当她心情不好的时候，她会对着雨花石说出自己的烦恼，好像雨花石真的听懂了她说的话似的，她心情也会好些。她还说，每颗雨花石都很神奇，就像一个个孩子，各有自己的特色，有的像玫瑰，有的像鱼头，有的像糖果……但她又不愿把雨花石归

类保存,她说,那样就跟在学校里老师会把学生分为好学生和差学生一样。在她所在的班级里,中间两组坐的是好学生,两边两组坐的是差学生,而她就坐在边上。每天面对各科那么多作业,她经常感觉自己的头要爆炸了,不知从何下手,就常抄写别人的答案。她说,她讨厌学校,在学校里她什么都得忍着,只有回到家里,她才感到很放松。

听着她的诉说,我在同情她的家庭遭遇以及她在学校里的处境时,我看到的是一个心地纯朴、聪明、具有丰富的想象力、很懂事的孩子。静静地聆听之后,当我说"你是一个聪明的想象力非常丰富的、很懂事的孩子。好好努力吧,老师相信你的学习成绩一定会提高"时,她露出了她的一对浅浅的酒窝,腼腆地说,"从来没有老师这样夸过我。我还有这些优点啊。谢谢老师!"

至今,我们之间还保持着短信联系,我对她的鼓励一如既往。我知道,身在千里之外的我对她的期待可能不会彻底改变她在学校生活中的处境,但是我相信,从我的充满激励的话语里她会找到对她自身的一份肯定。

从S6的例子里,我们可以感受到留守儿童确实太需要来自教师对他们的信任的支持性心灵环境了。"教师对学校的制度环境不负有责任,但如果他们能以个人的同情和理解缓和一下这个制度的非人性和苛刻的一面,那就最好不过了。"① 教师如果能够超越"应试教育"的束缚,不仅仅以学业成绩来看待和衡量留守儿童,能够多发现他们身上的优点,多肯定和鼓励他们,这对留守儿童来说是多么的珍贵,也只有这样,他们之间支持性的心灵环境就能够营造起来。

另外,在关于信任问题上还需要注意两点。一是信任中会存在假信任。假信任是带有一定功利性的,是为了达到某个目的戴上了信任的面具。其实,假信任就是不信任,它是不可能产生积极效果

---

① [奥]阿德勒著,韦启昌译:《儿童的人格形成及其培养》,河北人民出版社2002年版,第110页。

的，而且最终也会被对方识破或自己露馅。只有完全采取真诚的态度去信任对方，才能够产生积极效果。因此，教师一定要真诚地对待每一个留守儿童，真正地关怀每一个留守儿童，相信每一个留守儿童，这样，他们才能朝向积极的方向发展。二是信任本身就是一种冒险。有时候，信任就会落空，不会产生所预期的结果，教师对学生的信任也同样如此。但是，尽管信任具有风险性，教师对留守儿童都始终应该保持信任和真诚的期待，这是因为只要教师对留守儿童抱以真诚的信任，他们身上就存在朝向积极方向发展的可能性，否则，甚至这种可能性也就没有了。只要教师对留守儿童抱以真诚的信任，即使暂时或者在一段时间内他们身上不会出现多大的变化，但是从长远来看，肯定会促进他们朝向积极、健康的方向发展。

四、给予留守儿童充足的关爱

由于留守儿童的父母一方或双方外出务工，留守儿童最缺少的是亲情和关爱。在亲情的呵护和关爱缺失的情况之下，部分留守儿童的身心发展会显得滞后，来自教师对他们的哪怕是一丝关心和照顾都会使他们倍感激动和感动。S4是一个留守儿童，2010年9月他升入Y中学初一年级，长期缺乏关爱的他渴望来自教师对他的关怀。

2010年10月底，我再次到Y中学调研。初一语文教师T12向我讲述了他所带班级里的留守儿童S4的事情。S4的父母在他上小学时就离婚了，他由父亲抚养，但他父亲长年在上海打工，一年回家仅仅一两次。所以，他是跟着祖父母一起生活的，但是他们现在年事已高，身体又不好，S4现在只能由五十多岁的姑姑带他。T12老师讲，有天早晨他吃包子时，S4向他要包子吃，他就给S4了两个包子。第二天早晨，S4又向他要包子吃，T12老师说他感觉S4确实没有吃早饭，就给S4又买了两个包子。令T12老师很意外的是，S4边吃包子边说，"老师，你对我真好，如果我是你儿子就好了"。T12老师认为，虽然S4已经14岁了，但他的心智却只有3岁，这么大的

孩子怎么能说出这么幼稚的话来？T12 老师的语气中缺少对 S4 的处境的同情，更多的则是一种调侃或者是一种谈资。晚自习课间，我到 S4 的班级里去找他，站到我面前的是一个身高大概不到 1.4 米，既瘦小又单薄的小男孩。当时数学老师 T13 正值班，谈到 S4 时，数学老师就数落了 S4 上课不听讲，又捣乱，还特别提醒我，千万不要给 S4 任何东西，S4 会得寸进尺的。后来，我又跟班主任 T3 说到 S4 的教育问题，班主任 T3 认为，S4 也说不上坏，就是不喜欢学习，上课爱捣乱，本来坐在教室第一排，现在被安排到最后一排了，只希望 S4 不影响其他同学上课。班主任 T3 还表示，要求教师像圣人一样对待学生是不现实的，他也没有想过要把 S4 转变得多么好，只要每一周 S4 平安、一学期平安就可以了。

从留守儿童 S4 的故事里，我深深感受到的是留守儿童家庭变故给他们身心发展所带来的深刻的负面影响，亲情的缺失使得他们成长中所必需的亲子之爱没有得到满足，这直接影响到了他们人格的健全发展。马斯洛早就提出了"满足健康"概念，认为"需要满足的程度与心理健康有确定的联系"①，一个人基本需要的满足能够促进其形成健康的人格，儿童阶段爱的需要的满足与成年后健康的人格有完整的联系。在农村学校里，留守儿童亲情的缺失在一定意义上需要由教师给予他们的关爱来弥补，这样，才能够促进他们人格的健全发展。教育家夏丏尊先生说得好，"教育上的水是什么？就是情，就是爱。教育没有了情爱，就成了无水的池，任你四方形也罢，圆形也罢，总逃不了一个空虚。"② 苏霍姆林斯基也认为，"教育者最可贵的品质之一就是人性，就是对孩子们的深沉的爱，父母亲的亲昵温存同睿智的严厉和严格要求相结合的那种爱。"③ 他还认为，"为了关怀儿童，不仅要理解他们的精神世界，而且还

---

① [美] 马斯洛著，许金声等译：《动机与人格》，华夏出版社 1987 年版，第 77 页。
② [意] 亚米契斯著，夏丏尊译：《爱的教育》，人民教育出版社 2014 年版，"译者序言"。
③ [苏] 苏霍姆林斯基著，毕淑芝等译：《育人三部曲》，人民教育出版社 1998 年版，第 13 页。

要学会用他们的思想和感情来生活,把他们的忧伤、焦虑和为之激动的事情统统装在自己的心里。"① 另外,弗兰克尔也特别强调爱的意义,认为"人类的一切救赎都是经由爱而成于爱的"②,爱既可以使自己了解一个人,更能够发现所爱的人身上尚未发挥的潜力,并且凭借爱的力量,能够使所爱的人的潜力得到发挥。总之,教师给予留守儿童的关爱是他们的人格健全发展的前提,是他们勇敢面对留守生活的动力之源。而且,对于留守儿童来讲,教师给予他们的关爱还会使他们在学校里获得安全感,使他们形成依附的、有意义的、熟悉的、亲近的和易于交往的品格,并以教师为中介去认识和理解外部世界。然而,从 S4 的故事里,我们也感受到在农村学校里,教师对留守儿童的来自他们心灵深处的爱的匮乏,这实在令我们感到遗憾。因此,当前在农村学校里,教师对留守儿童心灵关怀德育的实现需要我们首先唤醒教师对留守儿童的关爱之心,让他们真正走进留守儿童的心灵世界,这样,他们才能真正成为留守儿童心灵成长的引路人。

第三节 联合留守儿童家庭的德育力量

美国当代著名教育家欧内斯特·L.博耶在《关于美国教育改革的演讲》一书中指出:"最近我们听到不少有关学校失败和教育革新的议论。然而,随着时间的推移,我越来越坚定地相信失败的不是学校,而是学校与家庭、社区及宗教机构的伙伴关系。"③ 博耶的这一观点,为我们正确看待农村学校留守儿童心灵关怀德育问题给予了积极的启发。从总体上来看,当前我国农村学校跟家庭之

---

① [苏]苏霍姆林斯基著,汪彭庚译:《要相信孩子》,教育科学出版社 2009 年版,第 3 页。

② [德]维克多·弗兰克尔著,赵可式等译:《活出意义来》,生活·读书·新知三联书店 1991 年版,第 31 页。

③ [美]欧内斯特·L.博耶著,涂艳国等译:《关于美国教育改革的演讲》,教育科学出版社 2002 年版,第 22 页。

间的沟通和合作比较少，同时还存在一些阻碍顺畅沟通的因素，而且大部分农村社区组织不健全，尤其是落后的农村地区，基本上就没有社区组织，在这种情况之下，农村学校很难得到来自农村家庭和社区的支持。但是，在农村学校与家庭、社区之间建立良好的伙伴关系是农村学校教育取得成功的重要因素。特别是在当前中国快速城市化的时代背景下，留守儿童是农村学校里的一个特殊群体，帮助他们健康成长和发展是农村学校必须面对和胜任的一个时代使命。当我们立足农村学校德育的视角来探讨教师对留守儿童心灵关怀德育的时候，我们就必须充分地考虑学校如何在学校与家庭、社区之间建立良好的伙伴关系，学校如何成功地联合这些力量来共同致力于学校教育的顺利开展。在本节中，我们主要来分析农村学校如何联合留守儿童家庭的德育力量这一问题。

一、农村学校要发挥主导作用

一方面，在当前中国快速城市化背景下，农村学校基本上是农村社会里唯一发挥教育作用的机构。理论上讲，儿童的教育应该包括学校教育、家庭教育和社区教育三个部分，事实上，在当前农村社会里，尤其是落后的农村地区，留守儿童教育基本上只有学校一方在支撑着。在家庭教育方面，由于农民外出务工，他们既没有时间，也没有精力来承担应有的对子女的家庭教育责任；祖辈通常只能照顾孩子的饮食起居，无力顾及孩子学习和心理方面的教育问题；由亲戚照顾的也往往由于不好掌握管理的尺度，而疏于教育；留守儿童自己照顾自己的情况更缺乏成人引导，容易出现各种问题。从总体上看，留守儿童家庭教育是严重缺失的，这是不可否认的事实。在社区教育方面，由于中国本身发展不均衡，发达地区的农村社区组织比较完备，但是在落后地区，除了村委会（村委会成员也主要是在村民中产生的），根本就没有其他的社区组织。而且，村委会主要组织和管理村里面的人事、财务等，基本也无暇顾及留守儿童的教育问题。笔者在Y乡调研中，走访了Z村和D村。Z村处于Y乡街道，在Z村村委会院落里。Z村建有图书室，据Z村村支书介绍，图书室是按照上级要求建成的，现有藏书2 000余册,但是,平时来借书或阅读的人并不多。由于Z村在乡街道,地理位置优越,乡政府的文化馆、体育建设器材等可以为Z村村民提供一些便利。相较而言,D村距离Y乡街道约有30公里,村委会院子里除了卫生室里三两个看病的村民、几个办公的村干部,显得格外冷清。由此可见,一乡之内,村与村之间的差别也是很大的。总体而言,当前农村社区组织的不完备和不健全使得农村社区也无力承担留守儿童的教育责任。在农村家庭教育和社区教育都缺失的情况下,现在基本上只有农村学校承担着留守儿童的教育责任。因此,在联合农村家庭、社区德育力量共同致力于留守儿童德育问题上,只有农村学校才能发挥主导作用。

另一方面,在农村社会里,农村学校在教育专业知识方面具有优势。农村学校作为公共教育机构,承担着农村义务教育阶段适龄儿童的教育责任。当前,在农村学校里,教师的构成一般分为三大部分:一是直接从师范院校毕业的教师;二是由民办教师转正的教师;三是由代课教师转正的教师。师范院校都开设有教育学、心理学、教学论等课程,师范院校毕业的教师在上学期间就接受了教育专业知识方面的训练,民办教师和代课转正教师基本上也都经过了一定年限的正规师范教育培训。在学历层次方面,农村教师基本上也都是中师、大专和本科学历。相反,跟城市学校家长身份背景和受教育层次多样化不同的是,农村学校的家长基本上都是农民,而且他们所接受教育的程度基本上都不高,大多是初中毕业或高中毕业,甚至是小学毕业,祖辈中有些还是文盲。因此,相对农村家长来讲,农村教师在所拥有的教育专业知识方面处于优势地位。同时,有些农村家长由于受教育层次低,教育观念比较陈旧或者不合理,比如有些家长信奉"棍棒教育",有些家长主张用物质激励孩子等,这些都不利于孩子的健康成长。仅仅在这个意义上,农村家长也需要来自农村学校在教育观念、教育方法等方面的指导。但是,即使农村学校在教育专业知识方面具有优势,它也无法代替家庭教育,父母对子女的耳濡目染的教育影响是任何形式的学校教育都无法替代的。农村学校给予农村家长一些教育观念和教育方法方面的指导,再由农村家长对孩子施以合适的教育,这才可以使家庭教育真正有效。

正是主要基于以上两点理由，笔者认为，在构筑农村学校、家庭和社区的伙伴关系，联合三方德育力量的过程中，农村学校要处于主导地位和发挥主导作用。对于农村学校来讲，要克服等待的消极思想，要积极地把家庭和社区的德育力量凝聚起来，致力于留守儿童心灵关怀德育的实施。

二、形成正确的农村家长观念

农村学校要想能够在学校和家庭之间建立良好的伙伴关系，前提条件之一就是必须具有正确的农村家长观念。农村家长是一个特殊的群体，农村学校和教师对其要有正确的认识。

首先，要对农村家长自身的特点有正确的认识。

一般来讲，农村家长的受教育程度普遍比较低，他们跟农村教师的文化层次相差很大，而且农村家长自身的交往面比较狭窄，因此，对于很多农村家长来讲，他们面对农村教师时普遍存在一种自卑心理，也不知道如何跟学校、教师打交道，在言谈举止方面他们通常会显得比较拘谨。农村家长通常使用的是地方语言，在家校沟通中，如果教师只会讲普通话，这种语言上的障碍也会给农村家长带来压力。笔者在跟农村家长的访谈中，很多家长都表示他们面对孩子老师时常常会感到自卑、拘谨，不知如何交谈等情况。出于这点考虑，在家校沟通中，教师一方面不要对农村家长表露出的这些举止表示不满，另一方面要尽量具有亲和力，让农村家长感到容易接近和愿意敞开心扉交流。

由于农村学校留守儿童家长在外务工，他们回家的次数有限，从时间和空间上无法保证跟学校保持沟通，当这些留守儿童在学校出现问题时，教师很难及时与他们的父母沟通，这容易引起教师的埋怨和不满。这时，教师要学会换位思考，要认识到农民外出务工主要是出于生存需要的理性选择，他们生存和生活的艰难处境需要来自农村学校和教师的理解。一位农民工就这样诉说他外出务工的心情，"哪个父母不爱自己的子女呢？可怜天下父母心！但我们有什么办法？外出务工也是迫于无奈，背井离乡，忍饥挨饿，也要去。在家种庄稼不挣钱,养鸡、喂猪没有规模也难赚钱,种果树什么的,没技术管理,质量不好,也找不到销路。有的水果,五六分钱一斤,摘下来的人工费都不够。农民不出去打工,只有等死。说农民现在不苦,是假话,我们是迫不得已抛儿弃女在千里之外打工。"① 农民外出务工后给农村学校教育带来的困难是一种既定的事实,教师需要给予农民的处境以充分的理解,这样,才不容易出现不满和埋怨心理。

尽管留守儿童的家长都是农民,但是他们也是分层次的,他们中的大部分人是很本分、朴实、诚恳的,但是,其中也有一些家长比较刁钻、喜好闹事等,容易站在学校的对立面。所以,农村学校和教师在跟家长打交道的过程中要区别对待,不同的家长采取不同的方式,尤其是面对后一类农村家长时,需要多动脑筋和多费心思。

其次,在家校沟通中教师要坚守尊重原则。

相互尊重是双方建立友好合作伙伴关系的前提和基础。需要强调的是,在跟农村家长的沟通中,教师一定要坚守对农村家长尊重的原则。在教育实践中往往会出现这样的现象,学生出现了问题之后,有些教师就会把家长喊到学校训话,加以指责,把学生犯错的原因一股脑儿地归结为家长教管不严。这种对家长一味地指责和训斥的做法会让家长感到没有面子,甚至出现反感情绪,不利于双方进行深入沟通。还有在家长会上,有些教师在介绍学习差的学生时,会用奚落、讽刺性的语言等,这都会给那些家长造成一定程度上的心理伤害。而且在很多情况下,家长会等家校合作中基本上都是教师向家长的单向灌输,缺少双向交流,教师没有充分地听取家长的想法和建议。因此,要想跟农村家庭之间建立起友好的合作关系,农村学校和教师在跟农村家长的谈话中不能以指责和训斥的口吻讲话,应充分考虑到对方的感受,即使是主要原因在家长一方,也要表达得委婉和诚恳一些,让对方比较容易接受。教师给家长介绍学生情况时,尽量先讲优点,再提缺点,这样做也是对家长尊严

① 任运昌著:《空巢乡村的守望》,中国社会科学出版社2009年版,第305页。

的一种维护。同时，教师还要积极听取家长对孩子教育的想法，以及他们在教育孩子过程中所遇到的困难和困惑等，并且尽量能够给予他们一些可能的帮助。只要教师在家校沟通中坚守尊重原则，家校关系也一定会朝向良好方向发展。

最后，要帮助农村家长形成正确的教育观念。

一方面，农村学校要让农村家长认识到家庭教育的重要性。对于很多留守儿童家长来讲，他们外出务工后，把孩子的教育责任几乎完全让渡给了农村学校。在这些家长中，很多人有这样一种认识，认为"养"是家庭的责任，"教"是学校的责任，对父母和家庭对孩子的教育影响重视不够。他们的这种思想在行动上的表现是很少跟学校和教师联系，很少主动过问孩子在学校的表现，也很少考虑自己的言行举止在孩子心灵深处所产生的影响。在构筑学校、家庭和社区的联合伙伴关系中，农村学校需要增强家长对家庭教育重要性的认识，在他们可能的范围内承担起家庭教育的责任。另一方面，教师要向家长宣传科学的教育观念。农村家长由于受教育程度低，教育专业知识掌握得相对较少，在孩子教育方面有些做法不科学，也不合理。比如，有些家长相信"棍棒教育"，动辄就打骂孩子，不考虑孩子的内心感受；有些家长只关心孩子的学习成绩，不关心孩子的心理和精神成长；有些家长不知如何把握对孩子爱的程度，养成溺爱孩子的习惯；等等。另外，在孩子的发展出现新的情况和变化时，有的家长就会不知所措。笔者曾接触到一位留守儿童的母亲，无意间发现上高中的儿子在看一些黄色书籍之后，她感到很恐慌，整天担心儿子会变坏，但是，她又不知道该如何跟儿子去交谈和引导处于青春期的儿子正确地对待自己身体上所发生的变化。面对农村家长在教育孩子过程中所存在的这些问题，在家校合作中，农村学校要积极向家长宣传科学的教育观念，并针对可能存在的问题开展主题讲座，帮助家长形成正确的教育观念，这样，农村学校的主导作用才能得到有效的发挥和展现。

三、家校沟通形式要灵活和多样

从时间角度来讲，当前，面对很多农民外出务工，以及农业收割或种植的季节性的现实情况,农村学校在跟农村家庭、社区合作中需要对其充分考虑。一般来讲,在农忙季节,农民要忙于收割或种植,就无暇顾及其他的事情,因为错过时节,会影响庄稼的收成,而庄稼的收成会直接关系到农民一家的温饱问题和经济收入。如果农村学校在农忙季节召开家长会或开展其他家校合作活动,就会给农村家长出难题。因此,农村学校在制订家长会等活动计划时一定要避开农忙季节,这样,才能够从时间上保证农村家长参加家长会。对于外出务工的农村家长,他们回家次数不等,但是一般来讲,春节期间基本上都会回家跟孩子和家人团聚。这是农村学校对留守儿童家访的机会。但是由于春节期间属于假期,这又会对农村学校工作安排带来困难。出于为留守儿童成长考虑,农村学校要么可以安排教师在春节期间对留守儿童进行集中家访,要么准备充足的家庭教育宣传资料,如"告家长书"等,让留守儿童带回家后供其家长阅读,增进家长对教育知识的学习,以及对学校教育的理解和支持。

从内容角度来讲,当前农村学校受"应试教育"影响对学生的学业成绩关注过多,而对其他方面的发展,尤其是德育的关注不够,在很多农村家长身上也存在过分强调孩子的学业成绩,而不注重孩子心理和精神生活的现象。作为农村学校来讲,要看到学生全面发展的重要性,尽力来扭转这一局面,家校合作的内容要趋向多样化。教师和家长既要探讨孩子的学习情况,也要商讨孩子的心理和精神成长问题,以及孩子的人际交往等各个方面的发展状况。农村学校要利用家长会等机会向农村家长进行教育知识的普及性教育,弥补很多农村家长教育专业知识不足的缺陷。另外,农村学校要特别强调对留守儿童的心灵关怀问题,提醒外出务工的农村家长要通过电话、书信等方式,经常跟孩子之间进行心理沟通和传递父母对孩子的亲情关怀,及时缓解孩子因思念父母造成的心理孤寂感,及时发现孩子心理发展的不良倾向,并使之得到及时化解。与此同时,教师也要克服只有学生出现问题的时候才跟家长联系的习惯,要跟家长常沟通、勤沟通,及时向家长反映学生在学校的各个方面的表现情况。

从组织形式上来讲，当前，农村学校基本上没有学校跟家庭和社区沟通的组织机构，通常只是通过家长会、家访、电话联系等方式跟家长沟通。为适应很多农民外出务工的现实情况和促进农村学校德育的顺利开展，笔者认为，农村学校跟家庭和社区沟通的组织形式也要灵活化和多样化。

首先，家访和校访相结合。家访是一种传统的家校沟通的方式，但是现在由于很多农村家长外出务工，教师家访时很难见到家长。相反，提倡校访的好处在于，农村家长可以根据自己的时间安排随时到学校了解孩子在校的情况，可以跟班主任、任课教师和学校领导交流，共同商讨孩子的教育问题。其实，由于农村教师的时间和精力有限，不可能对班上所有的学生进行家访，有些学生可能就会被"遗忘"，校访能够避免这种情况发生，所有家长都可以通过校访使所有学生都受到关注。① 但是，校访并不能够代替家访。随着农村社会观念的转变，农村家庭在发生着巨大变化，离异、单亲家庭的留守儿童增多，这对孩子的成长影响很大。而家长在校访中不便诉说这些情况，教师只有通过家访，走进他们的家庭，通过观察和交谈才能够了解到留守儿童的真实处境。家访中教师和家长、学生面对面的亲切交流对农村家庭也是一种心灵的慰藉。所以，家访和校访都重要，二者要相结合。

其次，成立以村落为单位的家长委员会。现在有些农村学校已在筹备成立家长委员会，比如 Y 中学所属的 Y 市教育局已经下发了成立家长委员会的通知。一般来讲，家长委员会都是以学校为本的，即按照年级、班级分别成立年级家长委员会和班级家长委员会，以及校家长委员会等。跟城市学校里的学生居住比较分散不同的是，农村学生基本上都是以村落为单位居住的，在一村之内，大家相互之间都比较熟悉，家庭的基本情况相互之间也比较了解，所以，农村学校家长委员会应该以家庭为本，以村落为单位来成立家长委员会，而且家长委员会成员可以选择村落里面文化层次相对较高、有一定威信又热心公益事业的家长来担任。由于大家生活在一

---

① 严卫林：《为"家长校访制度"叫好》，载《教学与管理》2007 年第 4 期。

个村子里，相互比较了解，以村落为单位的家长委员会组织能够对本村里每一个在校学生的家庭状况做到心中有数，他们提出的教育建议在很大程度上就具有现实针对性和可行性。

最后，组建农村社区教育机构。当前，在很多落后的农村地区，村里只有一个村委会，附带一个卫生所，社区组织不仅不健全，而且根本就没有农村社区教育组织，农村社区教育基本上就是一片空白。其实，"农村社区教育发展缓慢，农村留守儿童的教育危机在社区内没有得到应有的缓解。究其原因，除了经济因素外，政策环境的缺失也是重要因素。"① 留守儿童主要分布在落后的农村地区，他们要享有农村社区教育资源，在很大程度上需要国家政策的支持。农村学生放学后，大都回家写作业、做家务、看电视等，尤其是留守儿童，父母不在身边，在家里会很孤独、很寂寞。如果村子里开设有图书室、体育活动室等的话，农村学生在闲暇时间可以一起读书、活动等，既开阔他们的视野，也能丰富他们的课余生活，排解他们内心的孤寂。目前，在农村，基本上各个村落都有退休的民办教师，农村社区教育机构可以让他们来负责管理，一方面他们从事过教师工作，具有教育经验，跟农村学生容易沟通；另一方面，他们对学校教育工作也比较熟悉，跟农村学校和教师也容易沟通。这样，以退休的民办教师为中介，就可以达到农村学校教育和农村社区教育之间顺畅的沟通和交流，共同促进农村学生，尤其是留守儿童的健康成长。当然，这一目标的实现还有赖于国家在农村社区教育组织建设方面的政策关怀和支持。

---

① 李天鹰等：《完善农村社区教育体系 缓解留守儿童教育危机》，载《东北师范大学学报（哲学社会科学版）》2009年第4期。

结语：让爱与温暖伴随留守儿童成长

综观世界上其他国家的城市化历程后，我们会发现，中国留守儿童是在中国特有的城乡二元社会结构体制下和当前城市化快速发展背景下的特有产物，这在世界历史上是极其罕见的现象。留守儿童是当前中国"三农问题"中的农民工问题的直接的衍生物。在中国语境下，农民工本身就是一个带有歧视性的、矛盾的称谓，虽然从职业上讲，他们做的是工人的工作，但他们却是农民的身份。这些人虽然生活和工作在城市里，却不具有真正市民的身份和地位。由于受城乡二元社会结构体制的限制，诸多农民工无力把子女带入城市生活和学习，只好把他们留在了农村。这些留守儿童由于长期缺少亲情的爱抚和慰藉，以及心灵上的关怀和关爱，容易形成柔弱无助、孤僻、自卑闭锁，或者暴躁、冲动易怒等心理特征，在他们得不到及时的心理疏导和适当的心灵关怀的情况下，就会导致自杀、犯罪等极端事件发生。

作家阮梅在历时三年跨越五省对留守儿童问题调研后，向全社会发出以下呐喊和诘问。

如果说最初关注留守儿童，还是间接地接触于一组组数据和媒体上的个案报道，那么，这次历时三年跨越五省的走访调查，让我切身感受到，无数农村留守儿童正有意或无意地成为一个家庭、一个地方、一个时代的经济发展的牺牲品。在整个走访调查过程中，透过许多孩子一双双于苦苦渴盼中渐渐黯淡了的眼神，看着孩子们荒草样被刈去的花样年华，我一直在深思：我们是否有必要以一大批孩子的健康成长为代价，去换取城市的发展？面对数以千万计孩子被忽略的人生春天，我好想问，我们的经济发展是否漏算了一代农村儿童的代价？如果孩子的留守是历史的必然，是我国社会转型时期经济发展必须做出的牺牲,那么,在留守儿童问题已经浮出水面且日趋严重的今天,我们的党、我们的政府、我们的社会、我们的学校,我们的家庭,甚至生活在这个社会中的每一个人,我们应该以怎样的努力来缀补他们那已破损的成长天空,还孩子们一片充满爱和温暖的蓝天?①

因此,对于留守儿童来讲,相对物质等外在方面的需要满足来讲,他们在心灵、精神层面关怀的需要则更为迫切和更为关键。然而,在实践中,我们往往侧重于对他们在物质上的救助,却对他们在社会变化中失去的很多东西,如儿童的尊严感、道德观、对学习和生活前景的期望等漠不关心。正是在这个意义上,关注留守儿童的心灵成长,重视他们心灵关怀缺失问题,满足他们心灵关怀的需要是当前留守儿童教育中一个极为迫切的、需要我们去面对和解决的问题。

笔者主要从农村学校德育的视角来分析和探讨了农村学校教师对留守儿童心灵关怀的可能和现实问题。但是,我们必须要清楚,留守儿童心灵关怀德育仅靠农村学校及教师来实施是远远不够的,而且农村学校、教师也远未能承担起对留守儿童心灵关怀的全部的教育责任。留守儿童问题不仅是一个教育问题,更是一个社会问题,需要全社会的共同努力来担当和完成这一时代使命。俄罗斯伦理学家恰尔科夫在论述对处境不利儿童的道德关怀时,就特别强调政府和社会对此所理应承担的责任,认为对处境不利儿童的道德关怀就是要"让他们感受到心灵的关怀、情感的抚慰、社会的温暖,提升他们精神状态的能力,激发他们内在的精神动力,激起他们生活的信心和勇气,指导他们的行动,并通过自身的努力改变其自身的精神状态,促进个体全面和谐发展,进而促进处境不利儿童群体间的全面和谐发展,最终有助于整个社会的精神环境"②。其实,我们当前面对的留守儿童的心灵关怀德育问题也需要来自政府、学

---

① 阮梅著:《世纪之痛——中国农村留守儿童调查》,人民文学出版社 2008 年版,第 3—4 页。

② 朱小蔓等主编:《当代俄罗斯教育理论思潮》,教育科学出版社 2009 年版,第 221 页。

校、家庭，以及社会各界的通力合作，来为留守儿童营造一个充满爱和温暖的成长空间。

一是呼唤政府对留守儿童的政策和法律关怀。不可否认，近些年来，政府在应对留守儿童问题方面也制定了一些相关政策。2006年3月，《国务院关于解决农民工问题的若干意见》发布，指出解决农民工问题的重大意义以及肯定了农民工的价值，并明确指出"输出地政府要解决好农民工托留在农村子女的教育问题"。2006年7月17日，全国妇联下发了《关于大力开展关爱农村留守儿童行动的意见》，指出做好留守儿童工作的意义，并提出了各项推进留守儿童工作的措施和计划，包括调查研究、纳入家庭教育"十一五"规划、发展示范家长学校等。2007年7月，中组部、全国妇联、教育部等七部门联合下发《关于贯彻落实中央指示精神积极开展关爱留守流动儿童工作的通知》，提出各个部门要协同努力做好留守儿童的教育管理、户籍管理和权益保护等。这些政策的制定在一定程度上对改善留守儿童的生存处境起到了积极的影响和作用。但是，"遗憾的是，这些法律法规的针对性还不是很强，迄今为止，中央针对有关留守儿童教育管理的专门性法律尚未出台。"[1] 在某种程度上，由于缺乏法律法规的依据，各个部门在处理留守儿童问题中会由于责任界限和边际不明确而导致不作为、少作为的现象，推卸了对留守儿童的教育责任，这对推进留守儿童工作很不利。我们可以从其他国家的做法中得到一些启示，比如，俄罗斯在20世纪90年代初经过政局动荡之后，失业、贫困等问题严重，孤儿数量急剧增长，到2004年已达到132 500人。为解决孤儿教育和救助问题，1995年俄罗斯颁布了《家庭法典》，1996年颁布了《收养家庭条例》，2001年修订了《俄罗斯孤儿教育章程》，2004年颁布了《处境不利儿童精神、道德、智慧发展规划纲要》等一系列专门针对孤儿的政策法规，形成了完善的孤儿社会救助和教育网络。[2]

---

[1] 姚便芳等：《透析农村留守儿童教育管理政策》，载《教育与教学研究》2009年第8期。

[2] 乌云特娜、朱小蔓：《当前俄罗斯孤儿安置政策分析》，载《教育研究》2008年第4期。

因此，当前我们急切呼唤政府制定专门针对留守儿童的法律和政策，表达政府在处理和解决留守儿童问题中的决心，发挥政府在解决留守儿童问题中的主导作用，更为重要的是为留守儿童问题在实践中的解决提供法律依据。

二是呼唤社会整体道德环境的改善。鲁洁在《道德危机——一个现代化的悖论》一文中就指出，始于西方几个世纪前的现代化浪潮，冲破了泛道德主义的束缚，但同时又陷入了道德断裂和虚无的陷阱之中。她认为，"我国经过改革开放以来的现代化洗礼，似乎也正在走着西方社会已经走过的道路。不管'滑坡论'、'爬坡论'是如何争论着，不争的事实是：泛道德、去道德已呈泛滥之势。在政治领域，人们的行为严重失序，不正之风严重，以权谋私、以职图利等'寻租'现象已经成为社会公害；在经济领域，见利忘义，以不法手段牟取暴利的比比皆是；在生活领域，赌博、吸毒、嫖娼、纳妾、拐卖妇女儿童等邪恶现象沉渣泛起，呈蔓延之势。更有甚者，这种反道德主义的浪潮已冲向历来被认为是神圣领地的学术与教育。这一切不能不强烈震撼着我们的心灵。"在她看来，造成当前我国社会整体道德滑坡的深层根源在于现代化发展中的三种理念和实践方式，即唯经济主义、唯科学主义和极端的个人主义。①的确，自中国改革开放政策实施和市场经济制度逐步确立以来，我们传统的道德伦理和价值观念受到了前所未有的冲击，人们在思想道德领域发生了翻天覆地的变化，消费主义、享乐主义、拜金主义等消极观念成为支配人们认识和行为选择的一股强大的暗流。毫无疑问，这些泛道德化、去道德化的现象也已经渗透进了我们的教育领域，而且已经影响到我们的教育主管部门、学校领导和教师在对待留守儿童问题上的行为选择，使得他们忽视对留守儿童的精神成长问题，或者对之少作为，甚至不作为。尼布尔在《道德的人与不道德的社会》中就指出，作为个体的人可能成为道德的人，他具有同情心和关怀他人的利益，但人是群体性生活的，而群体的道德要低于个体的道德，这样，生活在群体中的个体道德水准的下降是由

---

① 鲁洁著：《道德教育的当代论域》，人民出版社2005年版，第141—149页。

于群体环境的影响造成的。① 正是在这层意义上，我们呼唤当前我国社会整体的道德环境的改善，呼唤一个关爱、理解、友善、平等的有助于留守儿童精神成长的社会道德环境的生成。

三是呼唤教师对留守儿童的教育良心。康德认为，良心实指的就是善良意志。"权力、财富、荣誉，甚至健康以及通常的福利和舒适满足，这些通常称之为幸福的东西，如若没有一个善良意志去匡正它们对心灵及其行为诸原则的影响，以使其与善良意志之目的普遍相合，那么它们就会引发自负甚至骄横。"② 缺失良心的引导，人就会走向背离德性的生活。黑格尔也认为，良心是一种积极追求在主观和客观上都是善的东西的伦理意识，就是"善在心中的'自我确信'"③。他还认为，"良心表示着主观自我意识绝对有权知道在自身中和根据它自身什么是权利和义务，并且除了它这样地认识到是善的以外，对其余一切概不承认，同时它肯定，它这样地认识和希求的东西才真正是权利和义务。"④ 因此，良心就意味着个体对义务的一种自觉意识和勇于担当。教师的教育良心就是"教师在教育实践中对社会向教师提出的道德义务的高度自觉意识和情感体认，自觉履行各种教育职责的使命感、责任感和对自己的教育行为进行道德调控和评价的能力等"⑤。关怀留守儿童的精神成长是当前中国城市化快速发展背景下出现的一个时代使命，农村学校教师作为留守儿童的重要他人，就需要自觉承担起对他们的教育责任，关怀他们的生存处境，给予他们情感上的抚慰和呵护，促进他们的健康成长和发展。然而，这一切都需要以教师对留守儿童的教育良心做保证，尤其是在当前社会整体道德风气不容乐观的情况下，以

---

① ［美］R. 尼布尔著，蒋庆等译：《道德的人与不道德的社会》，贵州人民出版社1998年版，第Ⅸ页。

② ［德］康德著，孙少伟译，鹿林译校：《道德形而上学基础》，九州出版社2007年版，第3页。

③ 高兆明著：《黑格尔〈法哲学原理〉导读》，商务印书馆2010年版，第308页。

④ ［德］黑格尔著，范扬、张企泰译：《法哲学原理》，商务印书馆1961年版，第140页。

⑤ 檀传宝：《论教师的良心》，载《教育理论与实践》2000年第10期。

及"应试教育"和校园安全对农村学校德育实施造成了很大冲击的情况下,教师要自觉自愿地去承担起对留守儿童心灵关怀的德育责任更需要呼唤他们的教育良心。只有教师对留守儿童的教育良心确立了,他们才会义不容辞地投入到对留守儿童心灵关怀德育中去。

四是呼唤留守儿童父母多给予孩子亲情和温暖。毫无疑问,对于绝大部分留守儿童父母来讲,他们外出务工更多的是出于生存理性的选择,在很大程度上,他们对孩子的教育责任的放弃也是一种无奈的选择。这正如一些农民工所说的,"说农民现在不苦,是假话,我们是迫不得已抛儿弃女在千里之外打工。我们多么希望娃娃在城里有一个舒服的家,有一所好的学校","当孩子在老家感冒发烧的时候,孩子受到伤害的时候,孩子学习落后的时候,我们都在思念他们。我们一直很心酸,无能为力,只能在电话里听一听孩子的声音。我们被社会限制,受生活折磨,很多时候不能做一个合格的父母,我们希望得到很多帮助,但希望又渺茫。"① 我们在给予留守儿童父母的处境以理解的同时,又不得不认真地强调,尽管他们离开孩子是一种迫不得已的选择,但是一定要在自己力所能及的条件下多给予孩子亲情和温暖。这是因为父母与孩子之间的这种亲子联系是任何其他形式的关爱都不能代替的,父母对孩子的亲情和温暖永远都是他们心灵成长的不可或缺的精神养料,父母对孩子心理上的鼓励和支持永远都是一股激奋他们努力向前的力量。总之,留守儿童的健康成长和发展离不开父母给予他们以充足的亲情和温暖。

研究到此要画上句号了。然而,笔者深刻地意识到,关怀留守儿童心灵健康成长和发展的时代使命的完成还任重道远!这需要你、我、他,以及社会中每一个成员都为之做出努力!

让爱与温暖伴随留守儿童成长!

---

① 任运昌著:《空巢乡村的守望》,中国社会科学出版社 2009 年版,第 305 页。

附 录

附录1 两封留守儿童的来信

老师:

你好（因为已经很熟悉了，所以我也不称"你"为"您"了）！

你寄来的照片我们已经收到了，真的很谢谢你，看着你的照片就好像看到了你本人，仿佛又回到了从前我们一起聊天的时候。

我们真的好想你，有时候想想，感觉有你的时光像是一场梦，因为你像阵清风，来也匆匆、去也匆匆。虽然你现在不在这里了，但和你在一起的时光真的令我很难忘。忘不了你对我说过的每一句话，忘不了你给我们拍照时的情景，忘不了我骑车载你走在田间小路上，忘不了我把你送上车的背影，忘不了你对我挥手说再见……说不完的"忘不了"，都无法用言语表达，只能说，真的很想你。

这几天的学习很紧张，大家都在忙着复习。同学们都在为自己的理想而奋力拼搏，而我依然像以前一样吃喝玩乐，放假回去上上网，并不是我不着急，正是因为很着急又没办法，因为我不可能考得上高中，所以我总觉得看不看书都一样，反正都是上差的学校，这些都已经定下来了。老师，和你说这些，你也许会觉得我不是个好孩子，是个贪玩的孩子，就算你这样认为，我也不后悔和你说这些，因为我觉得有一个人可以说这些不负责任的话，聊真心话真的好爽，好舒服，很开心。和你在一起的日子里，我觉得过得很充足，很欣慰，虽然只有几天的日子，但却令我记忆犹新，从未和一个人说过那么多心里话，聊自己的不开心，那几天觉得十几年来的孤独、寂寞和不开心都在瞬间消失了，然而却只维持了几天。虽然只有短短的几天，却令我很开心，甚至是永远都不会忘记的。

说真的，我好想你，真的好想好想。习惯了每天晚自习后去你的宿舍和你聊天、谈心，所以现在每当走过你曾住过的宿舍，总会忍不住不自觉地多看两眼。但是，我却再没有看到门缝下的光亮，再没有听过你说"come in"的声音……好怀念和你在一起的时光，或许和你在一起的那几天里说普通话已经有点顺口了，有时和同学们说话的时候偶尔会"冒"出一两句，但遗憾的是，同学们都会觉得很别扭……

当收到你的信时，看着你的信，泪水在眼眶里打转，看着你关切的话语仿佛是真的听到了你那亲切的声音。

千言万语只能说真的好想好想你……

不知道什么时候还能再见到你，你说会再来月塘看我们的……那些话都是真的吗？还是你想安慰我们？无论怎样，希望你有机会再来，如果你下次来，我会接你去我们家玩的，带你去爬山，捡雨花石，逛田间小路……你要是来的话，一定要告诉我，我会帮你把同学们一起约出来的。

也许在你收到这封信的时候，中考已经离我们不远了，不超过一个星期的时间了，时间真的好快，我在这几天不会上网的，我会等中考过后再上网，我会尽我最大的努力考试的……

这封信你不用再回过来了，因为，当你寄过来的时候，我可能已经不在这个学校了，如果你真的有话要说的话，你可以发到我的邮箱，反正我们已经发过几封 e-mail 了，不是吗？其实，我在网吧里不太方便发，因为有时候旁边有许多朋友，不过现在我不怕了，我想发多少就发多少，所以你尽可给我发 e-mail。

我永远都不会忘了你的，我会保留那些照片的。

Best wishes for you!

祝身体健康，全家幸福！

李××
2010年6月3日

老师：

你好！

老师，谢谢你寄信给我。我很开心，因为收到你的来信。老师，我也谢谢你寄照片给我们。也谢谢你在学习上给我鼓励，真的很感谢你，老师！

的确，老师，你离开我们月塘中学有一星期了。在这一星期里我好想念你，因为你太善良了，我也很喜欢你，想你。记得我们最后一晚在你宿舍里哭的情景吗？老师，当时我不想哭的，是因为洪×讲到我的伤口处，所以我才忍不住哭了；再加上你星期六就要回南京了，所以就哭了。很抱歉，老师。还记得到我家的时候吗？老师。当时，星期六的早上我接到你的电话，我很高兴。到车站接你的途中，我很高兴。因为在这样恶劣的天气，你还打电话给我说要到我家来，让我很感动。终于看到你的身影，我很开心，到我家了。我家很乱，对吧？而且又招待不好。很抱歉，老师，请你原谅我。我家的菜是不是不好吃呀？而且我奶奶她又唠叨，对吧？总而言之，招待不好的地方，老师请原谅。

看到你寄给我的照片，我就不由自主地想起一周前的我们的笑声。对于我来说，我们的笑声已经珍藏在那间小屋子里，因为那是我们待在一起最长的时间。我好怀念那时我们在一起的美好时光，我更怀念星期五的午自习我和苏×到你宿舍，坐在你床边和你细谈……我好想你哦！老师。你什么时候才会来我们月塘呀？我期待你的到来，老师，同时我也欢迎你到我家里去做客。哦，对了，还有一件事。就是我写日记你用照相机给拍下来了，你千万不要给别人看哦！因为那是你和我之间的秘密。老师，要为我保密哦！

时间如流水，好快呀。一眨眼的工夫，我们就要中考了。老师谢谢你的鼓励，我会好好学习的，好好奋斗，争取中考考个好成绩。哎呀，只顾着回忆我们曾经拥有的快乐，却忘记了对你的问候。对不起，老师。老师，你最近过得好吗？在没有我的日子里是不是很想我呀？（开玩笑的）总而言之，我很想念你……

还有好多话想对你说，但又不知道从何说起。不如你下次来月塘时到我家我们说个够，老师，欢迎你到我家来做客。（字写得不

好，老师，你不要笑）

　　最后祝你天天开心，身体健康！

　　有空要联系哦！老师。

陈××
2010年6月2日

附录2 四则留守儿童的日记

2010年9月18日　　　　　　　　第3周

　　这几个月来，在我的身上发生了很多很多的故事，这些事情无一不让我惊讶、伤心和痛苦。可是，我并不是那么的痛苦，因为上天可能是可怜我呢，便赐予了我一副极好的心态，所以我才不会那么痛苦。

　　这件事情已经发生了好多年，可是我居然一点儿也不知道。我长年在外的爸爸也不知道。当他知道了事情的时候，就一个劲地说我、骂我，说如果我早一点儿告诉他事情就不会这样了。反而他很少去骂我妈，总是很和气地与她讲话，劝她，就算她犯了再大的错误，他也会原谅她。可是，我并没有犯错，他总是骂我，还诅咒我死。为什么？为什么？不公平，这太不公平了。

　　他还经常地恨我，讨厌我，还气我，总是说我妈妈和我是同谋。其实不是，我解释过，可他不信。他总是叫我打电话喊我妈妈回家，可我不愿意，他非要这要做。庄里人议论纷纷，可他只当听不见，非要喊我妈妈回家。我不肯，他就骂我。我真不懂他在想什么，是不是脑子坏了，没听说过强扭的瓜不甜吗？我真是不明白。

　　说句真心话，我根本不想要我妈妈，真希望他们离婚，可是爸爸不肯。为什么天不从人愿呢？

2010年10月2日　　　　　　　　星期六　　　　　　　　雨

　　今天是国庆第二天，对于我姐来说发生了惊天动地、晴天霹雳的大事，对于我来说也是一件不好的事，那就是"第三次世界大战"开始了——大姨父和大姨妈吵架，甚至更严重！

　　今天早上我大姨父打电话给我妈妈，叫我妈去他家劝我大姨妈，因为我大姨父在外打工时有了一个女人，被我大姨妈知道了，家里就闹得不可开交了。我妈作为我大姨妈的妹妹总不能不管这件事吧？以前说他们的时候，反而被骂，所以她就不想管他们了，可是每当他们有事的时候，除了找我妈还是找我妈！为什么我大姨父自己做错了事情，还要说我大姨妈的坏话，损坏她的名誉，而且还

说谎话，说谎话脸都不红？对我大姨妈这样一个目不识丁的人，干吗要这样地欺骗她？而且他还打我大姨妈，你说他算什么，在家里居然还使用暴力，打女人的人还配做人吗？老师，我想问你，我大姨妈该怎么做？

不知道为什么，心里觉得特别恼火。难道男人就会欺负女人？我爸也是没人惹他，他莫名其妙生气，就拿我妈当出气筒。

老师，您能告诉我为什么男人会欺负女人？为什么我爸的脾气很不好？为什么要拿我妈当出气筒？

2010年10月27日　　　　　　　　星期三　　　　　　　　晴

每年一次次的节日，村上的父母都回来过节。每当我看到别人家的孩子和父母快快乐乐地在一起，我就在哭泣，我想为什么我的父母不回来跟我们一起过节？我从心底里很伤心，我想念我的爸爸妈妈，他们很长时间才能回来。每次跟他们通完电话，我就不由自主地流泪，爸爸妈妈为我挣钱，我真的好难过。有一次，我听爸爸说妈妈头发都快要白了，汗水一滴滴地往下流。我就哭了，爸爸说："霞，你要好好读书，天天向上，不然你对不起你妈妈。"我说："爸爸，你放心，我会好好学习，你们老了，我一定会好好伺候你们，让你们每天开开心心的。"

现在我已经上初一了，才上几天根本适应不了这种环境，但过了几个礼拜，我就逐渐适应了。我觉得初一比小学苦了一点，科目增多了，学习也重了一些。刚来时，老师、同学之间很陌生，现在大家都认识了，还交了朋友。老师和同学们也在搞好关系。我觉得中学生活也不是太苦。我希望自己能在初一的生活中一切顺利，学习成绩大大提高，交到更多的朋友。中学的环境的确比我们小学好多了，我真高兴已经上初一了。

2009年9月26日　　　　　　　　星期六　　　　　　　　晴

一周下来，我感觉自己懂了许多，但也感觉失去了什么，那是什么？我也不知道。从小，在我身边的人总是笑我笨，笑我考试考不过别人。那个时候，我已经能听懂这些话的意思了。于是，我就想，我要努力，我要证明给他们看，我并不是不如别人的。在我努力的时候，没有人鼓励我，没有人相信我，但我熬过来了，就是因为这样，让我变得好起来，但也因为如此，我再也不想相信任何一个人。

小时候父母不在我身边，我和外公外婆一起住，看到别的同伴扑到自己妈妈的怀里喊他们时，我总是会流泪跑开。直到我上四年级时，爸爸妈妈才把我接回江苏一起生活，但我不知道如何相处，我总是小心翼翼，我和妈妈的关系也搞不好，妈妈喜欢骂我，常常几个星期不理我。我真的很伤心，然后别的人也不理我，说真的，那时候真巴不得出门被车撞死好了。所以，我需要朋友，我需要有人陪着我，但是，太可笑了，朋友是什么？朋友就是不断地欺骗你，伤害你，并且总想从你身上得到好处的"寄生虫"。不是我不懂，是我的确经历了。小时候，我很坚强，除了某些事以外，无论怎样我都不会掉眼泪，可是现在，我掉的泪太多了，这边的人一次次摧毁着我的信心，再加上家里的事，我真不知道怎么面对现实。我不是很喜欢张××，我只是需要朋友，只要问问了解我的人，他们就会觉得我很糊涂，可他们又了解我多少呢？六年级的时候，老师让我做了班长，但却因为误会我，把我班长的职位撤销了，我真的很生气，从那以后，我懂得了很多很多，明白了别人不知道的事情。可能有人会问，为什么我还总犯错呢？其实我完全可以不犯错，在犯错时大部分我都知道。我只是想有人关心一下我，理解一下我，老师，你一定很不理解我吧。我不喜欢和老师谈话，很讨厌这种方式，所以跟老师面对面谈话我是说不出什么真话的，所以希望老师您理解我。关于班长这件事情，我会尽力做好每件事情，不会懒散的。

我不知道我写的是不是很幼稚，至少这是真心话，有时我并不认为老师会认真地看每一篇日记或周记，我也不知道为什么我想说这些。您说过我不会为别人着想，对，有的事我的确想不到，但有的我也是能考虑到的，比如余×那天被叫到办公室了，我把他的书拿来，帮他做好了课堂笔记。不是我想得到回报还是怎么的，他连谢谢都没说。不好的地方我会改的，但是老师，我希望您能理解我，我只能说这么多，我不会把所有事都告诉一个人，已经没人能让我信任了。我不知道做的是对还是错，但愿我是错的。

附录3　两篇有"留守经历"大学生的文章

童年那一缕丢失的阳光①

敬爱的爸爸妈妈们：

你们好！我是一名在校大学生，是一个曾经有长时间留守经历的女孩子。在这里，请允许我代表所有曾经有过留守经历以及正在经历留守生活的孩子们，向所有身在外地打工的以及正在阅读这篇文章的留守儿童父母们问好：爸爸妈妈们，你们辛苦了！

随着我国城市化的发展，大规模外出务工的农民群体出现了，农村的年轻父母们都扛上了重重的行囊，奔走远方，不畏劳苦艰险，只为那可以撑起家庭生活的收入和子女上学的学费。你们都急匆匆地走了，坐上了奔向天南地北的火车。可是身后留下的是我们泪光闪闪、追逐的眼神和一颗颗被搁置的心灵。爸爸妈妈们，你们知道吗？被留在家里的我们，心里有太多你们都不知道或许也不曾被你们发现的东西。今天，我想以这些孩子中的一员的身份，讲讲我心里的话。

离别。我是一个地地道道的农村女孩，父母也是地地道道的农民，那时候家里贫困到揭不开锅。我清晰地记得小时候家里没有足够的筷子，妈妈就折几支细竹竿当筷子；大冬天没有菜吃，妈妈带我去路旁的树上摘木耳；没有棉鞋穿，妈妈把烧过的柴火的火灰铲出来，让我和哥哥踩在上面，一踩就是一个冬天。就是为了改变这样的生活，我的爸爸妈妈在我上小学时就出去打工赚钱了。从那时起，我和哥哥就变成了留守儿童。"留守儿童"这几个字在我20岁之前是没有任何概念的，直到我明白了它的含义后，它就似乎有了一股力量。当我看到留守儿童的字眼时，我的鼻子禁不住酸楚，眼泪止不住，那种心情很难说清楚。我家里只有爸爸妈妈、哥哥和我，和一般的农村家庭不一样，我没有爷爷奶奶，因为他们在很早

① 陈莎：《童年那一缕丢失的阳光》，载《教育观察》2012年第9期。

的时候就去世了。爸爸妈妈就只能把我和哥哥托付给雇用的人来照看。就这样，家里没有一个亲人，我和哥哥每天面对的都是陌生的面孔、陌生的感觉，雇用的人也频繁更换。

撒娇。小时候的我其实也是一个活泼调皮的小丫头，整天和同村的小朋友们混在一起，嬉笑打闹，无忧无虑。但是在没有亲人的家里，在雇用的人面前，我的快乐欢笑始终是"收敛"的，变得很"乖"。我撒不起娇，撒娇应该是小孩子的天性使然，但是在我的意识里，它被有意无意地封藏了起来。我记得有一次，我爸爸妈妈回家来看我们，我很开心，一瞬间感觉自己有了靠山似的，变得很得意忘形，一下子藐视身边所有人，像一个小猫一样钻进爸爸的怀里，像一个受宠的公主得意地吃着属于我的好吃的，时不时地向别人抛几眼不屑的眼神，说话也变得骄傲和猖狂起来，似乎我在有意地告诉其他人：哼，我有爸爸妈妈，我爸爸妈妈回来了。是啊，爸爸妈妈的回归唤醒了我封藏在心底的任性。直到他们走了之后，任性的我就又变回了一个文静乖巧的小丫头，不太多话，不太胡闹，更不会向谁撒娇。就好像心里有一扇门，爸妈就是这扇门的钥匙，他们回来了，门就打开了，阳光可以照进来；他们走了，门也就跟着上了锁，里面暗暗的，有些潮湿……我经常会幻想这样的场景：我拉着妈妈的衣角，嘟着个小嘴，眼睛瞪得大大的看着妈妈，轻轻地摇着她的衣角说："不嘛不嘛，我就要吃冰淇淋，我就要吃冰淇淋。"如果妈妈不给我买，我就似哭非哭地跑到爸爸身边，扯着爸爸的衣角说："爸爸，妈妈不给我买冰淇淋吃，我要吃冰淇淋，我要吃冰淇淋嘛。"然后爸爸心疼地把我抱起来说："不哭不哭，乖，爸爸给你买，买个大大的冰淇淋，好吗？"……每当我想到这里，我都会觉得好幸福、很满足。这要是真的，该多好！可是，这样的场景在我的童年从未出现过，这样的场景对我的童年来说，都只是一种无法弥补的奢望。

羡慕。每一个小女孩应该都是爱美的小天使，都喜欢漂亮的衣服、好看的小辫子，我也如此。我小时候的头发很粗很长，很难打理。然而从6岁开始，我就每天自己给自己梳头发，编又粗又长的辫子，自己打理自己的一切。妈妈给我梳过头发，虽然她的手劲大得会弄疼我，但事实上，扎着妈妈梳的头发，我会很开心、很得意。长这么大了，我只深深地、久久地羡慕过一个人的一件东西，那就是我一个小伙伴的一件毛衣。那是用了七八种颜色织成的毛衣，彩虹的颜色都被用上了。而且衣领是那种花边的可以外翻出来，很漂亮、很迷人，那是她妈妈亲手给她织的。每当穿毛衣的时节，我都会被她那件彩虹毛衣所吸引。我也好想有这么一件妈妈亲手为自己织的彩虹毛衣啊，用一两种颜色织成的都可以。小时候的冬天特别冷，我对冬天充满胆怯。在我们农村，妈妈一般都会给孩子做那种冬天用来护手的"棉袖套"，一只手一只，一共两只。写字的时候手伸出来，不写字的时候两只手就都在里面。我戴过同学的棉袖套，暖和极了。我也希望自己有这样的棉袖套，我曾经回到家里，翻箱倒柜地找棉花，什么也没找到，我就找来很多卫生纸和一片布，我把卫生纸当棉花，按照想象中的样子，我给自己用针线缝合了一只"棉袖套"。戴上自己做的袖套，我有一种满足感，但随之而来的是一股涌上心头的酸楚和控制不住的眼泪。我在学校从没有戴过它，因为我怕同学们嘲笑我，嘲笑我的棉袖套里面竟是卫生纸。好多个冬天我的手指都被冻肿了、烂了，但是我的"棉袖套"只出现了那几天就被我抛弃了，我想还是不戴它比较好吧。然而让我最煎熬的事情不是这些，而是每当我去小伙伴家里玩的时候，他们一家人都在，她们的妈妈教她们摘菜、做饭，然后一桌子的饭菜热腾腾地上桌，一家人围坐在一起吃饭。那时候我总会跑回家里，心里头忍着说不出来的难受。多么香的饭啊，多么热闹的一家人，我多么想这样：热热闹闹的饭，团团圆圆的家。

生日。农村的家庭在那个时候对过生日并没有什么讲究，小寿星往往可以得到一个煮鸡蛋。但就这样，也足够让一个孩子开心一整天。很幸运的是，我们母子三人是同月同日的生日，唯一可惜的是，我们没有在一起好好地过一次生日。那是上初中的一年，那天又是我们的生日，家里就只有我和哥哥两个人，我们什么也没有吃，就是打开电视机，打开音响，尽情地唱着郑智化的一首歌《生日快乐》，歌中唱道："你的生日让我想起，一个很早以前的朋友，那是一个寒冷的冬天，他流浪在街头，我以为他要乞求什么，他却

总是摇摇头，他说今天是他的生日，却没人祝他生日快乐。生日快乐，祝你生日快乐，有生的日子天天快乐，别在意生日怎么过……"就这样，我和哥哥我们一遍一遍地唱着。什么也没吃，什么也没说，两个傻孩子坐在一起呆呆地唱着……

孤独。我想这应该是童年最重最浓的味道了吧。童年的留守经历早已在我心里埋下了一颗孤独的种子。我多么想告诉爸爸妈妈今天谁欺负我了，老师又表扬我了；我多么想告诉妈妈我想回到家里吃的是她做的饭，扎的是她梳的辫子，可以有妈妈给我织的毛衣，可以戴妈妈给我做的棉袖套；我多么想告诉爸爸，下雨时别的孩子都是爸爸去接的，你也来接我好吗？别人都有爸爸去开家长会，被男生欺负了，有爸爸找他们算账；我多么想告诉爸爸妈妈，那个姨妈回去了好几天，她让那个姨夫在家里"照顾"我们。他什么也不做，还指挥我和哥哥给他干这干那，我和哥哥都没有吃饭，晚上我一个人睡在房间外面的小床上，很冷，他的打鼾声很大，吓得我睡不着，躲在被窝里一晚上我都在哭着想你们，我很害怕，总觉得有什么东西在向我走过来要掀开我的被子。我不敢发出一丝声音，我祈求你们快点回来，女儿好害怕，我真的好害怕只有我一个人。童年孤独的种子随着岁月，它并没有被埋没，而是生根、发芽了、生长了。孤独感有影有踪地在我心里肆意地游走。越长大，越孤单。

恐惧。它是与孤独相伴而生的孪生兄弟，是莫名的不安全感在肆虐，是没有具体事物的寄托，它就藏于心底，是活着的存在。我常常被这种恐惧感弄得失落、不安、烦躁，有时试图通过发脾气来发泄这种不安。然而，无济于事，无法根除，无法解脱。恐惧与孤独联合起来在我心里造反，隐隐地、轻轻地，却深深地痛。只有我的爸爸妈妈可以最大化地平息它，就像阳光驱散了弥漫在我心里的阴霾，这是我所需要的阳光。

人生价值观。小时候的我们就像是一张白纸，小时候的生活就是印刷机，它印给了我们什么，我们就被拥有了什么。正如一个画家，他的画里永远有童年的色彩；正如一个作家，他的作品里往往流露出童年的影像；正如一个音乐家，他的音乐里流动的总有童年的音符。同样，留守的我们，记忆里永远都有抹不去的孤独、恐惧、无助。这些往往就决定了我们一生的人生价值观。我的童年缺失了太多的亲情关爱、家庭温暖,现在的我,我的人生观就是不必奋力追求名利、金钱、荣誉,拥有一个温暖的家,家人都在一起,平平安安、健健康康、快快乐乐的,就是最大的幸福。而一个人的价值就在于,把家庭经营得好好的,父母长寿健康,子女快乐无忧。这就是本事,这就是能力,这就是成功。爸爸妈妈们,你们想给孩子们印上怎样的东西呢?

  成人。大人们都在忙着干活,没人管我,我悄悄地长大了。正如白驹过隙,急景流年。现在的我已经不是小时候的那个小丫头了,我已经22岁了。是一个从理论上讲已经拥有了成熟心智的成年人了,然而事实上,我的心却被卡在了童年那些感知的记忆里。在一层成熟的外衣下,我一直是一个幼稚的实体。在我的生活里,很多事情我都无法做到成熟,有时候别人会无法理解我一些幼稚的举动,似乎我的表现有时会很意外,但我是自然地反映出来了,或许是封藏的童年天性伺机跑出来了吧。呵呵,幼稚也好,难得的简单的快乐,快乐的简单。只是我无法逃脱的是那莫名孤独与寂寞的折磨罢了。有时候,我会很想逃脱当下的生活,什么也不管,什么也不顾,就一个人走。成长不是一件理所当然的过程,它有很多不为人知的曲折,成长了不等于成熟了。

  关注留守女童。这是我在这里不得不说的一方面,这是最让我深感同情和愤怒的社会呼吁。据调查,农村的留守女童遭受性侵害的案例层出不穷,屡见不鲜,广东省留守小姐妹屡遭附近村民蹂躏,过去三年广东省2 506名女童被性侵,其中近一半在14岁以下,2007年河南留守女童小燕遭同村的禽兽"大爷"多次诱骗、性侵,直至怀孕7个月才被人发现。这是多么让人憎恨的、唾弃的禽兽啊,多少纯洁的精灵被这些禽兽伤害,更让我们无法接受的是犯罪者中竟有老师,甚至孩子家中的亲友。这对女孩来说是一生的毁灭,身体上的伤害、心灵上的伤害谁来承担这责任?女孩们本应是成长在父母庇护的羽翼下的快乐精灵啊。当一切发生后再也无法挽回,用什么也不能弥补伤害。孩子需要的其实不是糖果,不是花衣,不是玩具,是完整的家,是完整的父母之爱,是完整的童年。

亲爱的爸爸妈妈们，虽然留守儿童问题也需要社会和政府做出努力，但是没有什么可以抵得上父母这第一层的保护和爱，别走了，留下来！不要给任何人伤害宝贝的机会，守护宝贝的唯一的童年吧。

倾听孩子的心声。其实我们那个时代，父母和孩子之间是很缺乏沟通和交流的，农村的孩子和父母之间更是像有一层薄薄的膜隔着。父母更多的是告诉孩子干什么和不许干什么，几乎不会想到孩子是不是愿意，可不可以，也很少和孩子说心里话。其实父母和孩子之间真的很缺乏足够的交流，就像一首歌唱的："你永远不懂我伤悲，就像白天不懂夜的黑。"然而，孩子一般不会有要和爸爸妈妈谈谈心的意识，有什么不开心的事，不被别人理解的事，或者不好意思的事，孩子可能不敢或者不告诉爸爸妈妈。很多时候很多事都是藏在心里，只有自己一个人知道。心门没有打开，心房里潮湿、阴暗，没有声音进来，没有空气进来，没有阳光进来，时间久了，放在心里的东西就会发霉。

莫言老师说过，从生理学的角度讲，童年是弱小的，需要帮助的；从心理学的角度讲，童年是梦幻的、恐惧的，渴望爱抚的；从认识论的角度讲，童年是幼稚的、天真的、片面的；这个时期的一切感觉是最肤浅的，也是最深刻的；这个时期的一切经验更具有艺术的多彩而缺乏实用的色彩；这个时期的记忆是刻在骨头上的，而成年后的记忆是留在皮毛上的；而不幸的童年最直接的结果就是一颗扭曲的心灵、畸形的感觉；变态的个性，导致无数的千奇百怪的梦境和对自然、社会、人生的惊世骇俗的看法。

身为一个有留守经历的人，我有机会通过这样的方式把自己留守的经历和内心向你们说出来，这是我的荣幸，也是我应该为留守孩子们做的事。我真心希望爸爸妈妈们能放一放手中的活儿，把宝贝抱在怀里，跟他们好好聊聊天，试着打开他们的心门，了解他们的内心，倾听他们心里的话，不要让他们的童年残缺，不要让他们受到伤害，不要让他们拥有没有阳光的内心，潮湿了他们的未来；我真心希望爸爸妈妈们为孩子们保驾护航，给他们完整的童年；我真心希望爸爸妈妈们为孩子们守护好他们的幸福底片；也希望政府、社会有更多的政策措施来解决留守儿童问题，保护祖国的未来。最后我想说的是：亲爱的爸爸妈妈们，为了这个家，你们真的辛苦了，你们也有太多的无奈和心痛，孩子们很懂事，孩子们也能明白，我们向你们致敬，你们要保重好身体，父母就是我们做孩子的最大的幸福，孩子们等你们回家。

　　此致！
敬礼

一名留守女孩
2012 年 11 月 11 日

我也曾"留守"过①

"留守儿童"是指父母双方外出打工,而自己留在农村生活的孩子们。他们一般与自己的祖辈亲人,甚至父母的其他亲戚生活在一块儿。2012年9月,教育部公布义务教育阶段随迁子女1 260万人,义务教育阶段留守儿童2 200万人(据2013年全国妇联调查显示,留守儿童规模已经超过6 000万人。——笔者注。)

以上是百度对于"留守儿童"给出的信息。在小学三年级以后、高中以前,我也是一名留守儿童,但和电视上那些发生在留守儿童身上的不幸相比,我是幸运的,非常幸运。首先,我有一个好的接收家庭——爷爷家,不是说"好"就是经济上好,而是这个家庭一直充满爱。其次,爷爷奶奶、叔叔(我爸的四弟)正确的为人之道,让我可以健康成长,这个健康不单指身体上,更重要的是心理上。感谢他们。

当母亲走时,我还很小,坐在床边,脚都不能放到洗脚盆里,但我知道母亲出去打工是为了生活,为了我每次缴学费时,能够干干脆脆;为的是每次过年时,我们能用自己的钱去采购年货,而不是去借。同时,我也知道母亲走后就不能像以前那样娇纵了。那年正月过完年,母亲去了北京,走时,她是掉眼泪的,我也一样,我多么想让她留下照顾我,但是,我终究没有这么做。在那留守的6年时光里,每年都有这样的别离,不论是父母出去,还是他们接我去北京玩,我离开的时候,慢慢地学会了在他们走后,一个人默默地哭泣,我想在这个过程中,我也慢慢长大了。

当父母都在时,我的学习成绩只能用四个字来形容:"一塌糊涂"。印象最深的是有一年暑假,由于着急玩,把暑假作业忙乱写完,父亲把两本暑假作业全部撕了,在邻镇给我买了两本新的,我把那两本扔了,说不见了,我也不想上学了。那个暑假,我确实玩了一个假期。开学时,父亲依然给我报了名。父母外出打工后,我

---

① 笔者2014年上半年在陕西宝鸡文理学院讲授《教育学》时一位大二学生完成的教育叙事作业。

也不知道怎么，突然间爱学习了，每次老师布置的作业全都按时认真地完成，早上5点便起来趴在炕上写作业，也许近视就从那时候形成了。呵呵，老师都说我变了，从一个不爱学习，放学后被留在教室补作业，变成了一个爱学习的孩子。随之而来的，还有当班长、三好学生这一系列在那个年龄段看起来很美好的东西。这个转变，我也不知道为什么，但我知道最关键的是因为父母在外打工受的累、受的委屈刺激了我。母亲当时给人家当保姆，吃饭总是最后一个吃，父亲在北京的远郊给人家栽树，非常辛苦。

爷爷奶奶和叔叔生活在一起，叔叔对我也很好，他每次买好吃的时候总会买三份（叔叔有两个孩子），从来都是一视同仁的，他们尽自己的能力去补偿我父母不能给我的爱，尽管这份爱有时超过了父母的关爱，但是我心里知道，这种爱和父母给的爱不一样。那段时间里，我对父母的印象几乎是没有的，除了平时的电话和过年的匆匆相见。这导致的后果是在他们回来（不再外出打工）很长一段时间里，我都对他们很陌生、很生疏，不愿意和他们待在一块儿，一有时间便会去爷爷家，即便我内心明白我非常爱他们，但很陌生。

因为父母在外面打工，我也逐渐懂事，对物质上面的东西从来不要求，因为我知道，他们是我的爷爷奶奶，不是父母亲，我不能那样做，这样做的结果是我懂得了节俭，从来不乱花钱，穿衣什么的基本上是大人买回来了就穿，从不挑剔。到现在，母亲经常说我，男孩就要手大大的（大方，舍得花钱的意思），我也觉得母亲说的是对的，但我每次想乱花钱时，便想到了钱的来之不易，也就作罢了，节俭的习惯已经养成，难以改变，是好是坏，难以分辨。

留守的日子里，我没有因父母不在身边而受过苦，受过委屈，反而得到了更多人的关爱。

留守的日子里，我没有因父母外出务工而自我放弃，反而变得更加坚强、懂事。

留守的日子里，我没有因缺少父母的爱而自甘堕落，走上歧途，反而走出来一条光明的路。

从某种意义上来说，我是非常幸运的，"留守"让我学会了坚

强，学会了勤勉。现在父母都在家，我可以一个月回去一次，和他们团圆，我感觉我很幸福。但是还有许多的留守儿童不能与父母团聚，我希望学校、社会能尽最大努力去帮助他们，给予他们关爱，以便他们健康地成长，因为他们是祖国的花朵、祖国的明天。

附录4 两封农村教师的来信

来信一 农村学校德育问题浅谈

2009年12月,笔者在发给西乡县西乡中学孙老师的e-mail中表示,希望他就当前农村学校德育问题谈谈他的认识和看法,他的回信原文如下。

1. 首先说说总的印象。大多数农村学校实际上是不重视德育的,虽然在文件上,在总结计划上,都会说很重视。高中阶段现在升学任务仍然是第一位的。农村初中的升学压力已经不大了,初中毕业生就读普通高中、职业高中,想上都能上,对分数基本没有要求,但现在首要的任务是安全关的问题。主要问题是现在独生子女多了,安全方面的问题社会影响大,政府不好处理,所以给校长们施压,一票否决官帽。所以现在校长们的口号是:安全第一,教学第二,甚至在教师会上公开这样讲。总起来就是说,安全第一,教学第二,德育勉强排第三吧,或可忽略。

2. 德育的内容。由于社会变化,德育的内容现在基本没有什么高大全的东西了。据我所知,安全、纪律、基本的文明礼貌是现在学校所谓的德育的主要内容,偶尔点缀点法制教育。政治课的内容变化也很大,也算德育的一方面吧。至于德育的目标,大多数校长们是不考虑这个问题的,他们忙于应酬,还深入不到这一步。只要学校不出安全问题,学生没有重大违纪(主要是造成伤亡或违法),德育的目标就算达到了。

3. 德育的方式。主要是依靠班主任日常教育,每周有周一至周四的夕会(上晚自习前的15—20分钟),还有就是班会的形式,我们学校一学期两三次。其他的农村初中估计很少开班会。最后就是全校的校会了,效果不怎么样,经常是乱哄哄的,听不清。但为了搞形式,摄像拍照,偶尔会开,但很少。

4. 德育的效果。总的来讲取决于校长一个人重视与否。一般来说,老校长比年轻校长重视德育一些。校长重视的话,活动开展

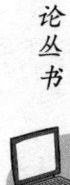

就多些，各种记录就会很全，什么班会、夕会等都有纸质记录。校长不重视的话，全靠班主任老师自己个人随意开展，次数要少些。我们这里的教育局现在有一种倾向，不管什么东西都要有记录，德育要教案，谈话要记录。最终很多都是凭空捏造的假的东西。

5. 结论。农村中小学的德育工作不怎么样，但现在留守儿童日益增加，家庭教育缺乏，学校德育更重要。校长是学校德育的领头人，但现在的校长们以教育家为职业目标的人很少（就我所见范围），基本是官僚，从不进教室，忙于应付上级，糊弄教师，升官发财，顾不上考虑德育工作，以及作为一个校长的社会责任和使命。当然这也是由社会大环境决定的。

你选这个题目很好，有现实意义。我所处的这个地方经济不发达，老百姓对教育还是比较重视的，社会风气也还算可以。我觉得德育的问题受社会大环境的制约比较明显。我走的地方有限，就自己所看到所听到的随便说说，供你参考。

来信二 农村学校德育问题多多

马多秀同学：

你好！来信收悉，看了你以农村中小学德育为主题的毕业论文很是感慨。作为一名在农村已经工作了16年来的教师，我曾经担任过班主任工作，也一直非常关注在校学生德育方面的问题。你让我从目前农村中小学德育的现状、存在的问题、教育的困惑诸方面谈谈自己的所见所想所思，真是有千言万语不知从何说起，我就从自己最切身的体验谈几种现象，希望能从你的论文中找到解决的思路和方法。

现象一：当前学校德育内容贫乏、空洞，没有实效性。

一所学校，本身就是教育人的场所，可是由于近年来深深陷入"应试教育"的泥潭，师生都无法自拔。学校德育教育面太窄，实施的内容太单一，除了安全纪律，好像就再没什么内容了。怪不得我县在2010年省级教育强县复验之际，县教育局长让教育系统组织一台文艺晚会，结果倾其教育系统现有最精华的艺术人才和最精彩的节目，在局长亲自彩排过后深感意外，认为节目质量太差，无法满足应急需要。之后在今年新学年的工作中，把加强在校中小学素质教育，尤其艺术教育放在重要位置来搞，并出台了一系列艺术活动内容，以此来促进当前我县艺术教育乃至学校德育的大逆转。这就是现实的真实写照。

现象二：农村留守儿童问题多多。

农村近年来涌现出了大批的留守儿童，对这些儿童的教育日益成为农村教育的难点之一。作为学校来讲，一周五天教育尽其所能，可是两天的双休日归来，往往出现2＞5的现象，这些学生在个性养成，尤其是自我教育方面自律性太差，往往逐渐沦为问题学生一族。

举一实例。一名小学生小伟（化名），六年级时由于父母双双外出打工，寄养在外婆家，由外婆代管。之前小伟还是一个挺懂事的孩子，可是在外婆的管教之下，个性一下子释放了出来，由逃学旷课到连续数天不去学校，直到有一天老师来家访，外婆才知道外孙没去学校上学，原来小伟一直按上下学时间离家、到家，却不进校门在外闲逛。就在外婆没办法之际，父母又带上小伟去银川一边打工一边供其上学，如同出笼的小鸟，小伟的心怎么能收回来呢？通过撒谎等方式欺骗父母，父母发现之后，再怎么劝诫，小伟都不想上学了。加之在这期间，父母出现感情危机，随之离婚，小伟无奈只能跟随父亲打工，一来二去，小伟逐渐向往社会生活，开始交往一些社会上的小混混。父亲疏于管教，加之父亲教育方式简单粗暴，都导致小伟逐渐远离亲情，在有同样遭遇的社会小青年那里找到了自己的归属感，父亲是心有余而力不足啊，渐渐地放弃了对小伟应有的教育。当时小伟15岁，本应坐在教室里享受学习的快乐，却过早地走向社会，开始了自己的社会生活。直到有一天，法院一张传票发到了老家，村里邻居通过电话告知了小伟父亲，小伟由于与其他同伙拦路抢劫刺伤他人，致其重伤被异地法院判刑，由于小伟在九名同伙中属从犯，加之年龄最小，刚满18岁，被判9年刑罚。但是，一个花季少年，就这样葬送自己的青春年华，谁之过？

虽然这一实例有点特殊，但活生生地折射出当前农村教育中非常值得大家共同关注的一种教育现实，即关于农村留守儿童的教育问题，尤其对于如同小伟这些由社会、家庭、学校共同滋生出来的问题儿童，他们的教育问题如何做到最好的解决，这是一个非常重要的德育话题。

现象三：学校实施德育教育受困于当前的教育体制。

随着农村义务教育新课改的实施，在校中小学生的课业负担反而有增无减，这是一线教育同仁的共同感受，也是不争的教育现实。虽然教材内容发生了很大的变化，教师教学方式、学生学习方式也有了很大的转变，但对于师生的考核评价依然遵循传统的考试。成绩是决定教师实绩，评价学生好坏的唯一核心指标。虽然各级教育行政部门不同程度地提出也尝试进行了所谓的综合素质，利用等级评价学生，可当前广大农村中小学的现状并没有太多的改变。在国家三令五申减轻学生课业负担，积极实施阳光体育的大好政策推动下，也许触动过地方教育行政官员的神经，但并没有唤醒他们从长远考虑当地教育长期发展的思维，依然在检查来了搞素质，检查走了抓应试的怪圈中徘徊，最终被贻误的仍然是一代代的孩子们！加之当前群发性安全事故的频繁发生，学校可谓成了惊弓之鸟，一切从安全出发的理念抹杀了多少孩子们的少年梦想。课间仅有的追逐、捉迷藏的游戏被禁玩，因怕摔伤，双休日不能到校打篮球，为了安全，将学生逼进了网吧，逼向了社会。虽然教育部明确规定了中小学生在校时间，可真正落实到位的能有几所学校呢？更多的学校都在超时办学。学校每学期除了中期、期末统考，县教研室还要求开展月考，学生整天埋头书本，少了应有的体育锻炼，更不要说个人兴趣爱好，能有什么特长？即使有，也是家长通过课外业余培训班强制性培养出来的。这就是当前农村中小学德育真实的现状。

现象四：农村中小学心理健康教育空白，导致学生心理问题频发。

就目前农村学校而言，学生面对繁重的课业负担，出现了不良心理问题而且呈现恶性发展之势，加之当地没有开展应有的心理健康教育，缺乏应有的心理疏导和团体辅导，引发不少学生诸多心理问题，滋生不少社会少年犯。好多学生考试前焦虑、极度紧张，甚至逃考。面临一年一度的中考，个别学生出现严重的心理病症，每每有弃学就医的个案发生。学生渴望在自己学习生活中遇到困惑、烦恼时能有处诉说，能得到老师的帮助教育。虽然我县争创省级教育强县，建立了心理咨询室，可检查一过，有名无实，学生心理问题无从解决。加之科任教师只教书不育人，对于学生的心理问题根本无法从较专业的角度予以关注和解决，甚至教师群体本身中也出现了心理健康问题，面临"应试教育"的考核评价机制，师生可以说没有身心健康而言，学校压教师，教师压学生，这种恶性循环教育现象严重制约着在校师生的身心健康发展。

老同学，希望以上问题能在你的毕业论文中得到有力的触及，并能结合我们当前农村教育的现状提出一些切实可行的教育举措和方法措施，尽量使学校德育在正常健康的状态下开展，使学生们能在一个民主、宽松、快乐、和谐的校园环境里身心健康地发展！

祝学业进步，天天快乐！

学友：严少英

2011年2月23日

附录5　一份农村高中校长的发言稿

农村薄弱高中留守学生教育的问题及思考①

留守现象已经是快速城镇化过程中，因农村劳动力的大量转移而在当下中国农村地区出现的普遍现象。留守学生的问题，也已经成为一个社会问题，关于留守给孩子造成的心理问题以及对教育的负面影响，国内有很多专家在做专门的研究，一些普遍的问题，大家也都知道。我在这里关注的只是在高中教育实践中，留守学生教育所面临的问题，以及我们的一些简单做法和思考。

一、我们的教育实际。

我要讲的题目是"农村薄弱高中留守学生教育的问题及思考"，在这里，我想强调两个限定词，那就是"农村"和"薄弱"，之所以强调这两个词，主要是为了更为具体地说明我们这样的学校所面临的教育实际，也就更能直观地了解我们所面临留守学生的教育问题。

第一，我们学校处在一个怎样的地位。我们凤翔县现在有四所高中，一所省级示范，一所省级标准化，一所市级标准化，而我们就是一个农村普通高中。从现状归类的话，就是全县的三流学校，更具体的是一所地处农村的三流普通高中。

第二，我们的生源状况。原来高中是划片招生，我们的学校也因此而辉煌过，现在的招生是分数排队，志愿优先，那么，好的生源我们肯定争取不到了，我们只能在其他两所省级示范和省级标准化录取完以后再录取，也就是三流的生源。这是一个怎样的概念呢？我举一个我县最好的省级示范高中凤翔中学的数据来说明这个问题。凤翔中学2012年统招学生531人，其中地处县城的两所最好的初中分别给贡献了141人和95人，合计236人，所占比例为

---

① 2013年5月6日，凤翔县彪角中学副校长张小军在陕西宝鸡文理学院教育科学研究所举办的"多学科视野中的留守儿童教育研究"研讨会上的发言稿。

45%，但是县城还有两所稍差一点的初中，但是这两所初中最少也给其贡献 100 人，这样，凤翔中学录取的县城初中的学生人数比例达到了 60% 左右，剩下的 40% 的名额录取的是地处农村的 21 所初中学校的学生，每所农村初中被凤翔中学录取的学生平均数为个位。凤翔中学录取完之后，还有一个二流的省级标准化高中录取，它们录完之后，才是我们这样的学校去录取。这样的事实和数据说明，我们录取的学生绝大多数来自农村学校、农村家庭，且留守学生居多。我们搞了一个简单的调查，在我们学校 2014 届 820 名学生中，留守的比例为 45%，父母双方都外出打工的占 28.4%，接近 30%。

说生源问题，其实是说教育问题，刚才说了，像凤翔中学这样的一流学校，录取的学生大多数是城里的学生，而当下的县城，能在其中定居生活的，不外是公职人员、做生意的，或者是经济条件较好而专门陪读的人。他们因为自身文化素养、社会地位、经济实力，以及社会交往的广度、眼界的深度等利好条件的影响，对孩子教育的重视程度高，教育投入大，教育的方式方法上也更科学，更重要的是孩子从小就在父母身边长大，从小就享受着优质的教育资源，这种效应是一个叠加效应，也是一个马太效应，这些孩子自然会考入，或者想办法进入比较好的高中学校就读。比如与我们比邻而居的宝鸡中学，虽然没有调查过，但是根据我们县的情况估计，留守学生所占的比例绝对是可以少到可忽略不计的程度。

而我们所录取的学生中，家在农村的占绝大多数，其中留守的又接近 50%。刚才所说的父母的文化素养、社会地位、经济条件、教育方式方法、重视程度等那些有利的条件都不存在。而且，这些孩子并不是升入高中父母才外出打工的，有很多是从小父母就没有完整地在自己身边待过一整段时间。还有一点，社会也有所报道，因打工而造成的家庭变故不断增多，单亲或者重组家庭的孩子所占的比例也是比较大的。那么，可以看出，我们所面临的这方面教育问题是非常繁重和艰巨的。

第三，收费。目前，省级标准化高中的收费是每生每学期 800 元，我们是每生每学期 200 元，仅一个学生，我们每学期与省级标准化的差距就是 1 200 元，而我们学校现在的规模是 2 500 人。高中因为是非义务教育阶段，国家在这块除教师工资外完全不管。10 年前是这个标准，现在仍然是这个标准。陕西省农民人均纯收入 10 年前的 2002 年是 1 676 元，10 年后的 2012 年是 7 917 元，是 10 年前的 4.7 倍。但是国家为了农村的稳定大局，这个标准 10 年没有变化。为什么要说收费呢？因为经济对各项工作的制约程度，大家都清楚，这个与家庭的恩格尔系数原理是相同的，一个连维持基本运转都困难的单位，在无关眼前利益的精神层面上能顾及多少，是可想而知的。

第四，师资问题。全凤翔县 2012 年以前没有一个学校有专职的心理辅导老师，2012 年凤翔中学招收了一名心理学专业的本科生，才结束了这个状况。除凤翔中学外，凤翔县其他学校目前仍然没有专业的心理辅导老师。

第五，我们的教育方向。我们的教育方向说到底还是在拼高考，我们的教育本质上是在高考指挥棒下培养考试机器，在这一点上没有任何掩饰的必要。而且，由于生源的问题，在拼高考上，我们可能要拼得更加残酷，我们去年 900 多人参加高考，二本上线人数是 109 人，也就是说，绝大多数根本升学无望的学生，要陪这 109 人拼高考，拼二本上线率。这点我们想改变，但无力改变，因为这里面已经全是功利，更因为这关乎我们下一届的招生情况，继而关系到我们的存亡问题。那么，在这个高速运转的高考战车上，教育原本应该有的人性、人文的内容，应该有的对个体生命的关怀、关注度，势必大大降低。

我比较客观地阐述我们的教育实际的目的，是想说明这样一个问题：像我们这样的学校，是留守学生的聚集之地，但也是教育严重异化之地，留守学生需要个性化关爱的心理需求，与现行体制下目中无人的教育现实之间的矛盾，可以说是我们很多教育问题的症结所在。而这样的学校，在全市、全省、全国大量存在。但是对留守学生到底做了多少工作，可以说微乎其微。

二、留守学生教育中面临的问题

1. 家庭教育严重缺位。就留守而言，这本来是一个不用说的

问题。我们有一个小调查显示,我们的留守学生跟爷爷奶奶一起生活的占34.43%,跟姥爷姥姥一起生活的占6.83%,跟其他亲属在一起生活的占45.08%。我觉得,这里面最值得注意的是第三种情况,就是孩子跟"其他亲属"一起生活所占比例太高。因为在现实生活中,虽然孩子不怎么怕爷爷奶奶,但在教育问题上,爷爷奶奶最起码是有责任心的,但这个"其他亲属"可能只是关心孩子的温饱而已,能尽多少教育之责就很难说。其实再说直白一点,这种状况是孩子一个人在家乡生活,"其他亲属"只是家长一个临时的委托而已。父母是孩子的第一任老师,这种情况下在孩子的成长过程中会留下多少心理上的阴影,我们有很多专家都有专门的研究。而我们遇到的现实情况是:很多家长依靠"两张卡"(电话卡和银行卡)养育孩子,有很多孩子不是一年没见家长,而是几年没有见过。我们遇到的更大的困境是,因为他从小就留守在家,等孩子到我们学校上学的时候,因为留守而造成的种种心理上的问题和行为上的问题可能已经一定程度地固化。其实别说留守,就是没有留守的,我们所面对的家长,除过来领取助学金积极之外,三年时间,几乎没有到学校来过,有的来了,别说孩子的班级,有的连孩子在哪个年级就读都说不上来。我们试着组织召开家长会,但是都没有成功,家长们几乎不来。这就是我们所面临的现状,这就使得我们的教育既缺乏家庭教育的有力支撑,也得不到家庭教育积极的配合,只是唱独角戏,而且这个戏的调子,本身已经不是那么字正腔圆了。

2. 成长的最关键时期,缺乏重要的"引路人"。高中阶段的学生已经步入青春期,这个年龄阶段是一个人从幼稚走向成熟的过渡期,是一个朝气蓬勃、充满活力的时期,是人生观、价值观、人生目标趋于定型的时期。但同时,也是一个变化巨大,面临多种危机的危险期和动荡期,具有不成熟和不稳定的心理特征,这个时期,父母、老师是其社会化过程中两个重要的"引路人"。在这种情况下,谁跟他关系亲切,谁更信赖他,谁的影响就大。但是由于父母长期在外,父母这种"引路人"的影响被大大削弱,而高中学校教育成绩至上的极端思想,使得教师"引路人"的角色也一定程度地被淡化和异化了。

所以，这些留守学生在成长的最关键时期，缺乏随时关注他们成长方向的"引路人"，这样，其正在形成的价值观、人生观几乎成为一种完全的自发状态，当正面的引导缺位以后，负面的影响自然会不请自来，占据这个位置。青春期成长的困惑无处求解，校园早恋现象比较普遍；学生的人生目标模糊，学习内驱力不足。举个例子，我校因为条件所限，有1 000人在校外农户家里租宿，我们检查宿舍时发现，同一层楼内，被农户分割成很多小房间，房与房之间仅一层三合板做隔断，仅有一玻璃做的门。有男女生的宿舍分布于这样的同一层楼上，仅一板之隔、一门之隔，正值青春期的孩子，会不会发生问题很难说，但这样的男女同住一层楼的现象，如果有负责任的家长来看到，是绝对不会允许的。

同时我们普遍感到，虽然已经是高中学生，但是这些孩子的人生方向不明确，学习的内部动力严重不足，学习习惯、行为习惯、生活习惯都很差，这样的状况并非他来到高中才出现，与父母日常教导的缺位有着很大的关系，我们知道，在孩子的教育问题上，有很多东西是除父母之外，别人替代不了的。

3. 留守学生的种种不良心理和行为问题，与教育现实严重冲突，形成恶性循环。留守本身已经给正在成长中的孩子造成了种种心理和行为问题，但目前的高中教育可以说严重异化，学校对于分数的终极追求，使得老师的一切教育行为皆为分数忙碌，对学生的评价标准严重单一化，再加之班大人多，老师整天陷入事务之中，所谓的以人为本、因材施教等都成为纸张上空洞的口号。这种教育现实，使得留守学生本来已经有问题的心理和行为，与学校老师的教育要求冲突不断，得不到关注，得不到疏导，得不到化解，而且还会因其行为与教育的单一化要求不符合而可能得到一种负面的强化，以致恶性循环，影响终身，这才是最为可怕和担心的。

总之，关于留守学生在教育中存在的问题的研究，已经很多，也很详细，因为水平有限，我没有做进一步定性、定量的研究，这里只是把现象呈现出来，只是粗线条地概括了几点，也有待各位专家和教育界同仁能结合我校实际，做更细致、更深层次的研究和指导。

三、我们几点粗浅的做法

我们在教育实践中发现留守问题的严重性,但真正要做点什么,却困难重重,我们学校只是从宏观方面,做了以下几点尝试。

1. 采用"请进来"的方式,请专家进行心理健康专题讲座。因为没有专业的心理辅导老师,无法开展个体心理咨询,我们主动走出去,与县内一家心理咨询机构联系,给他们出题目,让他们来学校做专业的心理知识专题讲座。去年以来,已经进行过高一年级入学适应性教育一次,女生青春期专题讲座两次,为老师做关于职业幸福和消除职业倦怠方面的讲座两次。我们也尝试请他们做个体心理咨询,但因为地处乡下、交通不便、时间冲突等原因,均没能做成。

2. 积极开展一些教育及实践活动,丰富校园文化生活,努力改善学校育人环境。开展各种教育活动本来是学校教育的题中之义,但在高中开展活动,有很多不易和冲突。首先是校长要真正懂得教育,予以支持;其次要面临时间上的冲突,从早晨6:00到晚上10:00,课程、辅导几乎排满,你要巧妙地安排时间,挪腾时间;再次要正确处理活动与教学任务的冲突,就那么多的时间,搞活动势必影响教学任务的完成;最后还要担负是否会影响教学质量的焦虑。

但是对留守学生来说,学校就是他的第二个家,单调的学习生活是不能满足他爱和归属的心理需求的,只有在一些活动的参与之中,在与同学和老师的交往过程中,才会不断萌发各种社会动机,形成合群、归属的心理需要,当这种心理需要获得满足时,合群行为和归属感得到强化,就会产生友爱、欢悦的心理体验,这样,其孤独、苦闷的心理才会得到一定程度的慰藉,使其心理得以阳光起来。

正因为如此,在种种困难的条件下,我们还是坚持开展了一些教育、体验类活动,比如,教室、宿舍文化建设活动;感恩主题教育活动;三月份我们带部分学生到西安一些科技馆去参观,四月份我们搞了一个大型的校园艺术节,有航模表演、书画展览、手工小制作展览、小发明、小创意展览、科普展览、文艺晚会、体操比赛、电影晚会等；5月份我们还准备带些学生到杨凌农科城去参观。同时我们与我们县的长青工业园、西凤酒厂也已经达成初步的协议，将带学生去看看大工业生产，增长见识，开阔眼界，陶冶情操，健全心智。我们以此来丰富和活跃校园文化生活，努力改善学校的育人环境，让学生特别是留守学生有一种热爱学校，愿意在学校的心理体验。

3. 对留守学生摸底登记，建立档案。这项工作目前正在启动，我们打算在摸清底子的基础上，实行"青春导师"制度，充分发挥我们学校青年教师多的优势，给每位科任老师安排几位留守学生，实现一对一的交流和帮扶，在平时的学习和生活中了解其思想动态，疏导其心理，矫正其行为。同时，准备积极与文理学院教育系联系，依托教育系的专家团队，切实地开展一些团体心理辅导、专题知识讲座、个案研究以及教育和帮扶工作。我们还打算克服困难，下学期建设学校的心理咨询室，同时主动与一些专业咨询机构联系，尽可能地把个体咨询这方面的工作做起来。

总之，因为我们缺乏专业老师，缺少专家支持，做的一些工作可能很不专业，但是，对于做好留守学生教育及心理工作的热情和决心是有的。也希望能借这个机会，将我们遇到的问题呈现出来，以期得到教育行政主管部门和这个领域的专家的关注和支持，从而将留守学生的教育做得更好，为农村的教育发展贡献出我们应有的力量。

参考文献

一、著作

1. [巴西] 保罗·弗莱雷著，顾建新等译：《被压迫者教育学》，华东师范大学出版社 2001 年版。
2. [美] 布莱恩·贝利著，顾朝林等译：《比较城市化》，商务印书馆 2010 年版。
3. [美] 华勒斯坦等著，刘锋译：《开放社会科学》，生活·读书·新知三联书店 1997 年版。
4. [美] 欧内斯特·L. 博耶著，涂艳国等译：《关于美国教育改革的演讲》，教育科学出版社 2002 年版。
5. [美] 费特曼著，龚建华译：《民族志：步步深入》，重庆大学出版社 2007 年版。
6. [美] 阿尔温·托夫勒著，朱志焱等译：《第三次浪潮》，生活·读书·新知三联书店 1984 年版。
7. [美] 曼弗雷德·S. 弗林斯著，张志平等译：《舍勒的心灵》，上海三联书店 2006 年版。
8. [美] 詹姆斯·C. 斯科特著，刘立显等译：《农民的道义经济学——东南亚的反叛与生存》，译林出版社 2001 年版。
9. [美] 弗兰克·戈布尔著，吕明等译：《第三思潮：马斯洛心理学》，上海译文出版社 1987 年版。
10. [美] 马斯洛著，许金声等译：《动机与人格》，华夏出版社 1987 年版。
11. [美] 内尔·诺丁斯著，侯晶晶译：《始于家庭：关怀与社会政策》，教育科学出版社 2006 年版。
12. [美] 特拉维斯·赫希著，吴宗宪译：《少年犯罪原因探讨》，中国国际广播出版社 1997 年版。
13. [美] 赫舍尔著，隗仁莲译，陈维正校：《人是谁》，贵州人民出版社 1994 年版。
14. [美] 约翰·塞尔著，李步楼译：《心灵、语言和社会》，上海译文出版社 2001 年版。
15. [美] 约翰·杜威著，姜文闵译：《我们怎样思维·经验与教育》，人民教育出版社 2005 年版。
16. [美] 约翰·杜威著，赵祥麟等译：《学校与社会·明日之学校》，人民教育出版社 2005 年版。

17. [美]约翰·杜威著,王承绪译:《民主主义与教育》,人民教育出版社 2005 年版。
18. [美]约翰·I.古得莱得著,苏智欣等译:《一个称作学校的地方》,华东师范大学出版社 2006 年版。
19. [美]芭芭拉·怀特黑德著,叶凌云译:《离婚文化》,春风文艺出版社 1998 年版。
20. [美]R.尼布尔著,蒋庆等译:《道德的人与不道德的社会》,贵州人民出版社 1998 年版。
21. [美]杰拉德·科里著,石林译:《心理咨询与治疗的理论及实践》(第 7 版),中国轻工业出版社 2004 年版。
22. [瑞典]胡森等主编:《教育大百科全书(卷 7)》,西南师范大学出版社 2006 年版。
23. [德]博尔诺夫著,李其龙译:《教育人类学》,华东师范大学出版社 1999 年版。
24. [德]福禄培尔著,孙祖复译:《人的教育》,人民教育出版社 2001 年版。
25. [德]马丁·布伯著,陈维刚译:《我与你》,生活·读书·新知三联书店 1986 年版。
26. [德]黑格尔著,范扬、张企泰译:《法哲学原理》,商务印书馆 1961 年版。
27. [德]雅斯贝尔斯著,邹进译:《什么是教育》,生活·读书·新知三联书店 1991 年版。
28. [德]维克多·弗兰克尔著,赵可式等译:《活出意义来》,生活·读书·新知三联书店 1991 年版。
29. [德]康德著,孙少伟译,鹿林校:《道德形而上学基础》,九州出版社 2007 年版。
30. [日]香山健一著,刘晓民译:《为了自由的教育改革——从划一主义到多样化的选择》,高等教育出版社 1990 年版。
31. [法]爱弥儿·涂尔干著,陈光金等译,渠东校:《道德教育》,上海人民出版社 2006 年版。
32. [法]H.孟德拉斯著,李培林译:《农民的终结》,中国社会科学出版社 1991 年版。
33. [法]埃米尔·迪尔凯姆著,冯韵文译:《自杀论》,商务印书馆 1996 年版。
34. [加]马克斯·范梅南著,李树英译:《教学机智——教育智慧的意蕴》,教育科学出版社 2001 年版。
35. [印度]克里希那穆提著,张春城等译:《教育就是解放心灵》,九州出版社 2010 年版。
36. [英]安东尼·吉登斯著,赵旭东等译,王铭铭校:《现代性与自我认同》,生活·读书·新知三联书店 1998 年版。
37. [英]亚当·斯密著,谢祖钧等译:《国富论——国民财富的性质和起因的研究》,中南大学出版社 2003 年版。
38. [意]亚米契斯著,夏丏尊译:《爱的教育》,人民教育出版社 2014 年版。
39. [苏]马卡连柯著,刘长松等译:《论共产主义教育》,人民教育出版社 1962 年版。
40. [苏]苏霍姆林斯基著,汪彭庚译:《要相信孩子》,教育科学出版社 2009 年版。
41. [苏]苏霍姆林斯基著,毕淑芝等译:《育人三部曲》,人民教育出版社 1998 年版。

42. [苏]苏霍姆林斯基著，赵玮等译：《帕夫雷什中学》，教育科学出版社 1983 年版。
43. [苏]苏霍姆林斯基著，杜殿坤译：《给教师的建议》，教育科学出版社 1982 年版。
44. [奥]弗洛伊德等著，吕陈君主编：《心灵简史》，中国言实出版社 2008 年版。
45. [奥]阿德勒著，韦启昌译：《儿童的人格形成及其培养》，河北人民出版社 2002 年版。
46. [奥]阿德勒著，周朗译：《生命对你意味着什么》，国际文化出版公司 2000 年版。
47. 联合国教科文组织国际教育发展委员会著，华东师范大学比较教育研究所译：《学会生存——教育世界的今天和明天》，教育科学出版社 1996 年版。
48. 联合国教科文组织总部中文科译：《教育——财富蕴藏其中》，教育科学出版社 1996 年版。
49. [苏]巴拉诺夫等编，赵玮等译校：《教育学》，人民教育出版社 1983 年版。
50. 梁漱溟著：《人心与人生》，上海人民出版社 2005 年版。
51. 梁漱溟著：《乡村建设理论》，上海人民出版社 2005 年版。
52. 费孝通著：《乡土中国 生育制度》，北京大学出版社 1998 年版。
53. 朱小蔓著：《情感教育论纲》，人民出版社 2007 年版。
54. 朱小蔓著：《教育的问题与挑战：思想的回应》，南京师范大学出版社 1999 年版。
55. 朱小蔓著：《情感德育论》，人民教育出版社 2005 年版。
56. 朱小蔓等主编：《当代俄罗斯教育理论思潮》，教育科学出版社 2009 年版。
57. 鲁洁著：《道德教育的当代论域》，人民出版社 2005 年版。
58. 鲁洁、王逢贤主编：《德育新论》，江苏教育出版社 2002 年版。
59. 侯晶晶著：《关怀德育论》，人民教育出版社 2005 年版。
60. 杨韶刚著：《道德教育心理学》，上海教育出版社 2007 年版。
61. 檀传宝著：《德育原理》，北京师范大学出版社 2007 年版。
62. 金生鈜著：《理解与教育》，教育科学出版社 1997 年版。
63. 马建勋著：《心灵哲学》，作家出版社 2003 年版。
64. 车文博著：《西方心理学史》，浙江教育出版社 1998 年版。
65. 秦光涛著：《意义世界》，吉林教育出版社 1998 年版。
66. 陆学艺等著：《中国农村现代化道路研究》，广西人民出版社 1998 年版。
67. 陆学艺主编：《21 世纪的中国社会》，云南人民出版社 1996 年版。
68. 涂艳国主编：《中国儿童教育 30 年：1978—2008》，湖南师范大学出版社 2008 年版。
69. 潘维等主编：《中国社会价值观变迁 30 年：1978—2008》，中国社会科学出版社 2008 年版。
70. 李强主编：《中国社会变迁 30 年：1978—2008》，社会科学文献出版社 2008 年版。
71. 史仲文等主编：《古今中外伟人智者名言精粹》，中国国际广播出版社 1993 年版。
72. 阮梅著：《世纪之痛——中国农村留守儿童调查》，人民文学出版社 2008 年版。

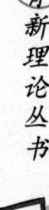

73. 孙立平著：《断裂：20世纪90年代以来的中国社会》，社会科学文献出版社2003年版。
74. 王景英著：《农村义务教育整体办学模式与评价》，北京大学出版社2008年版。
75. 范先佐等著：《中国中西部地区农村中小学合理布局结构研究》，中国社会科学出版社2009年版。
76. 叶敬忠等著：《别样童年——中国农村留守儿童》，社会科学文献出版社2008年版。
77. 叶敬忠等著：《关注留守儿童——中国中西部农村地区劳动力外出务工对留守儿童的影响》，社会科学文献出版社2005年版。
78. 叶敬忠等著：《关爱留守儿童：行动与对策》，社会科学文献出版社2008年版。
79. 钱理群等主编：《乡土中国和乡村教育》，福建教育出版社2008年版。
80. 钱理群著：《做教师真难，真好》，华东师范大学出版社2009年版。
81. 李书磊著：《村落中的"国家"——文化变迁中的乡村学校》，浙江人民出版社1999年版。
82. 任运昌著：《空巢乡村的守望》，中国社会科学出版社2009年版。
83. 高德胜著：《道德教育的时代遭遇》，教育科学出版社2008年版。
84. 何瑞珠著：《家庭学校与社区协助——从理念研究到实践》，香港中文大学出版社2002年版。
85. 陈桂生著：《普通教育学纲要》，华东师范大学出版社2009年版。
86. 吴毅主编：《乡村中国评论》（第3辑），山东人民出版社2008年版。
87. 毕世响著：《乡村生活的道德文化智慧》，吉林教育出版社2002年版。
88. 陆时莉等主编：《犯罪心理学》，高等教育出版社2007年版。
89. 张霭堂著：《颜之推全集译著》（治家），齐鲁书社2004年版。
90. 刘百川、刘学愿编：《学校与社会》，商务印书馆1948年版。
91. 吴康宁著：《教育社会学》，人民教育出版社1998年版。
92. 高佩义著：《中外城市化比较研究》，南开大学出版社1991年版。
93. 许学强等著：《现代城市地理学》，中国建筑工业出版社1988年版。
94. 邹农俭著：《中国农村城市化研究》，广西人民出版社1998年版。
95. 李庆余等著：《美国现代化道路》，人民出版社1994年版。
96. 贺雪峰著：《新乡土中国》，广西师范大学出版社2003年版。
97. 聂茂、厉雷、李华军著：《伤村》，人民日报出版社2008年版。
98. 黄平著：《寻求生存——当代中国农村外出人口的社会学研究》，云南人民出版社1997年版。
99. 郝德元等编：《教育科学研究法》，教育科学出版社1990年版。
100. 张人杰主编：《国外教育社会学基本文选》，华东师范大学出版社1989年版。
101. 高兆明著：《黑格尔〈法哲学原理〉导读》，商务印书馆2010年版。

102. 卢德平著：《中国弱势儿童群体：问题与对策》，社会科学文献出版社 2007 年版。
103. 唐天著：《我的乡村伙伴——一个城市少年的乡村纪行》，湖南少年儿童出版社 2010 年版。
104. 陶文达著：《发展经济学》，中国财政经济出版社 1988 年版。
105. 朱力著：《社会学原理》，社会科学文献出版社 2003 年版。
106. 陈芳惠著：《村落地理学》，五南图书出版公司 1984 年版。
107. 邬沧萍著：《世界经济》，中国人民大学出版社 1983 年版。
108. 汪凤炎著：《中国传统德育心理学思想及其现代意义》，上海教育出版社 2007 年版。
109. 赫广义著：《城市化进程中的农民工问题》，中国社会科学出版社 2007 年版。
110. 袁桂林著：《农村初中学生辍学问题研究》，东北师范大学出版社 2003 年版。
111. 郑希付主编：《心理咨询原理》，广东高等教育出版社 2003 年版。
112. 许学强等著：《现代城市地理学》，中国建筑工业出版社 1988 年版。
113. 许纪霖著：《许纪霖自选集》，广西师范大学出版社 1997 年版。
114. 余秀兰著：《中国教育的城乡差异——一种文化再生产现象的分析》，教育科学出版社 2004 年版。

二、论文

1. 吴康宁：《制约中国教育改革的特殊场域》，载《教育研究》2008 年第 12 期。
2. 檀传宝：《论教师的良心》，载《教育理论与实践》2000 年第 10 期。
3. 朱小蔓、李敏：《"以县为主"农村义务教育管理体制下的教师专业管理》，载《教育发展研究》2008 年第 22 期。
4. 乌云特娜、朱小蔓：《当前俄罗斯孤儿安置政策分析》，载《教育研究》2008 年第 4 期。
5. 乌云特娜：《俄罗斯针对处境不利儿童实施学校关怀的分析》，载《当代教育科学》2009 年第 4 期。
6. 乌云特娜：《俄罗斯社会转型时期处境不利儿童道德关怀理念的分析》，载《中国特殊教育》2008 年第 1 期。
7. 冯建军：《论生命视野中的学校文化》，载《现代教育论丛》2006 年第 3 期。
8. 陆学艺：《重新认识农民问题——十年来中国农民的变化》，载《社会学研究》1989 年第 6 期。
9. 任运昌：《高度警惕留守儿童的"污名化"》，载《教育理论与实践》2008 年第 11 期。
10. 柳冬妩：《空心的村庄》，载《创业者》2003 年第 6 期。
11. 柳冬妩：《儿童视域里的后乡土世界》，载《文艺争鸣》2008 年第 12 期。
12. 柳冬妩：《村里的童年越来越少》，载《读书》2009 年第 5 期。
13. 刘铁芳：《从"敬业"到"乐业"：当前师德建设的基本问题》，载《教育科学研究》

2005 年第 7 期。

14. 万明钢等：《当前我国"留守儿童"研究存在的若干问题》，载《西北师范大学学报（社会科学版）》2010 年第 1 期。
15. 雷万鹏等：《对留守儿童问题的基本判断与政策选择》，载《教育研究与实验》2009 年第 2 期。
16. 马多秀：《我们是这样用心来交流的》，载《心理与健康》2008 年第 1 期。
17. 马多秀：《留守儿童和流动儿童生活方式的质性研究》，载《江苏教育研究》2009 年第 10A 期。
18. 范先佐：《农村"留守儿童"教育面临的问题及对策》，载《国家教育行政学院学报》2005 年第 7 期。
19. 范方等：《亲子教育缺失与"留守儿童"人格、学习、成绩及行为问题》，载《心理科学》2005 年第 4 期。
20. 叶敬忠等：《父母外出务工对留守儿童情感生活的影响》，载《农业经济问题》2006 年第 4 期。
21. 张春玲：《农村留守儿童的学校关怀》，载《教育评论》2005 年第 2 期。
22. 彭迈：《"空巢村"的隐忧与治理》，载《南阳师范学院学报》2008 年第 1 期。
23. 彭迈：《"空巢村"现象对新农村建设的影响》，载《中州学刊》2007 年第 5 期。
24. 秦光强：《新时期村级组织的"空巢"、"空缺"现象研究——基于鲁西北村 A 调查》，载《中共济南市委党校学报》2006 年第 4 期。
25. 王嘉毅等：《教育公平视野中的农村学校布局调整》，载《甘肃社会科学》2007 年第 6 期。
26. 陈益龙：《多元城镇化道路与中国农村发展》，载《创新》2010 年第 1 期。
27. 吴金鹏：《母亲素质与青少年未成年人犯罪源头预防》，载《青少年犯罪研究》2005 年第 2 期。
28. 傅宾忠：《婺城区农村教师的生存现状及对策》，载《硅谷》2008 年第 7 期。
29. 董泽枝：《2 亿弱势学生娃·厌学逃学·喜学爱学取决于中小学评价制度》，载《山西体育科技》2008 年第 3 期。
30. 李松：《农村"留守儿童"家庭环境、心理健康及学业成绩的分析》，载《湖北社会科学》2009 年第 9 期。
31. 杨波等：《青少年"无聊症候群"问题探讨》，载《心理与行为研究》2005 年第 3 期。
32. 郑美娟：《"无聊"的研究综述》，载《湖北第二师范学院学报》2008 年第 11 期。
33. 孔文玉：《〈自杀论〉的内在逻辑与现实意义》，载《重庆科技学院学报（社会科学版）》2010 年第 6 期。
34. 骆裴娅：《"留守儿童"犯罪问题研究》，载《重庆工学院学报（社会科学版）》2009 年第 8 期。

35. 管键：《污名的概念发展与多维度模型建构》，载《南开大学学报（哲学社会科学版）》2007年第5期。
36. 严卫林：《为"家长校访制度"叫好》，载《教学与管理》2007年第4期。
37. 李天鹰等：《完善农村社区教育体系 缓解留守儿童教育危机》，载《东北师范大学学报（哲学社会科学版）》2009年第4期。
38. 周福林：《我国留守老人状况研究》，载《西北人口》2006年第1期。
39. 蔡朝旦等：《新形势下农村学校德育工作的缺失及改进措施》，载《贵州教育学院学报》2007年第6期。
40. 姚便芳等：《透析农村留守儿童教育管理政策》，载《教育与教学研究》2009年第8期。
41. 罗静等：《中国留守儿童研究述评》，载《心理科学进展》2009年第5期。
42. 黄少虎：《农村学生自卑心理成因及矫正》，载《中小学心理健康教育》2002年第9期。
43. 王璐：《每个孩子都重要：英国全面关注处境不利儿童的健康发展》，载《比较教育研究》2005年第10期。
44. 严仲莲：《使千百万处境不利儿童受益的印度ICDS项目》，载《幼儿教育（教育科学版）》2006年第11期。
45. 傅松涛等：《美国农村社区基础教育现状与改革方略》，载《比较教育研究》2004年第9期。
46. 李军霞：《当前农村基础教育的现状及发展对策》，载《当代教育论坛》2005年第4期。
47. 穆光宗：《历史的走向和农民的走向》，载《方法》1988年第1期。
48. 杨聪敏：《改革开放以来农民工流动规模考察》，载《探索》2009年第4期。
49. 王欢：《土地、政策与农民心态》，载《北京邮电大学学报（社会科学版）》2002年第2期。
50. 盛来运：《中国农村劳动力流动的经济学分析》，中国人民大学2006年博士学位论文。
51. 文军：《从生存理性到社会理性选择：当代中国农民外出就业动因的社会学分析》，载《社会学研究》2001年第6期。
52. 彭佳景：《安全是校园第一要义》，载《湖南教育》2010年第5期。
53. 农业部政策研究中心农村工业化城市化课题组：《二元社会结构：城乡关系 工业化城市化》，载《经济研究参考资料》1988年第9期。
54. 陈爱花：《浅谈农村德育资源的开发》，载《全国教育科研"十五"成果集》。
55. 张洪华：《城镇化进程中的农村中小学布局调整问题及反思》，2009年全国教育学博士生学术会议论文集。

56. 王晓慧：《农村中小学布局调整的三个问题》，2009年全国教育学博士生学术会议论文集。
57. 袁桂林：《城乡教师收入差距大的三大原因》，载《中国青年报》2007年10月31日。
58. 蒋笃运：《农村留守儿童教育问题与对策》，载《中国教育报》2008年7月19日。
59. 李敏：《教育促进农村社会发展》，北京师范大学2010年博士后出站报告。
60. 葛春：《变革背景下的农村教师"体制内生存"与日常反抗》，南京师范大学2010年博士学位论文。
61. 常青：《农村留守儿童人格特征研究》，华东师范大学2007年硕士学位论文。
62. 周先利：《农村留守儿童教育问题研究》，湖南师范大学2008年教育硕士论文。
63. 徐阳：《农村留守儿童教育问题研究》，华东师范大学2006年博士学位论文。
64. 赵富才：《农村留守儿童问题研究》，中国海洋大学2009年博士学位论文。

后　记

　　本书是在我的博士学位论文的基础上修改完善而成的。

　　2015年6月，就在本书即将定稿之际，媒体播出贵州毕节四兄妹服毒身亡的报道，留守儿童教育问题再次引起巨大的社会反响。近些年来，关于留守儿童自杀、犯罪的报道不断地见诸报端，也经常看到关于留守儿童中存在厌学、逃学等问题的研究结果。面对这些事实，我们不禁要追问，留守儿童成长中究竟缺失的是什么？家庭和学校究竟该如何去应对？

　　四年前，我在一所寄宿制农村中学蹲点调研时发现，留守儿童普遍存在心灵关怀缺失问题，他们内心比较敏感和脆弱，渴望获得关注和关爱。父母外出务工，虽然改善和提升了留守儿童的物质生活质量，但是，他们却失去了完整家庭生活的温暖和安全，难以充分享受亲情的爱抚。农民外出务工主要是出于生存需要的考虑，他们无暇给予孩子在心理和情感方面需要的满足。而且，在当前制度化和功利化的学校教育中，留守儿童心灵关怀的隐性需要也较难获得教师的关注和重视。每个人都是物质和精神的双重性存在，而且，精神性是人之存在的根本。人本主义心理学家马斯洛提出了"满足健康"的概念，指出儿童爱的需要的满足跟健康人格的形成密切相关。留守儿童是社会弱势群体，给予他们心灵抚慰和关怀，鼓励他们自立、自信、自强，激发他们内在的生命力量，以及面对困难的信心和勇气，对于他们健康成长是至关重要的。

　　需要强调的是，家庭和学校是留守儿童生活的重要场所，父母和教师是留守儿童生命成长中的"重要他人"，父母和教师加强和留守儿童的心灵沟通，给予留守儿童心灵关怀是他们理应承担的教育责任。留守儿童都是具体境遇中的个体，父母和教师对他们心灵和情感上的关爱和鼓励应该融于日常的生活和学习之中，从生活细节着眼，增强他们生活的希望和信心。需要指出的是，不论是我在调研中亲眼所见到的，还是新闻媒体中报道的，有许多教师从实际出发，关心留守儿童的生活、学习、心理等各个方面的成长并付出了辛勤的劳动。当然，我们还要清醒地认识到，留守儿童教育问题是社会问题在教育领域的延伸，其根本解决在于政府和社会各界的共同努力。

事实上，还存在另一类留守儿童，即城市留守儿童。随着现代社会流动速度的加快，许多城市父母由于工作、求学等原因不能把孩子带在身边生活和学习，而托付给祖辈或亲戚照管，这些孩子也是真正意义上的留守儿童，他们同样存在亲情和家庭温暖缺失等问题，需要获得来自父母和教师给予他们的心灵和情感上的关怀和鼓励。在我的女儿两岁半的时候，我离开她到南京上学了，在南师大连续攻读硕士学位和博士学位的六年时间里我只有寒暑假在家，绝大部分时间是在学校度过的。那六年期间，我几乎坚持每天给女儿打电话，有时候她会拿着话筒跟我聊上好一会儿，有时候她会忙于玩耍而不顾我对她的想念。喜欢画画的女儿送给我一幅自己的习作，画上有一个可爱的小女孩在草地上翩翩起舞。女儿说让我把这个小女孩看作是她，想她的时候可以看看那幅画。那幅画一直贴在我的书桌前，陪伴着我度过了艰涩的论文写作阶段。如今，女儿已经是一名初一学生了，看到活泼、开朗的她，我内心倍感欣慰。同时，我也感谢女儿的老师们对她的包容和关爱。讲出我的经历是要提醒那些外出求学和工作的父母，无论学习和工作多么繁忙，都要多和孩子进行心理和情感的沟通和联系，既要让孩子感受和体会到父母对他们的爱，也要用心感受和体会孩子回赠给我们的温暖和力量。

我的博士论文是在导师朱小蔓教授的悉心指导下完成的。她是国内情感教育研究的开拓者，不仅是一位情感教育的研究者，更是一位情感教育的践行者。正是在朱老师的耐心的呵护、关爱、悉心的引导、指点、不断的鼓励、支持下，我的博士论文才得以顺利完成。最令我感动和难忘的是朱老师在手术化疗期间还一直牵挂着我的论文的进展状况和不时地给予我指导，病房里的促膝长谈、电话中的亲切叮嘱，都已成为我最珍贵的记忆！我的硕士导师冯建军教授是引导我开始思考和研究教育的启蒙老师，硕士三年给予了我许多学业和生活方面的关心和指导。同时，向南京师范大学教育科学学院所有给我上过课和关心我的老师们表达深深的敬意！

感谢参加我论文答辩的各位导师，他们是班华教授、杨韶刚教授、蓝维教授、赵志毅教授、高德胜教授、孙彩萍教授。

感谢南师大同门朱曦、周晓静、侯晶晶、张晓东、李亚娟、严开宏、张睿、徐志刚等诸位老师对我在学习和生活上的照顾和帮助。感谢北师大同门李敏、郭静、戴军、钟晓琳、王善峰等对我论文写作所给予的帮助和支持。感谢同窗李金鑫、赵翠兰、严从根、杨日飞、张更立、彭华安、张桂、郭良春、刘梅英、徐秀玲、皇甫素飞等对我的关心和支持，我们朝夕相处的时光将永远铭刻在心。

感谢调研单位的领导、教师和孩子们，正是你们的质朴、热情和真诚使我走进了你们，在与你们的沟通和对话中使我获得了写作的思路和灵感。

感谢宝鸡文理学院教育学院院长孙新教授和党总支书记茹宗志教授的敦促和支持，使得本书能够尽快付梓。

感谢人民教育出版社以学术为重，将本书纳入《当代德育新理论丛书》正式出版。对人教社党委书记郭戈研究员、教育编辑室主任刘立德编审和其他编审人员为本书编辑出版付出的辛勤劳动表示感谢。

感谢我的家人对我的默默支持。作为儿媳，我永远没有机会回报婆婆了。八年前，当我还在南师大求学时，老人家永远地离开了我们。婆婆的善良和坚韧，对我的无声的厚爱将成为我终生难以忘怀的记忆！在我和爱人忙于学业和工作之时，公公主动挑起了照顾孙女的重担，他的忙碌和奔波我都铭记在心。我的父母双亲，哥哥姐姐们，都给予了我太多物质上和精神上的支持。在我求学期间，爱人王恩旭先生承担起了家里所有的重担，让我安心在学校里读书，在我每每遇到困境的时候，总是给予了我最悉心的鼓励。你们是我生命中最珍贵的精神财富。

在当前中国社会转型背景下，留守儿童群体可能将会在较长时间内存在，留守儿童教育的研究任务还任重道远。我在宝鸡文理学院工作后，先后多次跟同事到农村学校调研，围绕留守儿童教育问题开展研讨活动。本学期，我们召集了一些有留守经历的大学生志愿者，结对帮扶凤翔县彪角中学的高中留守学生，希望这些大学生能够把自己留守生活的经验和体会分享给高中留守学生，帮助他们顺利地度过留守生活；创建了"守望花开"——留守儿童教育交流微信平台，以期能够为教师和父母，以及关怀留守儿童的各界人士提供互动和交流的平台……我希望通过这些努力能够将留守儿童教育研究做得更深入和细致一些。

马多秀

2015年11月